Jean-François Zob

La belle histoire de Favi : le petit Patron naïf et paresseux

HUMANISME & ORGANISATIONS

EDITIONS, PARIS

Humanisme et Organisations
3 rue Jules Rein
78600 Le Mesnil le Roi

Martine Morel
martinemorel@martinemorel.com

Laure Introvigne
Couverture « La Favi, vue par Laure Introvigne »
Illustrations
laure.introvigne@strategie-avenir.fr

Deuxième édition juin 2019
Mise en page : Sabine Beauvallet

1re Edition Stratégie & Avenir
4, Rue Joffre 57100 Thionville

H + O

Humanisme & Organisations

Le pouvoir d'innover ensemble

http://humanisme-et-organisations.fr

Un grand merci à tous les FAVIENS

"Le bon prince est celui qui, en supprimant les contraintes et les exclusions, permet que chaque existant puisse s'épanouir à son gré. Son agir, sans agir est un laisser faire qui n'est pas ne rien faire du tout, car il revient à faire en sorte que cela puisse se faire tout seul."

François JULIEN.

La vision :

"Toujours plus, mieux pour moins cher, dans l'amour de nos clients, à Hallencourt et dans le respect de la terre de nos enfants"

"Un patron d'entreprise, c'est comme un patron de sous-marin nucléaire : il a à détecter les signaux faibles, savoir si c'est une torpille ou un banc de sardines, écouter aussi le craquement de la coque du navire, et tous les petits bruits de l'intérieur du bateau..."

Jean-François ZOBRIST, ancien PDG de FAVI.

Sommaire

Préface
Poursuivre la route tracée...

FAVI est une entreprise Picarde, son métier : Concevoir, fondre, usiner, assembler toute pièce en alliages cuivreux. Que d'évolutions depuis sa création en 1957 ! À cette époque FAVI était leader mondial dans la fabrication des siphons de lavabo, aujourd'hui, c'est dans la fabrication de fourchettes de boîte de vitesses, demain dans les rotors en cuivre surmoulé pour les moteurs à haut rendement. Ce qui interpelle n'est pas tant cet instinct de conservation qui pousse sans cesse l'équipe FAVI à innover que son système de fonctionnement, certainement là son innovation majeure.

« Un système qui place le CLIENT au centre de son organisation ; des femmes et des hommes à l'écoute de ses désirs travaillant en toute autonomie dans une relation de confiance. »

Derrière cette phrase plaisante se cache un système complexe que j'ai vu se façonner au fil des ans par celui qui fût mon patron, Jean-François Zobrist, dont j'ai le plus grand respect et la plus grande estime. Au delà des belles histoires et des principes de fonctionnement, ce livre, accessible à tous, présente une véritable philosophie d'entreprise, que les plus mesurés qualifieront d'anticonformiste. À la folie des business plan, à la rigidité des systèmes organisés mis sous contrôle, il oppose un système où l'homme est auteur de son progrès, autonome et responsable.

Se définit alors le cadre des valeurs qui structure l'espace : une vision, un essentiel, un objectif, une devise, une mission.

Il place la satisfaction, la **recherche permanente de l'amour du client** comme **Mission.** Chacun a bien compris que c'est le client qui paie en échange de bonnes pièces et paiera durablement si elles lui sont livrées au bon moment, au bon endroit, au bon prix. Encore faut il que la voix du client entre dans l'entreprise et que ses attentes, ses désirs parviennent instantanément, directement jusqu' au « réacteur » de l'entreprise : les opératrices et les opérateurs d'unités autonomes de fabrication.

Sans services de planification, d'ordonnancement, d'approvisionnement, ... ; en prise directe avec leur client, responsables de l'entrée de la matière première jusqu'à la livraison chez le client, les Mini-usines s'organisent avec leur leader en toute autonomie pour remplir la mission.

Les organisations font traditionnellement leur évolution vers le compliqué. C'est aussi un grand mystère pour moi, car sans compter ce qu'elles engendrent comme inertie pour toute décision, comme tensions d'intérêts divergents des personnes ou des services, sans compter non plus ce qu'elles génèrent d'indicateurs inutiles, d'états inexploitables, elles coûtent et occultent les messages vitaux du client. À mon sens, le bon sens revient indiscutablement à mettre les opératrices et les opérateurs en prise directe avec leur client. Ainsi, ceux qui façonnent l'objet du désir savent **pour qui** et **pour quoi** ils travaillent.

L'homme est comme on le considère ! la suppression du pointage, du contrôle mesuré de l'autre, la mise en libre service des magasins d'outils, des boulons, du parc des voitures de société, ... tout cela part du principe que **l'homme est bon** et que la confiance au boulot est possible.

Une confiance et un savoir vivre qui permettent d'entretenir des relations saines sur des valeurs comportementales fortes, plaisantes, attachantes et reconnues de Bonne foi, Bon sens, Bonne volonté, et Bonne humeur.

Une Devise « Par et pour le client », FAVI a évolué et évolue par une écoute active et attentive des évolutions des marchés et de ses clients, tournée vers le « Dehors » elle s'efforce à mettre en œuvre humblement mais sans relâche ce qu'elle apprend d'eux.

Parce que notre Essentiel est de rester à Hallencourt, il nous faut « Faire plus et mieux pour moins cher pour chacun de nos clients dans le respect de la terre de nos enfants » Cet objectif, collectif, met l'entreprise en mouvement vers des actions de progrès que chacun à son niveau engage, dans un esprit KAIZEN, dans des innovations de ruptures, toujours en veillant au respect d'autrui et de la Terre qui nous porte. L'engagement n'a pas de retenue quand les moyens en formation, en matériels et financiers sont donnés et que la sanction n'est que positive (Prix des parrains, Trophée des mini-usines, Trophée KAIZEN,...) l'indicateur : le cash-flow et la fidélisation du client comme un résultat, pas comme objectif !

Le système FAVI ne s'arrête pas à ses fondements qui structure notre démarche Développement Durable, il se développe sur du « flou et mou » qui, faisant déjà l'économie de l'ordre, laisse la chance au hasard, favorise les opportunités de nouvelles rencontres, de nouvelles expériences et d'innovation. Le « faire en allant » concept typiquement Picard s'accommode très bien de ce précepte où chacun s'accorde à dire qu'il trouve plus de bonheur à faire ce qui structure sa pensée qu'à trop penser sans jamais faire.

Je vous souhaite beaucoup de plaisir à la découverte de notre système de management. Ce livre pétillant et réjouissant dans lequel chacun peut puiser et s'inspirer restera en ce qui me concerne ma bible managériale pour poursuivre la route tracée.

Dominique Verlant, directeur, au nom de tous les Faviens.

Pour Anouk, Zoé et Paola.

Un jeune homme naïf et paresseux
ou Comment vivre avec ses défauts

Il était une fois, dans un pays étrange qui allait devenir en deux décennies *"le seul pays soviétique qui ait réussi"*, un jeune homme **naïf et paresseux.**

Paresseux

A l'école il écoutait ses maîtres et professeurs, et encore pas tous, seulement ceux qu'il trouvait intéressants, mais il n'ouvrait que rarement ses livres.

Plus tard, comme il était très imaginatif, quand il rencontrait un problème, il préférait trouver ses propres solutions plutôt que d'aller chercher des modèles ou des solutions toutes faites.

Il respectait tout de même quelques règles :

– Etant enfant, et qu'il se trouvait dans des situations scabreuses, souvent il s'était dit: *"Que ferait Tarzan (ou Zorro selon les jours) pour se sortir de ce mauvais pas?"* Il avait rapidement conclu que Zorro ou Tarzan n'auraient pas eu à se sortir de telles situations, car ils ne s'y seraient jamais mis !

Donc, avant toute action, il écoutait son bon sens plus que sa logique (qui par ailleurs lui faisait notoirement défaut), pour que quelle que soit l'évolution des événements il puisse toujours être *"droit dans ses bottes"* (comme disait son tonton gendarme !)

– Il accordait naturellement et par paresse, crédit à son caractère impulsif : il avait remarqué que trop de réflexion générait en lui une forme de pessimisme ; c'est pourquoi quand une intuition le poussait dans une direction, il passait rapidement à l'action et réfléchissait *"en allant"*. En un mot, il était de la race *"des cons qui avancent"* et qui, comme chacun sait, vont toujours plus loin que les intellectuels assis !

Ceci étant, rien n'interdit au "con" en question de réfléchir en avançant et d'infléchir sa course au gré des événements !

– Il avait une tendance naturelle, par pure paresse, à en faire le moins possible, à se contenter d'émettre des idées, de proposer des axes d'action ou de réflexion et à laisser les autres faire, et éventuellement tirer eux-mêmes gloire de leurs actions ; ça ne le gênait pas, il n'avait aucun goût pour la gloriole.
Quand beaucoup plus tard, il devint un petit patron parmi les petits, ce qui entre parenthèses finit par satisfaire sa petite mégalo, fut qu'on lui proposa plusieurs fois des distinctions bleues et même rouges, qu'il refusa poliment, alors que s'il les avait acceptées dès la première fois, on ne les lui aurait pas proposées à nouveau !

Non, sa satisfaction fut d'avoir fait obtenir *"la bleue"* à un bon serviteur de l'entreprise qui avait commencé à apporter sa contribution à la collectivité dès l'âge de 14 ans !

En un mot sa paresse l'incitait plus à faire faire, voire même laisser faire qu'à faire.
Enfin il parcourait les documents plus qu'il ne les lisait, ne retenait que les ordres de grandeur ou les idées mais ni les détails, ni les données précises.

Son bureau, ses tiroirs et son esprit étaient ainsi toujours vides et libres, ce qui lui permettait d'avoir en permanence un regard neuf sur les gens, les choses et les évènements ; en revanche, il se rappelait toujours qui savait précisément quoi, ou bien qui détenait le bon dossier.

Naïf
Il pensait intuitivement et sincèrement que *"l'homme est bon"*, et que c'étaient les systèmes qui le pervertissaient.

Il avait été frappé de voir que les maîtres, les instituteurs, qui étaient à l'abri du chômage, qui travaillaient beaucoup moins, qui avaient quatre fois plus de vacances que les ouvriers, qui gagnaient plus et partaient en retraite plus tôt et avec plus d'argent, qui n'avaient pas le stress de la concurrence, étaient malgré tout moins heureux qu'eux !

Il en avait conclu que ce n'était pas de leur faute mais de celle du système dans lequel ils vivaient, un système sans reconnaissance, sans sanction immédiate de leurs actions, sans remise en cause, sans *instinct de conservation*.
Il en conclut donc que c'est *"le système qui fait l'homme !"*
Et puisque l'homme était naturellement bon, autant lui laisser la bride sur le cou pour qu'il contribue à l'élaboration et à la vie du système collectif dans lequel il passait plus de temps qu'avec son conjoint, ses enfants ou ses amis.

Son esprit simple et matérialiste l'incitait même à ne pas se poser la question de l'existence d'une puissance, ou d'un être créateur de toute chose !

En revanche, sa culture était profondément judéo-chrétienne, et *"aimons-nous les uns les autres"*, ou *"ne fais pas à autrui ce que tu ne souhaiterais pas qu'on te fasse"*, lui parlaient. Il remarqua ainsi très vite que de **chercher l'amour de l'autre** en toutes circonstances était un comportement simple et confortable !

Sa grande naïveté le poussait à considérer que ce qui devait marcher, marchait, et cela tant sur le plan physique qu'intellectuel.

Un jour il tomba sur un livre d'un autre naïf, plus poète que lui : Henry Mignet. Au tout début de l'aviation, dans les années trente, ce naïf considérait que le ciel était la dimension du rêve, de la liberté, et qu'il n'était pas normal que les ouvriers n'aient pas aussi le droit de rêver !

Considérant :
  1) que la chambre d'un ouvrier faisait souvent trois mètres maximum de côté,
  2) qu'il fallait que l'ouvrier puisse apprendre à voler tout seul pour économiser le coût, prohibitif pour lui, de la formation,
  3) que pour qu'il apprenne seul, il fallait supprimer les deux grands inconvénients de l'avion : le décrochage et la mise en vrille.
Il conçut donc un engin volant dont les plus grands morceaux faisaient trois mètres, qui ne décrochait pas et qu'on ne pouvait mettre en vrille : le "pou du ciel", comme l'appelèrent par dérision les gens bien-pensants.

Pour la petite histoire, la France d'alors qui était déjà un peu soviétique, n'homologua jamais ce type d'aéronef, car une loi existant à cette époque disait que pour être homologué un engin volant devait pouvoir sortir d'une vrille ! Or, comme on ne pouvait l'y mettre... on ne pouvait donc pas prouver qu'on pouvait l'en sortir !

Bref, le futur petit patron, par respect et amour de cet autre grand naïf, se construisit, d'après les indications de celui que ses nombreux adeptes appellent encore de nos jours "le Saint Patron", un pou du ciel, sur son congélateur, entre la chaudière et le séchoir à linge...

Puis faisant naturellement confiance à ce naïf de génie, il assembla les morceaux, mit les gaz et décolla, au grand étonnement des autres pilotes, qui lorsqu'ils se construisent un engin volant, passent des heures à rouler sur l'herbe, puis font des sauts de puce d'un mètre, puis de trois mètres, etc...

Lui ne s'était pas posé de questions, ce n'était ni de l'inconscience ni du courage : *"c'était fait pour voler, donc ça devait voler !"*, c'était aussi simple que cela ; d'ailleurs c'est lui qui mit en l'air les engins de deux de ses copains, qui eux aussi avaient construit un pou à son exemple, mais n'avaient pas la même témérité !
En un mot sa naïveté le poussait à passer à l'action sans trop réfléchir aux risques, car un truc conçu pour marcher, devait forcément marcher !

N'ayant pas grande conscience de cette notion de risque, de *"principe de précaution"* comme on dit de nos jours, toute sa vie il avança, incita ses collaborateurs à faire de même sans recherche systématique du non risque.

Il comprit aussi rapidement que derrière ce principe de précaution se cachait le pouvoir sournois de ceux qui, incapables de réflexions positives ou d'actions, se positionnaient en arbitre des actions des autres ! Il en tira une haine farouche de tout ce qui est structure de contrôle de l'action des autres !

Il remarqua même que souvent cette recherche du zéro risque conduisait les structures, bien pensantes et trop bien payées, après avoir fait des réunions préparatoires aux réunions, des réunions, des réunions de synthèse des réunions... à externaliser la prise de décision à un cabinet conseil extérieur que l'on payait très très cher ! Ainsi, si la décision dictée par ce cabinet s'avérait bonne, ladite structure s'en valorisait ; en revanche, si la décision s'avérait calamiteuse on s'étonnait alors *"d'avoir payé X millions... !"*

Bref, il comprit toute la différence entre la **METACTION** : action pour l'action, qui génère et nourrit la réflexion, et **L'ANACTION**, où l'idée même d'action fait peur.

Certes cette philosophie comportementale naturelle, le conduisait parfois à ouvrir les portes avec la tête, ce qui parfois laissait une bosse, mais au moins la porte était ouverte ! Sa formation ? Elle fut double :

1) Pour gagner quatre sous et parce qu'il aimait les enfants, il devint moniteur de colonie de vacances.

Dès sa première colo, il eut la chance d'encadrer des "monstres" d'à peine deux ou trois ans de moins que lui, enfants de mineurs de Ch'Nord dont les patronymes se terminaient généralement en "sky" et qui le dépassaient tous d'une bonne tête ! Pour ne pas se faire bouffer, il lui fallut inventer des ***"trucs et des ficelles"*** qui lui servirent plus tard ; certains appellent ces trucs et ficelles de la ***manipulation***...

Cela ne le gênait pas, car après tout, nos conjoints, nos enfants, nous manipulent en permanence, pour arriver gentiment à leurs fins. Plus tard une grosse tête pensante du

CNRS lui suggéra de considérer plutôt qu'il *induisait* les actions de son environnement, ce qui était plus noble car il n'y avait alors pas la notion de tirer profit du comportement d'autrui ! ! !

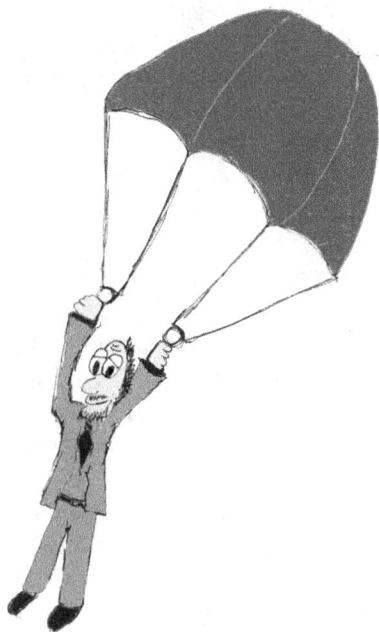

2) Par hasard il fit l'école des officiers de réserve.

Ce n'était certes pas par vocation : à 17 ans une photo dans un journal lui donna l'envie de sauter en parachute ; comme il n'y avait pas de club dans la région, un copain de classe lui dit : *"Vas voir les militaires, ils vont t'entraîner le dimanche matin et comme ça tu pourras sauter".*

Il alla donc voir les militaires qui lui dirent :

– *"Pas de problème, si tu as 18 ans tu peux faire la préparation militaire Para !"*

Comme il n'avait pas 18 ans, il ratura sa carte d'identité et se vieillit d'un an (déjà son sens naïf de l'action) et fit donc ses 4 sauts.

Comme il courait vite et longtemps, les militaires lui dirent :

– *"Tu devrais faire la préparation militaire élémentaire !"*

– *"C'est quoi ça ?"*

– *"Ben tu serais sous-officier et tu aurais ta chambre !"*

Il fit donc cette formation les dimanches matins.

Comme il courait toujours vite et longtemps, les militaires lui dirent :

– *"Tu devrais faire la préparation militaire supérieure !"*

– *"C'est quoi ça ?"*

– *"Tu serais officier et tu serais payé !"*

C'est ainsi qu'il se retrouva sous-lieutenant dans le groupe école d'artillerie à Châlons, qui à l'époque était sur Marne.

Un groupe école est un régiment où passent les élèves des grandes écoles (Polytechnique notamment), les Saint-Cyriens qui choisissent l'artillerie comme arme d'application, et des délégations de militaires étrangers qui viennent tester du matériel pour éventuellement l'acheter. Bref, c'est un régiment qui est toujours en manœuvre dans des camps comme Mourmelon ou Mailly, qui sont restés tels quels après la grande guerre, avec leurs ruines de villages aux noms effacés, mais non oubliés.

Et il apprit plein de choses pendant cette période :
– D'abord à donner **des ordres idiots à des gens intelligents**, ce qui n'est pas évident ! Aller imposer à votre troupe, qui a le même âge que vous, de ne pas faire de feux alors qu'il fait froid parce que de grands enfants jouent à la guerre !
Cela renforça sa palette de trucs et ficelles manipulatoires (inductives, pardon).

– Ensuite il apprit à estimer des gens qui n'ont pour tout bagage que leur bon sens ; il apprit à les estimer, à les respecter, et souvent il s'est dit en cette période de guerre froide où forcément la prochaine serait contre les "rouges", qu'il préférerait la faire, la prochaine, avec ces gens-là bien plus qu'avec bon nombre de grosses têtes diplômées.

Il constata que les militaires maîtrisaient l'art de la manipulation et qu'avec des bouts de papiers (citations à l'ordre du régiment, de la division...) ou des hochets que sont les médailles, ils arrivaient à pousser des gens normaux, intelligents, au sacrifice suprême. Plus tard, quand il devint petit patron, et qu'il lui fallut simplement inciter les gens à bien travailler et gagner des sous, il considéra que c'était tout de même plus facile.

Il apprit la force des valeurs, le liant collectif qu'elles représentent.

– Il découvrit le général Estienne :
Un jour, dans une cour de caserne, il tomba en arrêt devant le petit char FT17 fabriqué par Louis Renault en 1917. Il faut savoir qu'à l'époque, la guerre de 14 devait être une guerre de mouvement, aussi bien vue du côté français que du côté allemand. C'est d'ailleurs pour cette raison que les uns et les autres entretenaient des régiments de cavalerie adaptés au mouvement, et que Foch avait désarmé tous les forts tels de Vaux, Douaumont, Brimont ou la Pompelle.

Après l'arrêt des troupes allemandes et leur léger recul à la suite de la bataille de la Marne, chacun s'enterra, fit la course à la mer vers Ypres pour tenter de déborder l'armée adverse et revenir à une guerre de mouvement, mais comme chaque armée progressait quasiment au même pas vers la mer, elles se neutralisèrent et des tranchées couraient sur 400 kilomètres de la Mer du Nord à la Suisse.

Les deux années 1914 et 15 se passèrent en lutte sanglante où chacun tentait de percer les trois lignes de tranchées adverses pour permettre à la cavalerie de passer à l'arrière de l'ennemi pour reprendre la guerre de mouvement.

A chaque fois, cela se soldait par des échecs sanglants, car pour préparer l'offensive, l'une des deux armées bombardait massivement la première ligne de tranchées ennemies pour détruire les réseaux de barbelés et les nids meurtriers de mitrailleuses, puis les artilleurs allongeaient leurs tirs pour que leurs fantassins progressent, s'emparent de la première ligne de tranchées, rarement de la deuxième.

A ce moment là, l'adversaire bombardait sa propre première ligne massacrant ceux qui y étaient parvenus puis allongeaient le tir pour permettre aux mitrailleuses non détruites de sortir de leur abri pour massacrer le reste des soldats qui se repliaient.

Ainsi les uns et les autres jouèrent à ce jeu stupide et sanglant pendant deux ans sans que rien ne change.

Il fut vite évident du côté Alliés qu'il fallait trouver quelque chose qui permette d'écraser les barbelés, de passer au-dessus des tranchées et de résister au tir des mitrailleuses. Dès 1915, les Anglais eurent un projet qu'ils baptisèrent "réservoir" (tank) pour préserver le secret. Mal utilisés, ces tanks furent détruits en 1916 dans la grande offensive de la Somme, ce qui par ailleurs convainquit les Allemands que ce n'était pas une bonne solution.

De notre côté, nous Français, peuple cartésien, nous nous dîmes qu'il fallait faire des cuirassés terrestres. Donc, nous allâmes voir ceux qui fabriquaient des cuirassés navals, Schneider notamment, qui fabriquèrent des monstres écrasant bien les barbelés, franchissant bien les tranchées, résistant bien aux tirs des mitrailleuses, mais qui avaient tendance de par leur poids et leur taille à se planter le nez en avant dans les trous d'obus. Pour parer ce défaut, nous avions imaginé des prototypes où trois chars seraient liés les uns aux autres par un système de vérins, deux chars portant le troisième pour passer les trous d'obus. Devant la complexité du système, l'état-major fit appel à un général qui par le passé avait fait preuve d'intelligence innovante, le général Estienne. Pour la petite histoire, il est à noter que les Allemands, suite à l'échec des tanks anglais en 1916 dans la Somme, ne croyaient pas au char, et ce n'est que tout à la fin de la guerre qu'ils utilisèrent quelques dizaines de chars monstrueux qui étaient en fait des châteaux forts sur chenilles.

Pour revenir au général Estienne, c'était un artilleur, et il fut le seul artilleur à être arrivé en guerre avec un avion Blériot démontable pour mieux repérer les batteries ennemies, alors que les autres régiments ne disposaient que de grandes échelles. Le jeu principal des artilleurs étant en effet de repérer les batteries ennemies pour les détruire.

Cette toute première utilisation militaire de l'aviation frappa Joffre qui chargea le général Estienne de structurer l'aviation française, ce qu'il fit remarquablement, tellement bien d'ailleurs que cela attira la convoitise, et comme il n'était que général 2 étoiles, un jeu d'intrigue auprès de l'état-major lui fit retirer ce commandement. Il était donc retourné dans l'artillerie, quand on se souvint de lui pour régler ce problème de char monstrueux qui avait tendance à être immobilisé par le premier trou d'obus.

Le général Estienne qui, bien qu'instruit (c'était un Polytechnicien), avait su rester intelligent, eut donc l'intelligence rare pour un militaire, de confier la responsabilité de l'étude à un civil, Louis Renault.

Ce génie de la mécanique partit du principe que pour sortir d'un trou d'obus, plutôt que d'être très long et très gros, la solution serait d'être très petit et très court pour pouvoir descendre et remonter.

Ainsi naquit le FT17, simple à construire, donc fiable, avec un équipage de deux hommes seulement au lieu d'une quinzaine dans les gros chars allemands, et il revint au général Estienne le mérite de définir le mode d'utilisation du FT17 en liaison avec l'infanterie, et d'être à l'origine de l'arme des Blindés.

Donc, partant de ce petit char dans une cour de caserne, le futur petit Patron arriva à s'intéresser à l'homme, et le hasard voulut qu'il tombe sur un livre retraçant sa vie.

Alors qu'il était colonel en 1906, il avait fait une conférence dans une école d'ingénieurs, car il était d'usage à l'époque, après la défaite de 1870 et la perte de l'Alsace et la Lorraine, de faire vibrer la fibre patriotique des futures élites. Dans son discours, il avait notamment dit :

"Dans un pays, une armée, un régiment, il y a de l'énergie. Cette énergie, si on ne la canalise pas, s'annule, c'est un peu comme le mouvement Brownien qui pousse les parois du bocal et ce faisant, se neutralise.

Il faut impérativement des valeurs morales pour assurer la pérennité de cette énergie et des valeurs intellectuelles pour structurer son espace et son environnement; alors, et alors seulement, cette énergie devient productive."

Ce principe l'avait à l'époque frappé et pendant son service militaire, il s'était marié et avait bien compris que sans une valeur morale, comme la fidélité par exemple, son couple ne durerait pas, et que c'était par des valeurs intellectuelles : *"Allons-nous vivre à la campagne ou en ville ? Comment arrangerons-nous notre appartement ?"* qu'ils structureraient leur espace.

Quelques années plus tard, il créa un petit club de parachutisme avec quelques copains, et les incita non pas à sauter pour sauter tout simplement, mais à sauter intelligemment avec quelques valeurs morales simples, et surtout quelques valeurs techniques simples elles aussi, mais qui firent la différence. En effet très rapidement ce club devint la première plate-forme de France en nombre de sauts annuels, et avait même à l'époque organisé la première coupe du monde de parachutisme sportif.

C'est aussi tout naturellement que quand on lui confia toute liberté pour gérer une collectivité humaine, il instaura un certain nombre de valeurs morales aussi simples que *"le bon sens, la bonne foi, la bonne volonté et la bonne humeur"* (vis-à-vis de son client) et qu'il se jeta sur les techniques japonaises pour **structurer l'espace** de son entreprise.

Telle fut donc sa formation de futur responsable du bonheur d'autres hommes et femmes :
– Ne pas chercher de modèles mais écouter son intuition et son bon sens pour inventer ses propres solutions,
– Veiller à toujours être droit dans ses bottes,
– Utiliser des trucs et ficelles manipulatoires simples,
– Faire faire, voire même laisser faire plutôt que faire,
– Ne pas s'encombrer l'esprit de choses inutiles,
– Considérer l'autre comme systématiquement bon,
– Chercher systématiquement des actions ou des comportements qui nourrissent l'amour de l'autre,
– Croire que c'est le système qui fait l'homme et que si ce dernier n'est ni bon ni heureux, c'est le système qu'il faut remettre en cause, et non l'homme,
– Accorder plus d'attention à l'action qu'à la réflexion,
– Apprendre à donner des ordres parfois stupides à des gens intelligents,
– Découvrir, respecter et exploiter les talents de chacun,
– Savoir utiliser les ficelles des militaires (uniforme, distinctions, reconnaissance simple, charisme, valeur du verbe plus que de l'écrit),
– Veiller à la mise en place, au partage et au respect systématique de valeurs morales et intellectuelles.

Des années plus tard il fit sienne une pensée de François Julien :

"Le bon prince est celui qui, en supprimant les contraintes et les exclusions, permet que chaque existant puisse s'épanouir à son gré.
Son Agir sans agir, est un laisser faire qui n'est pas ne rien faire du tout, car il revient à faire en sorte que cela puisse se faire tout seul"

Ce petit Patron, Naïf et Paresseux, finit, par chance et hasard, par diriger une entreprise Picarde, une fonderie, et son passé explique son histoire en tant que Patron, "Pater".

Vieillissant, il s'est amusé à écrire l'histoire de cette collectivité Picarde, pour laisser **un témoignage**, sans aucune prétention :

– d'une part, parce qu'il a parfaitement conscience que, si sa vie n'avait pas un jour croisé celle d'un Grand Patron qui lui accorda sa chance, il serait assurément resté un bon employé, mais sans plus ;

– d'autre part, parce qu'il y a bien longtemps qu'il a compris qu'en terme de management des hommes, il n'y a ni modèle, ni exemple, tout au plus des **témoignages** dont chacun peut s'inspirer !

Comment le jeune homme naïf et paresseux devint patron
ou **Comment la fonction fait l'homme**

Le jeune homme, naïf et paresseux eut la chance d'être embauché par un **"Grand" Patron** qu'il amusa.

Naïf et paresseux comme il l'était, il avait toutes les chances d'être au mieux, un bon employé, mais sans plus. Cela d'autant qu'il n'avait ni ce minimum de mégalomanie, indispensable pour réussir, ni le goût du pouvoir. Heureusement pour lui, la destinée fit que son chemin croisa celui d'un vrai Patron, un grand capitaine d'industrie, dont seules les périodes d'après-guerre permettent l'émergence.

Ce dernier avait fait toute sa scolarité au LTE d'Armentières, créé vers 1880 pour inciter les enfants du Nord à continuer après le certificat d'étude jusqu'au baccalauréat, afin de permettre la formation d'instituteurs qui faisaient cruellement défaut à cette époque.

Diplômé ingénieur chimiste, avec un ami de promotion il se lança, avant-guerre, dans le domaine des cosmétiques ; fort heureusement, la guerre était arrivée car tous les deux avaient oublié une chose : la publicité est indispensable dans ce domaine.

Après-guerre, d'aucuns prétendent qu'il démarra en récupérant de vieux jerricans, en les restaurant, les repeignant et les revendant. D'autres racontent qu'il avait repéré que les très nombreuses plaques d'envol[1] laissées par l'armée américaine un peu partout dans les pâtures de France, étaient certes en majorité en acier mais aussi en aluminium et parfois même en magnésium. Il les rachetait donc un peu plus cher que tout le monde, les triait et ainsi commença à amasser les fonds nécessaires à la création d'une entreprise de négoce d'acier.

Il avait très rapidement pris conscience que le pays avait besoin d'acier, et s'établit comme revendeur d'acier belge en y ajoutant une notion commerciale qui lui était propre ; mais très vite il y apporta surtout une notion de **service** (inconnue dans ce domaine après-guerre, où l'acier faisait tellement défaut que les industriels se contentaient de ce qu'ils trouvaient) en laminant l'acier, le découpant à dimension, le refondant, le décapant, le galvanisant, etc...

Puis il étendit son activité aux aciers inox, puis aux plastiques, d'où différents dépôts en France, Espagne, et même Maroc, qui finirent par regrouper près de 8.000 personnes, ce qui dans le négoce est considérable.

Il bâtit sa réussite sur 5 principes élémentaires :

1/ **Il avait l'art de flairer et de repérer les hommes, puis de leur accorder sa confiance, <u>quelle que soit leur formation</u>.**

Émule d'Auguste Detoeuf et de son célèbre Confiseur Barenton, il se méfiait des diplômés : il fit d'un ancien chauffeur de camions un remarquable directeur général, et d'un simple jeune homme naïf et paresseux un directeur d'usine.
Il disait parfois :
"Certains élèvent des chevaux, moi j'élève les hommes",
Le jeune homme naïf et paresseux fut un de ceux qu'il a contribué à élever.

2/ **Il accordait sa confiance <u>sans restriction</u> !**
Il disait parfois à ses collaborateurs qui exposaient quelque idée :
"Je pense que ton truc est une connerie mais si tu y crois, fais-le !"

3/ *"On ne s'éclaire pas à la chandelle !"*, disait-il, et chaque fois qu'il créait ou reprenait une société, il imposait que dans les plus brefs délais soient établis un compte d'exploitation et un bilan mensuels. Il se moquait pas mal de savoir si les documents paraissaient le 10 ou le 20 de chaque mois, ce qui importait c'est qu'ils soient exacts au centime près. Il ne s'embarrassait pas des ratios compliqués, **seul l'intéressait** le *cash-flow*.

4/ *"Il faut payer des impôts, beaucoup d'impôts !"*.
Par cette formule il sous-entendait qu'il fallait totalement et complètement respecter les lois et les règles fiscales, sociales, commerciales, bref être certain du passé afin de

---

1 Plaques d'envol : Ce sont des plaques perforées en acier qui se solidarisaient entre elles par un système de charnières, et qui déroulées sur une simple pâture permettaient de la transformer en terrain d'aviation.

garder son esprit libre pour gérer le présent et préparer le futur. Dans son langage imagé et parfois trivial il disait :
"Si tu as peur de te faire prendre par derrière, tu serres les fesses, et on ne marche pas bien les fesses serrées !"

5/ *"Il y a ceux qui ont et ceux qui font"*, et il n'est pas bon que ceux qui ont (les actionnaires) se mêlent de la gestion de l'entreprise, de même qu'il n'est pas bon que ceux qui font (les directeurs) aient des actions.
L'expérience a prouvé que bon nombre de très belles entreprises ont sombré parce que les actionnaires, et plus souvent les héritiers, se mêlaient de "faire".

Quant à la 2e règle, il la justifiait par cette remarque :
« *Je sais l'homme est honnête mais même s'il est honnête, inconsciemment, pour 10 000 francs de dividendes, il pourrait prendre une mauvaise décision à un million de francs pour l'entreprise.* »
Au nom de ce même principe, il n'accordait pas de prime sur le résultat à ses directeurs.
À ces 5 principes de base, il convient d'en ajouter un dernier qui de fait était transversal : c'est la position primordiale du **client**, et il était parfaitement adapté aux relations d'après-guerre avec les gros donneurs d'ordres, basées sur les repas d'affaires, les invitations sur son yacht, à la chasse en Sologne, le fait de les raccompagner en hélicoptère, etc... Les dernières années, l'évolution des relations entre client et fournisseur, basées davantage sur les rapports de force, les laissaient pantois.

Telle est l'histoire, du Grand Patron, qui toute sa vie, jusqu'à la fin, a confiné au grandiose, dans ses propos, ses réflexions, son apparence (il avait quelque chose de Jean Gabin, sans pour autant l'imiter) sa voix grave et lente, son art d'écouter plus que de parler, en un mot : *Son amour des hommes !*

Première rencontre entre le jeune homme naïf et paresseux et le grand patron

En 1966, Marcel, l'ancien chauffeur de camion devenu Directeur Général, informa incidemment le Grand Patron que le dernier affineur de cuivreux de France venait de déposer le bilan et donc qu'il n'y en avait plus. Ce à quoi Grand Patron répondit :
"Si ! Il y en a un..... Nous ! Si plus personne n'est là pour satisfaire le marché français, il y a forcément de l'argent à faire. Donc, tu montes une affinerie".

A cette époque, sa société qui était devenue le plus grand fournisseur d'acier de France, de tôles pour l'automobile notamment, comptait environ 6.000 salariés et un certain nombre de chantiers ferraille qui contribuaient à recycler, entre autres, les déchets cuivreux qu'ils revendaient à des fonderies.

"L'affinage" consiste à trier ces déchets, à préparer des charges, à les fondre sous forme de lingots titrés destinés aux mêmes fonderies de robinetterie, ou de fabrication de corps de compteurs d'eau.

L'ancien chauffeur de camion devenu Directeur Général embaucha d'abord Jacky, l'ancien chef de fabrication de l'affineur défaillant, récupéra Marius qui s'occupait du négoce des non ferreux sur un des chantiers ferraille et embaucha le jeune homme naïf et paresseux qui sortait du service militaire avec un BTS de métallographie, pour créer le laboratoire d'analyse.

Le jeune homme acheta donc le matériel de contrôle chimique et étudia les normes existantes.

L'usine située dans un petit village à une quinzaine de kilomètres de Reims, fonctionnait depuis un mois environ lorsque le grand Patron, qui portait beau la cinquantaine et affectionnait déjà les grands chapeaux et cache-poussière genre "Il était une fois dans l'Ouest", lui rendit visite avec l'ancien chauffeur de camion qui assurait la direction générale de cette nouvelle société ainsi que d'autres collaborateurs que le jeune homme ne connaissait pas.

Il entra majestueusement dans le laboratoire et l'interpella d'un cordial :

– "Est-ce que ça va ?"

Auquel le jeune homme naïf et paresseux répondit du haut de ses 22 ans sans trop réfléchir :

– "Non, ça ne va pas !"

Il le regarda interloqué quelques instants, l'observa, puis calmement de sa voix grave lui dit :

– "Combien de fois tu baises par nuit ?"

Pris de court et déstabilisé par la question, il commença par l'appeler "Mon Colonel", et balbutia quelque chose d'apparemment incompréhensible.

Le grand Patron insista :

– "Tu baises ou tu baises pas ?"

Ce à quoi il répondit :

– "Ben..., je suis marié, donc ça m'arrive de temps en temps".

– "Alors, si tu baises, c'est que ça va ! Pour le reste, tu viens me voir quand tu veux et tu m'expliques !"

En ces temps-là, les traitements de texte, les photocopieuses et autres gadgets bureautiques n'existaient pas. Il y avait une seule machine à écrire pour toute l'usine, qui était bien occupée par l'unique secrétaire comptable.

Donc le soir, sa femme qui avait un BTS d'assistance de direction, lui tapait sur une machine d'emprunt un rapport où il expliquait ses vues.

Au bout de quinze jours, il avait rassemblé la documentation, disposait d'un dossier d'un bon centimètre d'épaisseur et prit rendez-vous avec le patron.

Il le reçut, l'observa encore une fois longuement, puis lui dit :

"Ah oui ! C'est toi qui baises mais qui n'es pas content !"

Il lui tendit le dossier que le grand Patron poussa négligemment sur le bord de son bureau en disant :

"Je ne sais pas lire, raconte !"

Il lui expliqua donc qu'ils faisaient comme leurs concurrents anglais, allemands et italiens, c'est-à-dire que l'on coulait des lingots, que l'on prélevait de la façon la plus intelligente possible des copeaux sur certains lingots, que l'on mélangeait le tout, que l'on faisait une analyse moyenne et qu'en fonction du résultat on affectait la production à tel ou tel client; parfois même qu'on refondait la production pour corriger le titre, et qu'il lui semblait préférable d'analyser avant coulée pour éventuellement corriger les bains, et ainsi faire bien du premier coup.
Question : *"Combien ça coûte ton truc ?"*
Réponse : *"Un spectro à étincelle vaut installé dans les 500 000 francs."*
Réponse : *"Tu réalises que le capital de la société n'est que de 400 000 francs !"*
Comme ni en colonie de vacances, ni aux E.O.R., ni en BTS, on ne lui avait appris ce qu'était un capital, il balbutia quelque chose.

Le grand patron reprit : *"Mais t'es sûr que ça marche ton truc ?"*

Ce à quoi il lui répondit :
"Il y a effectivement une difficulté, c'est qu'en spectrographie d'émission on ne peut pas doser l'élément majeur, le cuivre dans notre cas, car il sert de référence comme étalon interne, on l'obtient par la différence de la somme des autres éléments dosés, à 100%, et de ce fait on cumule les erreurs analytiques sur chaque élément, de plus il y a des interactions inter-éléments. Mais j'ai réfléchi et préparé des étalons de référence, et je pense possible, par un système de facteurs correctifs à appliquer sur les résultats, d'obtenir un résultat sur le cuivre proche de celui qu'on obtient par électrolyse."

Il s'en suivit un long silence de quelques minutes où il continua à observer calmement le jeune homme naïf. Enfin, il rompit ce pesant silence en disant :
"T'as une bonne gueule, vas-y !"

Tel était le grand Patron ! Il testait, soupesait, jugeait les hommes puis à l'intuition, il accordait ou n'accordait pas sa confiance.
On avait le droit à l'erreur, mais à deux conditions :
– La première : être intègre,
– La seconde : être toujours de bonne foi.
Et si plus tard, le jeune homme naïf et paresseux développa un système basé sur l'autonomie et la confiance c'est à l'image de ce très grand Patron !

Histoire du parachutage, comme Patron, du jeune homme naïf et paresseux, qui entre-temps était devenu un homme jeune, toujours naïf et paresseux

Revenant à sa formation de métallurgiste, le jeune homme améliora quelques alliages, en fonction de la demande de clients, commença à voyager en France, puis à l'étranger pour faire de l'assistance technique aux clients (choix des alliages, conseils dans le tracé des systèmes d'alimentation,..) puis de la prospection, et des ventes.

Au début des années 70, un de ses clients, une fonderie sise en Picardie rencontra de graves problèmes financiers, et le grand Patron décida de racheter cette société.

Considérant que le jeune homme naïf et paresseux avait la bosse du commerce, il lui demanda d'aller de temps en temps dans cette fonderie en Picardie pour faire une forme de marketing avec ceux qu'il considérait comme d'excellents techniciens, mais comme de piètres commerçants :
"Ils ont un grand savoir-faire mais pas de faire savoir !" disait-il !

Au début des années 80, le Directeur de la fonderie Picarde, fit savoir qu'il voulait quitter l'entreprise pour se lancer dans l'injection des matières plastiques.

Le grand Patron chargea l'homme jeune, naïf et paresseux de trouver un successeur au directeur et le temps passait...

Un matin d'avril, le grand Patron appela l'homme jeune en lui demandant ce qu'il faisait, ce à quoi il répondit :

– *"Rien de spécial, Monsieur"*
– *"Viens me voir !"*

Il descendit donc à la ville, où se situait le bureau du grand Patron, sans penser à rien, car parfois lorsqu'il s'ennuyait, il invitait ses collaborateurs à déjeuner.

Les gens de l'affinerie et de la fonderie, avaient un statut un peu spécial et ce pour deux raisons :

D'abord parce que contrairement à la société de négoce d'acier, où le grand Patron avait des associés, ils lui appartenaient à 100% et c'était ses sous à lui seul !
La deuxième est que pour tous les gens qui touchent à l'acier et à la ferraille, les cuivreux ont toujours eu valeur de "cagnottes", de "trésor de guerre", que physiquement certains ferrailleurs enterraient, et ne déterraient qu'en période de vaches maigres sur le marché de la ferraille, ou quand il fallait changer la Poclain.

L'homme jeune naïf et paresseux entra dans le grand bureau du grand Patron, qui le pria de s'asseoir dans un fauteuil profond (comme toujours dans les bureaux de Direction) et qui lui fit glisser sur son beau bureau Napoléon Ier d'époque, une pièce de 20 dollars en or en lui disant : *"Je ne suis pas superstitieux mais ça peut te porter chance !"*

L'homme jeune se redressa, confiant, en se disant qu'il allait sûrement être félicité ou entendre des choses agréables; mais dans la foulée, le grand Patron glissa vers lui un ouvrage d'Auguste Detoeuf « Barenton Confiseur », que l'homme jeune connaissait déjà. Il regarda la dédicace sur la page de garde où il était inscrit :
"J'espère que ces propos d'un homme qui bien qu'instruit avait su rester intelligent te seront profitables. Signé : le grand Patron".

Là il se dit qu'il avait dû faire une bêtise, car quelques années auparavant, suite à une remarque stupide qu'il avait faite à table devant témoins, il l'avait abonné à la Revue des 2 Mondes en lui disant : *"Gamin, tu manques de culture !"*

Entre la pièce en or et l'ouvrage, l'homme jeune tout de même pas trop naïf, pensa en la circonstance être prêt à recevoir une douche écossaise, mais le grand Patron ne dit rien, se leva, fit le tour du bureau et lui dit : "Suis-moi !"

Le jeune homme l'interrogea : *"Où va-t-on ?"*
Il lui fut répondu : *"Tu verras bien !"*

Ils sortirent de l'immeuble, allèrent vers l'hélicoptère qui attendait. Le grand Patron monta devant à côté du pilote, que l'homme jeune connaissait bien par ailleurs car ce dernier pilotait bénévolement l'avion largueur de son Para-club pendant le week-end. Il s'assit donc sur la banquette arrière, décontracté et confiant, ne pensant à rien, profitant du paysage en toute naïveté.

Une petite heure après, ils arrivèrent au-dessus de la fonderie, en Picardie, et se posèrent sur la pelouse, juste devant l'usine. Les pales étaient à peine immobilisées que le Directeur de la fonderie, qui souhaitait tenter sa chance ailleurs, ayant entendu le bruit, s'était précipité et était au pied de l'appareil.

Le grand Patron lui dit : *"Réunis l'usine !"*

Le temps que la chose se fasse, le pilote était resté à sa place. Le grand Patron, le directeur de la fonderie et l'homme jeune parlaient de choses et d'autres au pied de l'hélicoptère.

Quand la centaine de personnes qui constituaient l'effectif furent réunis, le grand Patron dit de sa voix grave et forte :

"Le directeur a fait du bon boulot, il veut s'en aller, c'est son droit ! Qu'il parte !" (Il n'aimait pas trop qu'on le quitte !)

Puis se retournant vers l'homme jeune vraiment très naïf, il le désigna en disant : **« Son successeur c'est lui ! »**

Et sans autre commentaire, il remonta immédiatement dans l'hélicoptère dont les pales se remirent en route. L'homme jeune bouche bée, tombant des nues du haut de sa très grande naïveté, se retrouva seul face au personnel, son bouquin de Barenton dans une main, sa pièce d'or dans l'autre, et réalisa soudain qu'il venait de se passer quelque chose d'important.

Le Directeur lui demanda s'il s'y attendait, ce à quoi il répondit que non, absolument pas : qu'il avait un appartement à 300 km de là, avait fait acheter un appartement à ses beaux-parents vieillissants sur le même palier, que sa fille était scolarisée à Reims, que sa femme y travaillait, qu'il était président et moniteur de son club de parachutisme à Reims et qu'il n'avait jamais imaginé se retrouver en Picardie, surtout comme directeur d'une usine aussi belle que cette fonderie !

Ceci étant, à tout hasard, il trouva une chambre à louer chez un restaurateur local, et ne sachant que faire, il décida de laisser passer quelques jours.

Pendant trois semaines, le grand Patron ne lui donna aucun signe de vie ! Ce n'est qu'au bout de ce temps qu'il l'appela et lui dit :
"Ils ne t'ont pas bouffé ?..... Alors tu restes !"

C'est ainsi qu'il se trouva intronisé futur petit patron, malgré lui, mais pas tout à fait dépaysé, car fort heureusement, au cours des années précédentes, lors de ses visites "marketing" ou "métallurgie" régulières, il avait développé des liens d'amitié solides et sincères avec ceux dont il se retrouvait le "chef".
C'est ainsi que l'homme jeune, naïf et paresseux, se retrouva petit patron paresseux et encore plus naïf.

Sans doute que le Grand Patron avait repéré en lui ce quelque chose de différent qui permet de sortir des sentiers battus du management, comme lui-même l'avait toujours fait.

Mais il est certain que sans cela, le jeune homme n'aurait jamais eu le courage d'oser envisager manager d'autres hommes !

Toute sa vie il demeura conscient que cette promotion n'était due ni à ses mérites, ni à ses compétences ; il devait tout à la "vista" et au goût du risque du grand Patron, qui avait repéré en lui la possibilité de manager autrement !

Des années durant l'homme jeune, devenu petit Patron par chance, car il s'était trouvé au moment opportun, à l'endroit opportun, fit partager au grand Patron ses idées de travailler autrement que ce que l'on apprenait dans les livres, et celui-ci s'en amusa souvent.

Ce que l'homme jeune, pas encore patron fit et ne fit pas

ou **Histoire de ses quatre mois de "tourisme" dans l'usine**

Son parachutage ayant été impromptu, il n'avait évidemment pas imaginé avoir la chance ni l'opportunité de diriger à terme une si belle entreprise, et pris de court, il proposa à Dominique, qui devait quitter l'entreprise fin juillet, *de ne rien faire*, de ne toucher à rien et de *regarder* d'avril jusqu'à fin juillet.

Il s'installa donc dans un bureau vacant, et en bon touriste, passait son temps à faire des tours d'usine, à discuter avec les uns et les autres et à assister à toutes réunions sans y participer.

De plus, Dominique étant un homme à très forte éthique, il n'a jamais formulé un jugement sur ce qu'il faisait, ni sur aucun de ses collaborateurs.

Il gérait parfaitement l'usine comme on gérait une usine dans les années 70, c'est-à-dire que :
– il avait un bureau à l'étage avec une fenêtre permettant d'avoir une vue sur l'ensemble de l'usine,
– il y avait les pointeuses, un règlement intérieur avec les règles classiques de l'époque :
– si on arrive 5 minutes en retard, on retranche 5 minutes sur la paye
– si on arrive 2 x 5 minutes en retard, on retranche 15 minutes sur la paye
– si on arrive 3 x 5 minutes etc...

– il y avait un magasin fermé et géré par un magasinier
– il y avait des distributeurs de boissons payants, avec l'été un forfait de jetons gratuits qu'il fallait aller chercher au standard.
– Il y avait un Service Achats, un Service du Personnel, une fonction Planning, des Régleurs, des Contrôleurs, des Chefs d'Ateliers, des Chefs d'Equipes, des Chefs de Services,
– Il y avait le Repas Cadre annuel
– Il y avait la cérémonie quotidienne d'ouverture du courrier par la Direction
– Il y avait un Comité de Direction, des réunions cadres, des réunions planning, des réunions de synthèse des problèmes qualité rencontrés le mois précédent
– Des primes mensuelles, de qualité, de tonnes produites, de présentéisme, de chaleur en fonderie
– Il y avait des clés à molettes, pour économiser l'outillage et ne pas s'habituer au luxe
– Il y avait comme partout dans la région à l'époque, régulièrement et de façon tournante par atelier, un peu de chômage partiel, en fin de mois, pour maintenir une certaine pression

Bref, il y avait tout ce qu'il fallait pour qu'une entreprise fonctionne bien, et elle fonctionnait bien.

Les délais, de *"l'époque"*, étaient respectés ; la qualité, de *"l'époque"*, était convenable et l'entreprise gagnait quatre sous.

Donc rien de choquant et il est fort probable que si le jeune homme avait pris la succession de Dominique immédiatement, les choses seraient restées en l'état, d'autant plus que ni les salariés, ni l'encadrement, ni le grand Patron ne souhaitaient une évolution. Le cahier des charges du grand Patron avait été fort simple et conforme à sa philosophie. Lorsqu'il lui avait annoncé :
– *"Ils ne t'ont pas bouffé ? Alors tu restes !"*,
Il avait complété :
– **"Objectif : fais-moi du fric et ne va pas en prison !"**
Ce qui dans son langage viril et imagé voulait dire :
"Tu as toute liberté d'action, dans le respect des lois".

Donc l'homme jeune faisait son tour d'usine régulièrement. Au début, autant les ouvrières trouvèrent ça gentil, autant certains ouvriers trouvaient ça bizarre. Peut-être était-ce une forme de timidité car normalement en Picardie à cette époque, les "Chefs" traversaient les ateliers avec l'air préoccupé, et ne discutaient pas avec les uns ou les autres.

Par contre ce qui était systématique, c'était que quand il pénétrait dans un atelier, le cadre responsable de cet atelier ne le lâchait pas d'une semelle. Cela devenait comique car, lorsqu'il passait d'un atelier à l'autre, le cadre du premier atelier s'arrêtait à la "frontière" et était relayé par le responsable de l'atelier suivant.

Ce petit jeu dura jusqu'au jour où il réunit les cadres concernés et leur dit :
« *J'ai bien compris que chacun d'entre vous a fait pipi autour de son service ou de son atelier. Mais ce que vous n'avez pas vu c'est qu'en arrivant, dès que je suis descendu d'hélicoptère, moi, j'ai fait pipi tout autour de l'usine, donc je suis partout chez moi.* »

À partir de ce jour, les choses allèrent mieux et s'arrangèrent d'autant mieux que très vite, les chefs concernés se rendirent compte qu'il ne parlait jamais travail avec les ouvriers, qu'il leur parlait d'eux, leur demandait combien ils avaient d'enfants, où ils habitaient, leur passe-temps, leurs sports favoris, bref, que des choses insignifiantes et sans danger pour eux, les Chefs.

Donc en faisant son tour quotidien, il regardait.

IL regardait d'abord **DEHORS** :

Dominique lui présenta le Maire, le Député, les banquiers, les responsables de l'ANVAR, de l'ADEPA, de l'ANPE, de la CRAM, l'Inspecteur du travail, bref tous les partenaires utiles et indispensables.

Il l'accompagna visiter tous les clients, les gros comme les petits, et le présenta aux patrons locaux pour lui permettre de créer un réseau.

Bref, Dominique lui fit rencontrer tous les gens qu'il connaissait au-dehors et il put mesurer l'estime sincère et souvent l'amitié que tous ces partenaires et clients avaient pour lui.

IL regardait aussi **DEDANS** :

Un jour, en faisant son tour, il tomba sur Alfred, qui attendait devant le guichet du magasin (On attend toujours aux magasins, même quand on est seul !).

Il s'enquit de sa présence, Alfred lui répondit :
" *Je viens changer ch'gants !*" en complétant "*ben j'ai ch'bon du chef, et les vieux gants !*"

En fait la règle du jeu était la suivante : quand un ouvrier avait de vieux gants, il devait les montrer à son chef d'atelier qui lui faisait un bon. Avec ce bon il allait au magasin, traversait l'usine, allait pisser un coup, discutait un peu sur le trajet, sonnait au magasin, attendait que le magasinier arrive, et en échange du bon, et des vieux gants, on lui donnait des gants neufs. Le tout prenait bien dix bonnes minutes !

Le jeune homme se renseigna à la compta, et apprit que la machine sur laquelle travaillait l'ouvrier coûtait 600 F/h soit 10 F/min et que les gants eux coûtaient 5,80 F. Il se dit alors que cela faisait cher de la paire de gant, et que, sans aucunement encourager le vol, si l'ouvrier en prenait une paire de temps en temps pour jardiner, tout le monde s'y retrouverait largement.

Il se fit la même remarque en ce qui concernait les distributeurs de boissons. Renseignement pris, une dosette de café + un gobelet + une dosette de sucre + une cuillère en plastique coûtaient 38 centimes, alors que faute de monnaie ou parce qu'il n'y avait qu'un distributeur pour toute l'usine, 3 à 5 minutes étaient perdues pour rien, ce qui mettait le café à 30 ou 50 F, ce qui faisait cher tout de même pour un café payant !

Et quand, en été, les boissons étaient gratuites, le temps d'aller au standard chercher les jetons....

Il remarqua que lors des réunions mensuelles d'analyse de la non-qualité du mois précédent, on évoquait des problèmes qui remontaient à plusieurs semaines et dont plus grand monde ne se souvenait, surtout pas l'ouvrier qui entre-temps avait rencontré d'autres problèmes, qui avaient occulté les précédents.

Cela lui rappela la perception du temps, de sa fille quand elle était petite : elle raisonnait en unité de Dodo : on avait vu Mamy il y a un Dodo ; à plus de 2 Dodos c'était l'infini !

Il se dit que pour quelqu'un qui fait de 5.000 à 10.000 pièces par jour, jour après jour, cela devait forcément être de même.

Il remarqua que la cérémonie quotidienne d'ouverture du courrier ne servait pas à grand-chose non plus, car 95% des lettres ne concernaient pas la direction, et que surtout quand Dominique était absent, on attendait son retour pour ouvrir le courrier...

Il remarqua qu'Antoine, le responsable de l'établissement des gammes pour remettre les prix, faisait transiter chaque dossier de service en service, ce qui entrainait que l'on mettait parfois plusieurs semaines avant de décliner une affaire, qui, à la seule vue du plan n'était à l'évidence pas pour nous, et que Michel, le patron de l'outillage, annonçait des délais de réalisation d'outillage en cumulant les délais de toutes les demandes de prix, alors qu'à peine 10 % d'entre elles étaient potentiellement pour nous !

Il remarqua que durant les réunions hebdomadaires de planning, tous les cadres passaient trois quarts d'heure à régler des comptes entre eux, devant le Directeur pour expliquer pourquoi ils n'avaient pas respecté le planning de la semaine écoulée, et seulement quelques minutes à préparer l'activité de la semaine à venir. Il se dit que faire la chose **à *priori*** ne servait pas à grand-chose.

Il remarqua que le quart de l'usine était plein de bennes, jusqu'au plafond, et se demandait comment on pouvait faire du FIFO avec des bennes empilées les unes sur les autres.

Il remarqua qu'à force d'utiliser des clés à molettes, par souci louable d'économie, la plupart des boulons et écrous étaient arrondis, et qu'on perdait beaucoup de temps à les débloquer avec des clés à griffes, ce qui arrondissait encore davantage ces écrous et boulons.

Il remarqua que le soir c'était la course vers les pointeuses, et que souvent certains attendaient, aux environs de la pointeuse, la sonnerie pour pointer.

Il remarqua que le Directeur passait plus d'une journée par mois pour calculer avec chaque cadre, les primes mensuelles du personnel, et que la cote d'amour, officieuse par ailleurs, avait un coefficient, tout aussi officieux, mais très important.

Il se dit que la part de la prime basée sur le tonnage produit, était un peu injuste, car l'ouvrier n'y était pour rien s'il y avait plus ou moins de tonnes à produire.

Il se dit aussi que la prime de chaleur, en fonderie certains mois d'été, était un peu ridicule, *car ce n'est pas parce que l'on donne une prime aux fondeurs qu'il fait moins chaud*; de plus, il remarqua que les fondeurs avaient tendance à fermer les fenêtres par temps chaud car la prime était proportionnelle à la chaleur relevée dans l'atelier !

Il remarqua que le chômage partiel en fin de mois n'était pas toujours très justifié, car souvent on avait du mal à livrer en début de mois, et il se dit que quand c'était justifié, ce n'était pas la faute des ouvriers, mais peut être plus de la faute **du** commercial, qui lui n'était pas mis en chômage.

Il se dit aussi qu'un seul commercial, en plus du Directeur, qui par ailleurs avait trouvé des débouchés très importants pour la fonderie, ce n'était pas beaucoup !

Il se rappela sa jeunesse quand il draguait, le plus dur n'était pas de faire l'amour avec les filles, le plus dur était de les amener dans le lit.

Il se dit qu'il faudrait avoir plus de monde pour amener les clients dans le lit de l'entreprise.

Il remarqua que les Picards utilisaient deux expressions inconnues de lui, les Picards disent: *"On va faire en allant !"*, et utilisent parfois le verbe *"se mucher"*.

Il demanda à Roland, le cadre ayant débuté comme ouvrier en fonderie à l'âge de 14 ans et qui incarnait la mémoire collective de l'entreprise, ce que cela voulait dire. Roland en guise réponse lui suggéra d'aller visiter des *muches* ! Ainsi donc les muches étaient un truc qui se visite ! Il découvrit donc que, sous certains villages picards, il y avait la copie conforme de toute l'infrastructure du village : si le village était composé de 300 familles, il y avait alors 300 pièces souterraines, parfois à 30 mètres sous terre, appelées des *muches* qui communiquaient avec les maisons par les cheminées. Il y avait une place centrale, une chapelle, la salle à manger du seigneur local, sa cuisine, et même le passe-plat entre les deux pièces. Il y avait des écuries, des étables, des greniers... Bref tout ce qu'il fallait pour que le village continue à vivre en cas d'invasion.

Il connaissait les deux grandes stratégies qui menaient le monde :
1) L'affrontement direct type Clausewitz ou Napoléonien :
– soit une peuplade A avec un concept A protégée par une forteresse
– soit une peuplade B avec un autre concept B, qui n'aura de cesse d'assiéger, d'envahir, de détruire la forteresse des adeptes de l'idée A pour imposer son idée.
C'est cette stratégie qui a conduit les Américains à faire la guerre au Vietnam, car à priori ils ne manquaient pas de riz, et n'avaient pas non plus l'intention d'annexer le Vietnam et d'en faire la 54e étoile de leur bannière !
2) Le non affrontement type Tsun Tsé ou Mao Tsé Tung :
Les partisans de l'idée nouvelle sont tellement convaincus de sa force que nul n'est besoin d'assiéger la forteresse des partisans de l'idée opposée. Ils en font le tour, occupent le terrain, et continuent leur chemin, et telle l'eau qui finit par attaquer les roches les plus dures, la force de leur idée finie par s'imposer !

Dans les deux cas c'est *l'idée* qui génère *l'action*, c'est la *réflexion* qui induit *l'action* ! Et l'idée peut conduire à la mort !

Le Picard, lui, se moque des idées des autres ! Quand un envahisseur se présentait avec une idée X ou Y, sans même chercher à connaître cette idée, il se ***muchait*** en mettant à l'abri tous ses biens et même sa structure sociale, pour reprendre le cours normal de sa vie, le danger passé !

Imposer son idée ne l'importe pas, il accorde la primauté de ***la vie*** sur ***l'idée,*** de ***l'action*** sur ***la réflexion !***

A priori pour les autres peuplades, la ***réflexion précède l'action*** car ils cherchent à ***comprendre pour faire.*** En Picardie c'est ***l'action qui engendre la réflexion,*** on ***fait pour comprendre,*** d'où l'expression « ***faire en allant*** » : faire puis réfléchir pour aller plus avant !

En Picardie on ***fait*** d'abord, et on ***réfléchit*** après, et cela se voit dans les charpentes.

Ailleurs on commence par faire un plan, puis on débite et conforme le bois selon le plan, puis on dresse la charpente.

En Picardie, on essaye des bouts de bois, souvent de réemploi, et quand deux s'ajustent bien, on cheville, on dresse l'ensemble. Puis on regarde parmi les morceaux restants celui qui complète au mieux le premier assemblage, ainsi de suite, on fait **EN ALLANT.**

C'est pour cela que les charpentes et les colombages ne sont pas droits, mais ce faisant, non seulement on va beaucoup plus vite à bâtir, mais en plus comme la fibre du bois est respectée, les charpentes sont beaucoup plus solides et durent plus longtemps.

Cette manière d'être et de procéder lui rappela un passage du film "Un taxi pour Tobrouk" : Lino Ventura, le pragmatique, et Charles Aznavour, l'intellectuel, sont en panne

sèche dans le désert. Lino Ventura s'éloigne un jerrycan à la main et Aznavour l'interpelle :
– *"Où vas-tu ?"*
Réponse :
– ***"Un con qui avance va plus loin que dix intellectuels assis !"***

Cette vérité lui plaisait bien, il la fit donc sienne, l'utilisa souvent, et fut ainsi toujours compris par ses Picards de collaborateurs.

De plus Roland lui expliqua que dans la muche était caché le bien le plus précieux du village : les semences de la prochaine récolte !

Il importait donc de tenir secrètes les entrées des muches, pour éviter que des membres d'autres villages ne les révèlent à quelques envahisseurs. D'où un très fort sens d'appartenance à une collectivité restreinte et une défiance des "étrangers".

Plus tard il découvrit qu'un autre peuple parfois se ***muchait*** collectivement pendant des siècles, **FAISAIT** toujours pour **COMPRENDRE**, et avait un très grand sens du collectif; il s'agissait des **Japonais** !

C'est pourquoi il n'eut pas beaucoup de mal à adapter les outils japonais sur un mode judéo-chrétien picard !

Plus tard, il remarqua que L'ACTION générait dans ses troupes de L'OPTIMISME, alors que trop de REFLEXION générait un certain PESSIMISME, cela résultait sans doute de ce particularisme régional...

C'est pourquoi il s'efforça toujours, par la suite, de **faire d'abord et d'expliquer un peu après**, quitte à faire marche arrière, quand parfois la réflexion de son entourage lui prouvait qu'il s'était fourvoyé.

Il remarqua enfin que les gens étaient tristes, regardaient souvent les horloges dans les ateliers et couraient presque en partant du travail.

Il remarqua tout ça sans avoir aucune réponse à proposer pour les cas les plus importants !

Faire en allant oui, mais faire quoi ?
Il se rappela ses cours d'O.S.T., au CNAM de Reims, les relut et les trouva dépassés.

Il chercha donc à se former à nouveau, et découvrit un organisme de formation qui s'appelait l'AFPIMM, qui était dirigé par une charmante dame au nom tout aussi charmant, dans des locaux eux aussi charmants : un ancien appartement en étage rue de Rome près de la gare St Lazare.

Il y rencontra des gens curieux, qui disaient : **"Chic un problème ! On va pouvoir progresser !"** (alors que la tendance à l'époque était **plutôt "merde un problème !"**), qui parlaient de SPC, de KANBAN, de JEU D'ECHEC et de JEU de GO, de TPM, de SOCIO-DYNAMIQUE, de PROJET D'ENTREPRISE...

Il y rencontra surtout Jean Christian FAUVET dont l'enseignement lumineux devait servir de socle à son évolution-révolution !

Il les rencontrait donc mais, dans l'immédiat, ne savait que faire de cet enseignement.

Pour l'heure, les mois d'avril, mai, juin, juillet s'étaient écoulés.

Fin Juillet, jour de la fermeture de l'usine pour les congés, on fit une grande fête. Le Patron était venu, d'un coup hélicoptère, faire un beau et émouvant discours ; Dominique y répondit avec beaucoup d'émotion, et les ouvriers, lui offrirent un beau cadeau, en remerciement de l'excellent travail qu'il avait accompli. On but le verre de l'amitié, et on se sépara. Dominique lui remit symboliquement les clés de l'usine qu'il avait bâtie et qui portaient encore ses initiales, puis tout le monde, la larme à l'œil, partit en vacances.

Il mit à profit le mois d'août pour rapatrier et installer sa petite famille, ce qui lui occupa l'esprit, sauf une fois : la fois où sa tondeuse "ratatouilla" ! Heureusement cet incident advint la dernière semaine de congé, car après il eut souvent une boule d'angoisse au niveau de l'estomac.

Sans doute que trop de réflexion générait en lui un certain pessimisme, et que ce faisant, il devenait tout doucement PICARD...

Histoire de la tondeuse

Donc courant août, l'homme jeune, presque petit patron naïf et paresseux tondait sa pelouse, un samedi après-midi, quand il lui sembla que la tondeuse ne fonctionnait pas bien. C'était une tondeuse achetée d'occasion dans la précipitation de son installation impromptue. Elle n'était certes pas en panne, mais le moteur avait des ratés, ça "ratatouillait" par moment. Bref il prit la décision d'arrêter l'engin, et à l'instinct, à l'intuition, lui qui avait toujours bricolé des motos et autres engins volants, alla dans le garage prendre la clé à bougie, revint dans le jardin, démonta la bougie, constata que les électrodes étaient encrassées et anormalement écartées, les nettoya, remonta la bougie, relança le moteur, mit la clé dans la poche et reprit sa ronde.

Pour éviter d'avoir à ramasser l'herbe, il tournait du bord vers le centre de la pelouse afin de broyer à nouveau l'herbe fauchée au passage précédent. Il tourna donc suivant la géométrie du jardin en évitant les arbres et les fleurs, assez satisfait de lui-même, assez satisfait d'avoir trouvé pile le défaut, et ce, du premier coup.

Tout en tournant il se demanda comment un incident similaire se serait réglé à l'usine ? Son cerveau déroula la seule chronologie possible de résolution de l'incident, compte tenu des usages dans l'entreprise en ce début des années 80 :
– Jules constate que sa tondeuse, la tondeuse N°14, ratatouille

– Jules ne s'arroge surtout pas le droit de toucher à quoi que ce soit, ce n'est pas son rôle d'ouvrier, il appelle le régleur.

– Le régleur constate le dysfonctionnement, bricole un peu, puis considère que ce n'est pas un problème de réglage mais d'entretien. Il prévient donc le chef d'atelier, qui dans l'immédiat met Jules sur une autre tondeuse, car au nom de la productivité, il n'est pas question de laisser un ouvrier attendre les bras ballants que l'on répare sa machine !

– Le chef d'atelier, qui n'a que 20 ans d'ancienneté, prévient son chef de service, car il est encore trop jeune pour se permettre de contacter directement le service entretien. Seuls quelques très anciens, à la veille de la retraite peuvent se permettre d'ainsi transgresser la hiérarchie !

– Le chef du service des tondeuses contacte donc le patron de l'entretien qui envoie un mécanicien

– Le mécanicien à tout hasard démonte et nettoie le carburateur, et constatant que cela ne va toujours pas mieux prévient l'électricien (les spécialistes savent bien que généralement un carburateur démonté, remonté fonctionne moins bien qu'avant !)

– L'électricien après avoir vérifié les connexions diverses, démonte la bougie, l'apporte au magasin, demande une bougie *neuve*, et remet la bougie défectueuse au magasinier, car quand on est un professionnel digne de ce nom, on ne perd pas son temps à nettoyer une bougie ! ! !

– Le magasinier met ladite bougie dans le stock des bougies *à restaurer*, car dans un souci d'économie, quand il y a un creux au service entretien, un jeune sable les électrodes, les calibre, et on range alors les bougies dans le stock des bougies *restaurées* (Il est à noter que comme jamais personne ne demande de bougies restaurées, régulièrement, en fin d'année, au moment de l'inventaire, le comptable demande que l'on se débarrasse de ces bougies pour éclaircir les stocks !).

– Donc l'électricien monte la bougie neuve sur la tondeuse N°14 et appelle le régleur
– Le régleur remet la tondeuse en route et appelle un contrôleur
– Le contrôleur vérifie que la tondeuse coupe bien, à la bonne hauteur, avec la bonne largeur, et prévient le chef d'atelier que tout est rentré dans l'ordre
– Le chef d'atelier remet alors Jules sur sa tondeuse

Et tout rentre dans l'ordre !

Au fur et à mesure que son cerveau déroulait cette chronologie un sentiment d'angoisse puis de panique le prit aux tripes !

Le coeur battant, il arrêta de tondre, s'assit dans l'herbe, alluma une cigarette en se disant :

"Je n'y arriverai jamais ! Jamais je n'arriverai à faire en sorte que Jules puisse un jour avoir la liberté de dépanner lui-même sa machine, de disposer de SA clé à bougie et d'une bougie d'avance. Et si j'y arrive, alors que vais-je faire des régleurs, des contrôleurs, des chefs d'ateliers, des chefs de services ?"

Une forme de bon sens le poussait à ne pas se résigner; ce qui était vrai dans un jardin devait l'être aussi à l'usine, surtout qu'il était certain que le week-end, Jules n'avait besoin de personne pour entretenir et dépanner sa propre tondeuse !

Inconsciemment, cet incident lui fit prendre conscience que :

– Pour que l'entreprise soit réactive, il fallait que les décisions soient prises par les ouvriers eux-mêmes, en temps réel, sur le terrain !

– Qu'un bon ouvrier était un ouvrier qui prenait des initiatives !

– Que tous les ouvriers, chez eux, prenaient des initiatives !

– Que la structure de fabrication ne se justifiait que par le phagocytage de la prise d'initiative !

– Qu'il fallait donc supprimer cette structure, ou du moins la réorienter vers d'autres missions.

Quelques années plus tard, s'il arriva à instaurer une structure en fabrication à deux niveaux (opérateurs, leaders) ce fut en grande partie grâce à ce ratatouillage de tondeuse ! !

Règle du "un dodo"

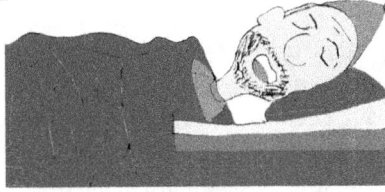

Quand nous étions "petits", nous avions une perception limitée de l'espace et du temps. Nous avions une perception fractionnée des choses :

L'ESPACE était une suite d'endroits différents sans liaison entre eux : il y avait la maison, l'école, chez Mamy, chez Tonton. Tous ces lieux étaient clairement identifiés individuellement mais n'étaient pas positionnés les uns par rapport aux autres.

De même le TEMPS était une suite de **"présents successifs"** (J.C Fauvet), sans continuité, sans liaison entre le passé et le présent.

Le temps était décomposé en suite de DODOS.
Le DODO était l'unité de temps !
Et une unité très limitée !

Nous retrouvons bien évidemment ce mode de fonctionnement chez nos propres enfants ou petits-enfants vers l'âge de deux ans:

"J'ai vu tonton il y a un DODO" : Ça c'est clair !
"J'ai vu Mamy il y a deux DODOS" : Commence à être lointain !
Au-delà, c'est l'éternité !...

Il parait que nous avons gardé un cerveau _reptilien_ des premiers temps de notre évolution ; peut-être... Ce qui est sûr, en revanche, c'est que tous, nous avons gardé un cerveau _enfantin_.
Ce cerveau enfantin raisonne d'autant plus en DODO qu'il est occupé par une tâche routinière. L'opérateur sur chaîne qui réalise 6 000 ensembles par jour se rappellera des problèmes rencontrés **la veille**, mais confondra dans un même sentiment de malaise tous les problèmes subis antérieurement.

Donc toute analyse portant sur des faits remontant à plus de UN DODO ne sert strictement à rien, sauf à occuper quelques technocrates amateurs de graphes, courbes et autre Paréto.
Qui plus est, l'opérateur ne comprendra pas que l'on évoque des problèmes qui remontent à une semaine alors que l'on n'est pas capable de traiter ceux de la veille ou du présent !!
Le principe de cette démarche qualité ESSENTIELLE, est de ne parler, traiter, mettre en place des plans d'actions que sur ce qui s'est passé il y a UN DODO !

Tout ce qui est antérieur et que l'on n'a pas eu l'occasion, la possibilité de traiter, doit être **oublié, effacé**.

D'où l'importance de la gestion promenade quotidienne au niveau des Leaders, des agents Qualités, des Gens du bureau d'études, des Commerciaux, du "Chef" bien sûr. Il leur faut chaque jour aller à la pêche aux problèmes pour tenter IMMEDIATEMENT de mettre en place des mesures correctives , même simples, même imparfaites, même si elle ne prennent en compte qu'une partie du problème !

Une solution imparfaite qui existe est de loin bien préférable à une solution parfaite qui n'existera jamais ! (KAIZEN)

D'où la nécessité d'émettre des avis d'incidents instantanément, pour n'importe quel dysfonctionnement : problème qualité bien sûr, mais aussi attente pièces, absence de papier hygiénique dans les toilettes, bruit anormal sur une machine...

D'où la nécessité de dépouiller ces documents TOUS LES JOURS !

D'où le bannissement des réunions hebdomadaires, voire mensuelles, lieu de brassage d'informations qui n'ont plus aucune saveur pour personne.

Rappelons-nous la maxime :

Sur **1 000** informations, on en exploite **100** qui débouchent sur 10 actions, dont **UNE pérennisée !**

Et le progrès n'est fait que d'actions pérennisées, pas d'informations ! ! !

Cette petite règle simple du respect de UN DODO permet d'aller directement à l'action sans gérer aucune information, et constitue l'outil majeur de notre démarche S.D.C.A. (*Standardize-Do-Check-Act*).

LE KAIZEN

Le KAIZEN est une démarche de progrès CONTINU à PETITS PAS, complémentaire aux « sauts » de progrès, aux GRANDS PAS PONCTUELS qu'apporte l'innovation.

Principes de la démarche :

AMELIORATION = KAIZEN + INNOVATION

1- Traitement des problèmes en fonction de leur apparition.

2- L'initiative vient du personnel.

3- Participation de toutes les personnes concernées : les améliorations touchent tous les niveaux.

4- Création d'équipes multifonctionnelles.

5- Pragmatisme et orientation vers l'action immédiate.

6- Recherche d'une meilleure utilisation de l'existant.

7- Communication visuelle de l'avancement du projet.

8- Utilisation commune d'une méthodologie de résolution de problèmes.

9- L'amélioration est continuelle : pas un jour sans amélioration (5 mn par jour et par équipe).

10- Quel que soit le niveau atteint, il est toujours possible de faire mieux.

11- « Je veux des résultats et tout de suite ! », c'est de l'anti-kaizen.

12- Les améliorations sont conduites par le besoin du client (interne et externe).

13- Le processus est plus important que le résultat.

14- Appliquer le PDCA (*Plan-Do-Check-Act*)

15- L'encadrement consacre du temps à écouter les suggestions et observer le processus d'étude de problème.

16- L'encadrement porte son attention sur :
  – la discipline (respect des principes)
  – la gestion du temps (passer du correctif au préventif)
  – le développement des qualifications
  – l'implication
  – la communication

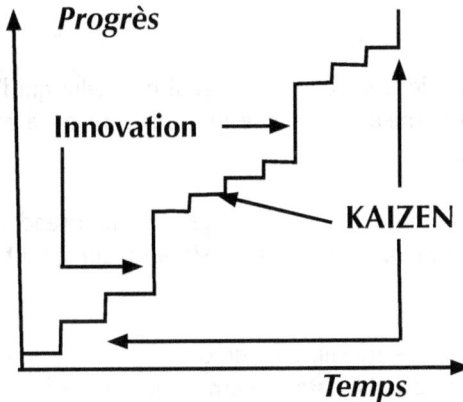

Différences entre KAIZEN et Innovation :

KAIZEN	INNOVATION
Adaptabilité	Créativité
Equipe	Individualisme
Généraliste	Attention portée aux grands sauts
Attention portée aux détails	Tournée vers la technologie
Tournée vers les gens	Information fermée
Orientation transfonctionnelle	Orientation fonctionnelle (specialiste)
Bâti sur la technologie existante	Recherche d'une nouvelle technologie
Retour total d'information	Feed-back limite

Règles de base :

1. **C'est celui qui FAIT qui SAIT.**

2. **Il est impossible de faire simple du premier coup**, il faut donc accepter l'idée que l'on détruira demain ce que nous faisons aujourd'hui pour faire plus simple.

3. **Un problème n'a pas qu'une solution**, chaque problème a des causes multiples et donc des solutions multiples, (ce que confirme le diagramme causes / effets).

4. Il est préférable de mettre TOUT de SUITE en place une petite amélioration qui procure un **avantage IMMEDIAT**, (même si elle ne règle que 10% d'un problème), plutôt que d'attendre en vain la solution parfaite et utopique qui ne sera jamais mise en place.

5. Le bien de la collectivité découle directement du souci de chacun de **"se faciliter"** le travail.

6. Personne ne connaît mieux un poste de travail que celui qui l'utilise, et en conséquence personne n'est mieux placé que lui pour trouver le meilleur moyen de le rendre plus confortable.

7. Si l'on relâche la pression sur l'opérateur, celui ci aura tendance spontanément à mettre en oeuvre des solutions immédiates, simples, qui auront pour effet de lui faciliter le travail.

8. Toute solution qui facilite le travail, mise en œuvre par ou à l'initiative de l'opérateur, amorce **un mouvement d'améliorations permanentes par effet ludique**.

9. Dès lors que l'opérateur a été encouragé, félicité, pour sa petite initiative, il continuera par étapes à améliorer son poste de travail **de façon continue et infinie**.

En un mot le **KAIZEN**, c'est préférer la chose **IMPARFAITE** qui **EXISTE**
aux choses **PARFAITES** qui **N'EXISTERONT JAMAIS**

Histoire des tentatives
de changement du presque
petit patron naïf
ou **Combien il est sage**
de se hâter lentement

La veille de la « rentrée » il dormit mal, comme lorsqu'il était enfant, la veille de rentrée scolaire.

Il avait décidé de continuer à ne *rien faire,* du moins rien de plus de ce que ne faisait son prédécesseur !

Il avait décidé de ne rien faire, non pas par paresse, mais pour deux raisons :

– La première était qu'il ne savait pas au juste quoi faire, ni sur quelle première ficelle tirer pour démêler l'écheveau des pratiques et usages en vigueur qui choquaient son bon sens !

– La deuxième était qu'il avait entendu quelque part une recommandation de Machiavel, qui disait : *« Quand tu accèdes au pouvoir, surtout ne fais rien !*
Ne fais rien car si tu changes l'ordre établi, tu auras assurément contre toi les tenants de l'ancien ordre, et tu n'auras pas avec toi ceux de l'ordre nouveau, car ils douteront de ta réussite et ménageront prudemment leurs arrières ! »

En fait cette recommandation le sécurisait dans sa décision de ne rien faire, car sa vraie motivation était son incapacité à élaborer une stratégie de changement cohérente.

Il avait bien en tête la matrice de FAUVET, avait bien compris que FAVI était « **mécaniste »,** et qu'il fallait aller vers « **l'holomorphe** » mythique, où « **le chef est celui qui a le ballon** », où « **la métaction** » remplace « **l'anaction** », mais comment faire ?

Le matin de la rentrée, il réunit les cadres et leur dit :

1 - Je ne partirai jamais ! Nous irons dans le mur ensemble, ou nous nous développerons ensemble mais je ne quitterai jamais volontairement le navire !

2 - Je vous donnerai ma démission tous les 5 ans, car je sais que le pouvoir rend « con », d'autant plus que le grand Patron laisse tout pouvoir à ses directeurs, et je veux vous donner l'opportunité de préserver l'intérêt de la collectivité qu'est l'entreprise, si cela m'arrivait ! De plus je peux présenter les qualités et les défauts qu'il faut à un moment donné de l'histoire de l'entreprise, mais ces mêmes qualités et défauts peuvent se révéler incompatibles avec l'intérêt de la collectivité, à un autre moment de son histoire !

3 - Je ne veux plus rien faire d'ici trois ans !
Pour le reste l'usine marche et marche bien, je ne vois pas l'intérêt de changer quoi que ce soit dans l'immédiat !

La réaction des cadres lui permit de compter ses alliés :

– un quart environ, ceux de fabrication notamment, parurent rassurés et satisfaits ;
– la moitié semblait neutre ;
– le dernier quart sembla déçu. Visiblement ils attendaient autre chose d'un nouveau directeur qui n'avait pas encore quarante ans ;
– les ouvriers, eux visiblement n'attendaient rien, sauf du travail !

Et de fait, il resta 25 ans !

Il eut bien la tentation de partir une fois, dix ans plus tard, parce que tout allait trop bien et qu'il s'ennuyait.

Mais le Grand Patron, qui était vraiment un grand Capitaine le dissuada en lui prouvant qu'il partait par **lâcheté** !

« Tu veux partir, parce que tu as fait 90% du chemin vers un autre type d'entreprise, mais tu te sens incapable de faire les 10% restant !
Alors tu pars reprendre une entreprise classique pour refaire le même chemin ! »

De plus il lui rappela qu'**être** était facile, que la vraie difficulté était de **durer** !

Surtout et enfin il lui annonça que s'il partait, il **vendrait** à un groupe que le petit Patron (pas trop naïf en la circonstance) connaissait bien, où régnaient les Polytechniciens, qui malheureusement sont des gens ni naïfs ni paresseux, incapables de respecter quelque chose qui marche simplement !
C'est plus fort qu'eux, ils ont tendance à en faire un truc compliqué, qui marche moins bien !
Cette menace était d'autant plus sérieuse, qu'il s'était dégagé de la cinquantaine d'entreprises qu'il avait possédées et n'avait gardé que la fonderie picarde et l'affinerie ! Le petit Patron resta donc, et ne l'a jamais regretté !
Tous les cinq ans à la date anniversaire de son arrivée il demandait à Roland, le cadre le plus ancien, puis à Jean-Pierre quand Roland partit en retraite, de consulter ses confrères

pour savoir si son mandat quinquennal était renouvelé. Bien entendu il ne voulait pas savoir qui pensait quoi, ni le pourcentage de voix favorables.

Le troisième point fut plus difficile à respecter ! En fait, il lui fallut près de quatre ans pour commencer à ne rien faire !

Il s'y prit de la façon suivante :

Il avait remarqué de longue date qu'un individu était une somme de bonnes, et de moins bonnes choses, de qualités et défauts. Si on centrait, professionnellement quelqu'un d'exceptionnel dans sa zone de faiblesse, il serait mauvais, et d'autant plus mauvais qu'il aurait conscience d'obtenir de piètres résultats.

Il observait donc ses collaborateurs pour déceler la part d'excellence qu'ils portaient en eux, puis il imagina un organigramme idéal où chacun d'entre eux serait parfaitement centré dans son domaine d'excellence.
Il découvrit que par chance ses collaborateurs avaient d'énormes qualités, étaient complémentaires entre eux, et surtout compensaient ses énormes défauts a lui, le petit Patron !

Lui qui est quelqu'un de brouillon, d'imprécis, qui fonce, ouvre les portes avec la tête, était entouré de collaborateurs essentiellement précis et rigoureux ! Puis il attendit.

Il attendit que des circonstances favorables se présentent pour doucement, quasi naturellement, laisser chacun entrer dans la bonne case. Parfois il provoqua un peu les circonstances avec des questions du genre :
– *Dis moi, ça fait combien de temps que tu fais ce job ?*
– *Dix ans ! ! !...*
– *T'en as pas un peu marre ?*
Puis une semaine ou quinze jours plus tard :
– *Au fait si c'était à refaire, qu'est-ce-qu'il te plairait de faire ?*
Etc...etc...etc...

Ce fut long car parfois cela s'apparentait à ce jeu de patience où il faut faire coulisser un petit carré pour libérer un espace pour pouvoir bouger un autre petit carré. Voilà pourquoi cela prit quatre ans.
Mais après cela il se retrouva entouré de collaborateurs tous **meilleurs que lui**, dans leur domaine de compétence; ce qui faisait que quand il tentait de faire quelque chose, il faisait forcément moins bien qu'eux, ce qui arrangeait bien sa composante paresseuse !

Ainsi il s'était condamné à ne rien faire ! Du moins tant que ses collaborateurs, qui avaient eux aussi décelé en lui quelques plages de compétences, ne lui déléguaient du travail, ou ne l'envoyaient « au charbon » quand ils estimaient qu'il était plus efficace que ce fût la fonction de Chef qui monta au créneau.

Dans l'immédiat, le fait qu'il ne changeait rien aux modes de fonctionnements habituels de l'entreprise, faute d'idées précises, le frustrait, agressait son bon sens et son goût de l'action.

Tout au plus il supprima la cérémonie quotidienne de l'ouverture du courrier, qui faisait perdre du temps à tout le monde, en demandant à une comptable d'ouvrir et de distribuer le courrier comme bon lui semblait ! Il remarqua d'ailleurs qu'il fut très vite mieux informé que précédemment, car comme tout le monde savait qu'il ne regardait plus le courrier, chacun l'informa quand il faisait son tour d'usine quotidien de ce qu'il pensait que le « chef » devait savoir. Alors que précédemment, il lui arrivait de lire certaines lettres en diagonale et de ne pas en saisir la portée réelle.

De plus en plus, il évitait aussi de participer aux réunions de planning hebdomadaires, afin de limiter les règlements de compte entre chefs de services. C'est en effet moins drôle de s'engueuler quand le "Chef" n'est pas là !

Enfin il resta dans le bureau qu'il avait provisoirement investi, **fit murer la grande fenêtre qui permettait de surveiller les ateliers d'en haut**, et affecta l'ancien bureau de Dominique à la comptabilité.

Ce fait, cette action (qu'il fit à l'intuition, tout simplement parce que comme il descendait plusieurs fois par jour dans les ateliers, il n'avait nul besoin de contrôler), fut vue de tous et appréciée comme le symbole factuel d'un changement de type de relations ! Le chef ne contrôlerait plus « d'en haut » mais communiquerait sur le terrain !

On passait d'une notion de contrôle souvent suivi d'une sanction, à une notion de communication entre hommes, à égalité.

C'est le professeur Shiba qui, bien des années plus tard, lui expliqua l'importance de cette action concrète montrant un changement de type de relations.

Il est à noter que pendant des années, les ouvriers tout en travaillant continuaient par réflexe à lever régulièrement les yeux vers la fenêtre murée ! ! !

Il avait remarqué que Chantal, la secrétaire commerciale, mettait deux jours à enregistrer les commandes alors que certaines ne nécessitaient qu'un jour de fabrication. Il décida donc que les commandes arriveraient d'abord en Fabrication, puis remonteraient dans les bureaux.

Pour raccourcir les délais de réponses d'Antoine, le préposé aux gammes et remises de prix, il donna le pouvoir à Michel, l'unique commerçant, de décliner lui-même les demandes de prix, qui visiblement n'étaient pas compatibles avec notre technologie.

Il shunta l'autre Michel, patron de l'outillage, en décidant que dorénavant on ne fixerait plus les délais d'outillage sur les remises de prix, mais que l'on utiliserait la formule « Délais à convenir en cas de commande ! »

Il supprima la traditionnelle réunion Cadres du lundi matin, qui en fait servait surtout à le sécuriser dans son rôle de chef !

Bref des bricoles, simples, de bon sens qui remettaient certes en cause le pouvoir de certains, mais qui ne pouvaient qu'être respectées, car de bon sens !
Mais pour le reste il ne changea rien :
– Il passait un jour et demi par mois à calculer avec chaque chef de service les sacro-saintes primes,
– Il présidait la réunion qualité mensuelle où l'on abordait des problèmes dont plus personne ne se souvenait,
– Il laissa en place les clés à molettes, le magasin, les distributeurs de boissons payants, les pointeuses, les chronométrages....

Mais petit à petit, les choses se précisaient dans sa tête ; il sentait intuitivement qu'il fallait aborder le problème par l'aspect SOCIAL !

Mais au fait, qu'est-ce que cela voulait dire social ?

Un petit Robert ou autre Larousse lui apprit que **social** venait de **socius** qui signifiait **compagnon,** et que compagnon venait de **cumpagni**, qui partagent le même pain (comme copain d'ailleurs)

Être social c'était manger dans la même gamelle !

Cela lui donna un éclairage nouveau, complété par l'étude de l'organigramme de l'époque qui reflétait qu'à l'évidence l'homme y était considéré comme voleur, puisque tout était sous clé, paresseux puisqu'on lui imposait des cadences, inintelligent puisqu'il y avait des méthodes qui pensaient pour lui, peu consciencieux puisqu'il y avait des contrô-leurs, qui eux-mêmes n'étaient pas très sérieux puisqu'il y avait un contrôle volant, lui aussi laxiste puisqu'il y avait un contrôle expédition... bref l'organigramme était bâti autour du postulat que L'HOMME EST MAUVAIS !

Il s'amusa alors à tracer un autre organigramme dans lequel on considérerait que L'HOMME EST BON !
Il connaissait déjà MAC GREGOR et MASLOW.

Cela lui donna la perception de la route à suivre, d'autant plus qu'il avait déjà remarqué que le regard que l'on porte sur les choses et les gens modifie ces choses et ces gens !

Les gens finissent toujours par être comme on les considère. Généralement ce sont les jaloux qui finissent par être cocus, et non les cocus qui deviennent jaloux !

L'HOMME EST BON ! Ce fut la première « **étoile** » qu'il tenta de désigner aux cadres.

Pour ce faire, il provoqua une réunion cadres, leur montra l'organigramme classique de l'entreprise en leur faisant remarquer qu'à l'évidence, il était basé sur le postulat que l'homme est *mauvais*, puisqu'il y avait un magasin fermé à clé, un bureau méthode, des contrôleurs, des contrôleurs volants pour contrôler des contrôleurs et un contrôle expédition pour contrôler tout ce monde ! !

« Et si on considérait que l'homme est *bon* ? » leur proposa t-il ?
Ce fut un tollé, résumé par cette formule d'un cadre qui par la suite s'avéra un excellent entraîneur d'hommes :
« Un bon fondeur est un con musclé ! »

Devant la réaction massivement négative, il comprit qu'il ne pourrait pas compter sur leur consensus pour aller de l'avant, et qu'il faudrait qu'il provoque, *lui, tout seul*, une rupture franche, brutale, irréversible pour les mettre devant le fait accompli !

Il comprit aussi qu'il fallait qu'il s'appuie sur une autre « caste » que la leur, qui avait tout à perdre au changement !

L'homme X et l'homme Y

Un certain Douglas MAC GREGOR (1906-1964) a porté un regard dichotomique et manichéen sur les hommes en les classant en deux catégories : les Hommes X et les Hommes Y.

L'HOMME X :

– éprouve une répulsion naturelle pour le travail et va tout faire pour l'éviter,
– doit donc être dirigé, contrôlé, forcé, voire même menacé pour travailler, surtout pour travailler en et pour une collectivité,
– préfère être dirigé et fuit les responsabilités.

Bref il est **MAUVAIS** : si on le laisse livré à lui-même il ne se rasera plus, ne se lavera plus, ne fera rien et cherchera les chemins de moindre effort.

L'HOMME Y :

– il lui est plus naturel de travailler que de se reposer ou jouer
– le travail peut lui être une source profonde de satisfaction
– sa motivation pour l'atteinte d'objectifs dépendra de la satisfaction qu'il attend de leur atteinte. Et la satisfaction qu'il retire d'avoir accompli une tâche nourrit sa motivation pour la tâche suivante.
– pour ce faire, il est prêt à apprendre, à accepter, voire même à rechercher des responsabilités

Bref **L'HOMME EST BON** : si on lui ouvre des espaces de liberté, il les utilisera pour s'épanouir, fera travailler son imagination pour se fixer des objectifs nouveaux, et la reconnaissance de la collectivité (ou de son chef, représentant de toute la collectivité) lui est une récompense suffisante.

MAC GREGOR prétend que si tous les hommes ne sont pas Y c'est parce que les pouvoirs en place dans les entreprises répugnent à ménager ces espaces de liberté, qui seraient une atteinte à leur propre existence, et que si les individus finissent par être passifs voire contestataires, c'est du fait d'expériences malheureuses dans les entreprises. Nous ajouterons à ces considérations que :
– Tous les hommes sont égaux en termes de créativité et d'imagination, quelles que soient leurs cultures et formations.
– L'homme est comme on le considère : c'est le regard qu'on porte sur l'homme qui fait l'homme.

Le regard que l'on porte sur les choses et surtout sur les gens finit par modifier ces choses et ces gens.

Si l'on considère l'homme comme voleur et que l'on scelle tout sous clé dans des magasins, alors l'homme deviendra voleur.

Si l'on considère l'homme comme fainéant et qu'on l'encadre dans des systèmes de cadences à respecter, de primes et de bonus, alors il calculera, mesurera ses efforts pour faire le juste nécessaire.

Si l'on considère l'homme comme avare de son temps et qu'on le contrôle, alors il servira l'horloge et la pointeuse, et non le client.

C'est pourquoi nous avons commencé, dès les années 80, à supprimer : les pointeuses, les primes, le service du personnel, les magasins, le bureau méthodes, le planning, le lancement, le service achats, bref toutes les structures qui musellent l'homme et qui tiennent leurs pouvoirs de la mise sous tutelle de la liberté de penser et d'agir des opératrices et opérateurs.

Ainsi, petit à petit, tous ensemble, nous avons mis sur pied un « système », NOTRE système.

Ce n'est pas un système qui peut être considéré comme à l'équilibre et régi par des règles immuables ! Nous y avons intégré une notion d'incertitude relative (qui n'est pas le hasard absolu).

Considérant que face aux faits, il n'y a :
- **ni règle de management universelle et figée**
- **ni hasard absolu**
- **ni organisation ou planification du progrès possibles**

Il importait de déterminer :
- **un sens du progrès**
- **des ouvertures de « champs de possibles »**
- **des règles de cohérence compatibles avec ces ouvertures.**

Pour que chaque homme Y puisse exercer, dans SON entreprise et dans SON espace de liberté, sa créativité, sa capacité d'initiative, dans le sens du progrès collectivement adopté et ainsi devenir L'AUTEUR, puis L'ACTEUR de son propre progrès.

MASLOW

Il est inutile de parler de progrès à des gens qui n'ont pas envie de se réaliser, de se remettre en cause, de rendre EXTRAORDINAIRES leurs gestes ORDINAIRES.

Un individu, quel que soit son niveau culturel ou intellectuel, n'aura aucune envie de se réaliser si un certain nombre de ses besoins n'est pas assouvi.

Ce principe a été modélisé de façon claire par MASLOW, sous la forme d'un « TRIANGLE », qui matérialise une chronologie de satisfaction de besoins :

- physiologiques,
- de sécurité,
- d'appartenance à un groupe social,
- de pouvoir,
- d'estime et de reconnaissance,

préalables au BESOIN DE REALISATION DE SOI.

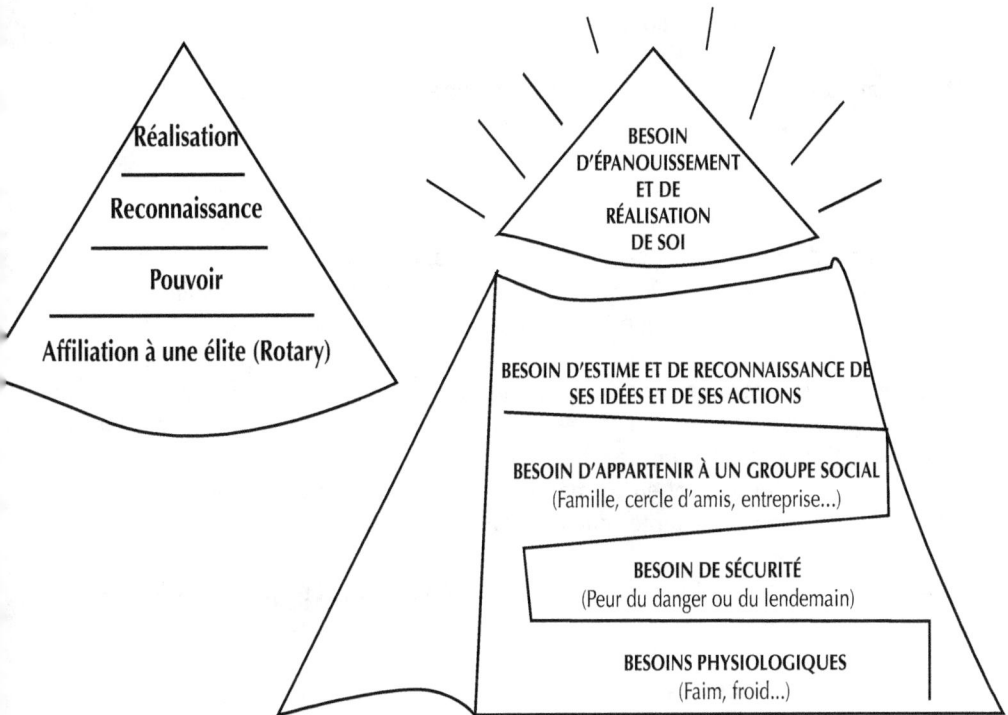

Ces critères ne sont pas tous à prendre au premier degré, notamment pour le besoin de sécurité. Il ne s'agit plus, bien entendu, de la sécurité physique, car on peut estimer qu'en France la peur des machines a disparu, compte tenu des équipements mis en place.

Il s'agit bien plus de la sécurité _morale_ de travailler dans des conditions durables et d'ambiance agréable. N'oublions pas en effet que dans un process, l'état des machines ou leurs performances ont moins d'importance, en regard de la capabilité, que l'humeur du chef.

Pour ce qui est du besoin de pouvoir, il pose un problème dans les systèmes ayant subi un « ré-engineering », car il n'y a alors plus de pouvoir formel d'un individu sur d'autres, il n'y a que le pouvoir que chacun a de faire mieux à son niveau pour le client final.

Il faut, en permanence, remplacer le POUVOIR par le VOULOIR basé sur le partage du SAVOIR.

On peut compenser ce besoin de pouvoir, qui apparaît généralement chez les « bac + » aux environs de la trentaine, et/ou après 2 ans d'ancienneté, par de la RECONNAIS-SANCE. Ainsi, toute réunion cadres peut débuter systématiquement par un tour de table pour savoir qui chacun a félicité dernièrement.

Deux règles fondamentales sont à respecter :

1) Il ne faut s'attaquer aux besoins d'échelon supérieur que si, et seulement si, tous les besoins des tranches inférieures sont pleinement satisfaits,

2) Il est impératif que l'ensemble des besoins soit satisfait en permanence ; or ces besoins évoluent avec le temps tant qualitativement que quantitativement. Il faut donc, en permanence, remettre en cause les structures, les modes de travail et les investissements matériels et immatériels, pour anticiper cette inflation des besoins, afin de ne jamais créer « d'état de manque » qui remettrait en cause toute la démarche.

Dans ce domaine, comme dans d'autres, l'implicite d'aujourd'hui sera l'explicite de demain : dans les années 60, les besoins physiologiques se limitaient à ne pas avoir froid dans les ateliers en hiver, puis ce fut le bruit, puis la chaleur en été, puis... Ceci explique que les plans d'actions sont en permanence situés sur plusieurs niveaux à la fois, pour anticiper l'évolution des attentes dans chacun des domaines.

Ce va-et-vient dans les « étages » du triangle de MASLOW fait un peu désordre mais est, en fait, très cohérent.

Le respect des principes de MASLOW est un préalable à toute démarche sociale elle-même préalable à toute démarche qualité.

Histoire des 4 principes de la péripateticienne

ou De l'importance de trouver un message simple, plaisant, reposant sur des valeurs solides

Devant son incapacité à faire bouger les choses **par le haut**, le petit Patron avait, naïvement, décidé de les faire bouger **par le bas** !

Le jour de la fermeture de l'usine pour les congés de Noël lui sembla le bon moment ! Oui, mais que faire, que dire ?

FAUVET lui ayant appris l'effet de NICHE mais aussi que tout était DEHORS et que son rôle était de faire entrer le DEHORS DEDANS, il se dit qu'il fallait exploiter le sens **solidaire** de l'esprit de **muche**, mais aussi faire comprendre qu'il fallait aussi **sortir** de la muche, s'ouvrir sur l'extérieur !

Il chercha donc l'exemple d'une profession qui ne peut s'exercer qu'en s'ouvrant sur l'extérieur. Comme de plus, il cherchait un exemple **simple**, **plaisant** et reposant sur une **valeur solide**, il en arriva rapidement à la péripatéticienne qui, à l'évidence, ne travaille que parce qu'elle racole DEHORS, et dont l'image est plaisante pour notre esprit gaulois !

Il prépara donc, dans sa tête, un discours charpenté autour de cette profession, en cherchant les passerelles entre ce métier et celui de fondeur, sans oublier que le but était de passer d'un système où l'homme était considéré comme **mauvais**, à un autre où l'homme serait considéré comme **bon.**

Le jour de Noël, donc, alors que l'activité s'arrêtait à midi et que la matinée était consacrée aux rangements et nettoyages traditionnels des veilles de congés, il fit savoir vers 9h qu'il souhaitait présenter ses vœux à l'ensemble du personnel !

On lui avait fait une estrade de quelques palettes, et vers 11 heures, entouré de toute sa meute, il entamait un discours à la Fidel Castro :
« *Ça fait neuf mois que je suis parmi vous, neuf mois comme pour faire un enfant !* » ce qui déclencha quelques rires, et le décontracta.
Il continua :
« *9 mois que je vous regarde, et que je vois des gens courageux, de grands professionnels qui aiment leur métier, mais qu'on empêche de bien travailler ! J'en suis donc arrivé à la conclusion que des gens comme vous,* **qui ont vos qualités, n'ont plus besoin de carotte, ni de bâton d'ailleurs !** »

Il constata alors, du coin de l'oeil que quelques cadres de fabrication commençaient à pâlir visiblement et se demandaient où il allait...

« *La carotte et le bâton sont indignes de professionnels comme vous ! C'est pourquoi, quand vous reprendrez le travail, en janvier, les pointeuses seront démontées ! Si, par accident, car tout le monde peut avoir un accident, vous arrivez en retard, nous regarderons ensemble le pourquoi de ce retard, et si c'est par exemple un problème de mobylette, plutôt que de sanctionner, ce qui ne résout pas le problème, on vous aidera à réparer la mobylette. Il n'y aura plus jamais de pointage, ni de chronométrage, vous n'êtes pas payé pour faire des heures, mais pour faire des pièces, et des pièces bonnes ! C'est pourquoi les sonneries seront, elles aussi, supprimées !*

Il n'y aura plus jamais de prime non plus ; ce que chacun a eu depuis 2 ans, il l'a mérité ! Nous prendrons donc la moyenne de ce que chacun a eu sur ces 2 dernières années et nous l'intègrerons dans le salaire ! »

Ce fut au tour de Ginette (la secrétaire qui était occupée quasiment à plein temps à contrôler le pointage, les primes, les sanctions de retard...) de s'agiter.

« *Il n'y a pas de voleurs parmi nous, c'est pourquoi la porte du magasin sera démontée. Comme disent les Chinois : « la porte la mieux fermée est celle qui peut rester ouverte ». On va mettre quelque part un panneau et un marqueur, et chacun indiquera non pas son nom car cela n'est d'aucune utilité, mais ce qui a été pris, de façon à pouvoir lancer les commandes de réassort. Il n'y aura plus non plus de distributeurs de boissons payants, mais dans chaque atelier deux distributeurs d'eau fraîche avec des sirops, et d'eau chaude avec des dosettes de café et de sucre. Nous allons supprimer les clés à molette et doter chaque machine d'un lot d'outillage, et de plus, pour que chacun puisse s'équiper comme il l'entend, tous les salariés de l'entreprise vont disposer d'un chèque de 500 F pour acheter ce que bon leur semble, du moment que cela ait un rapport avec le travail. »*

Il marqua une pause pour mesurer les réactions qui étaient plus du domaine de la stupéfaction que de la satisfaction. Dans un silence impressionnant, il poursuivit :

« Il n'y aura plus jamais de chômage partiel ! Si un jour nous sommes contraints de recourir à de telles mesures, alors je mettrai d'abord les cadres au chômage, même moi. Il n'y aura plus jamais, non plus, de repas cadres, nous mangerons tous ensemble ou nous ne mangerons pas ! »

Il se retourna alors vers les cadres qui s'étaient naturellement groupés et poursuivis :
« Comment allons-nous faire pour fonctionner à l'avenir ? A vrai dire je ne sais pas !

Je suis certain que vous méritez que nous fonctionnions autrement, mais je n'ai pas de modèle de remplacement ! Je propose que tous ensemble, nous faisions EN ALLANT, en gens de bonne foi, de bon sens, et de bonne volonté.

Il y a bien quelque chose dont on pourrait s'inspirer......, c'est des règles de fonctionnement du plus vieux métier du monde : celui de Prostituée ! Si ce métier à traversé des millénaires, c'est qu'il a assurément des principes dont on doit pouvoir s'inspirer ! »

Il ne fut pas sûr que la suite de ses propos ait été perçue, car les ouvriers comme les cadres, pour des raisons strictement opposées d'ailleurs, étaient tellement abasourdis par les chamboulements qui touchaient aux usages / rouages fondamentaux de l'entreprise, qu'ils paraissaient entendre sans écouter, le cerveau en roue libre.

Il poursuivit néanmoins :
« Le premier principe de fonctionnement de la prostituée est qu'elle se montre ! Si elle reste enfermée dans sa chambre, elle ne se fera pas de nouveaux clients. Donc nous allons nous montrer, nous montrer à nos clients, bien sûr, à nos prospects, à nos familles, à nos amis, au Maire, au Préfet, bref à tous ceux qui peuvent nous être utiles ! »

Il s'attendait à une réaction de la part de gens qui se *muchent*, mais visiblement plus grand monde n'écoutait. Il continua néanmoins :

« Le deuxième principe de la prostituée est qu'elle se maquille, à outrance pour attirer le regard. Eh bien, nous ferons de même : nous nettoierons les machines, les peindrons en rouge, en vert, en jaune, en couleurs qui en jettent ! »

Il faut se remettre dans le contexte de l'époque : nettoyer une machine était perdre son temps !

Ce deuxième principe tint lieu de 5S avant la lettre pendant quelques années.

« *Son troisième principe de fonctionnement est qu'elle a assurément une ou des spécialités !
On peut en effet penser que si elle ne fait rien de plus ou de mieux qu'à la maison, chacun
reste chez soi ! Eh bien nous ferons de même; nous qui ne faisons que des pièces brutes de
fonderie nous allons essayer de les usiner, de les assembler, de les livrer, et en aval, de les
concevoir, de les optimiser, de les tester, bref nous allons tous ensemble essayer de faire plus,
et davantage pour nos clients !* »

Ce troisième principe lui tint lieu de stratégie pendant des années !

« *Son quatrième principe enfin, est qu'elle ne donne pas de maladie à ses clients, car alors
elle perd non seulement ses clients, mais aussi les copains de ses clients. Et on peut penser
que, même quand elle sera guérie, tout ce beau monde préfèrera peut-être ne pas prendre de
risque et aller ailleurs !* »
Là il surprit quelques sourires qui semblaient attester qu'il captait à nouveau l'attention
de son auditoire.

« *Il y a trois maladies dont il faut que l'on se guérisse :
– la première est le retard de livraison. C'est une maladie impardonnable car incontestable :
lundi n'est pas mardi. Si l'on a promis quelque chose le lundi, il faut à tout prix tenir cette
promesse, sinon il sera impossible de faire croire au client que des choses qui ne se voient pas
tout de suite, comme la qualité ou le prix, seront aussi respectées dans son produit !* »

Il est à noter que dès les premiers mois de l'année suivante ce principe fut respecté, et
est TOUJOURS respecté ! Une fois pourtant il s'en fallut de peu : un vendredi vers 11
heures, Valérie, la jeune femme responsable des expéditions, au bord de la crise ner-
veuse, vint voir le Chef en bredouillant :
« *Nous allons livrer en retard, nous allons livrer en retard !* »
Il lui répondit :
« *Non Valérie, ce n'est pas possible !* »
« *Si !* » répliqua-t-elle, « *j'ai les pièces pour Lebranchu, mais j'ai oublié de commander le
transport et nous avons promis les pièces pour quatorze heures en Bretagne !* »
« *Ce n'est pas grave* », répondit-il, « *On va appeler un hélicoptère !* »
Et de fait un hélicoptère est venu se poser sur la pelouse, devant l'usine, pour que tout
le monde le voit ! Il n'embarqua qu'une partie de la livraison prévue, mais peu importe,
ce qui était important était que nous nous prouvions à nous même qu'à n'importe quel
prix, nous respections TOUJOURS les délais de livraisons !

Il connaissait le patron de l'usine qui l'appela en lui disant :
« *On a vu arriver un hélico avec des pièces de chez toi ! T'es fou, on n'était pas à une journée
près ! Je ne savais pas que tu t'étais mis au hachisch !* »

Ce à quoi il répondit :
« *Ce n'est pas pour toi que j'ai loué l'hélico ! C'est pour nous ! Pour nous prouver qu'on ne
pouvait JAMAIS livrer en retard !* »
(Cette anecdote valut à Valérie d'être appelée Miss Supercoptère pour quelques années)

Pour en revenir à son discours fleuve, il aborda la deuxième maladie dont l'usine, comme toutes les usines d'ailleurs, souffrait : la compétitivité. Il sortit son stylo de sa poche le montra et dit :

« La deuxième maladie des entreprises est le prix ! C'est difficile de prouver à un client que nos produits sont au bon prix ! Prenez ce stylo par exemple, s'il n'est pas cher mais qu'il ne marche pas, il est beaucoup trop cher ! Comment prouver à nos clients que nos prix sont bons ? Je ne vois qu'une seule solution : c'est de ne plus jamais augmenter nos prix de ventes !

Comme tout le monde augmente ses prix, si nous nous ne les augmentons pas, alors forcément, un jour, nous aurons les meilleurs prix de France, et pourquoi pas d'Europe, et pourquoi pas du monde ? »

Cela prit un an ! Et à la date anniversaire de ce discours il fut décidé de ne plus jamais augmenter les prix (hors part matière cela s'entend !). Et forcément, ce qui devait logiquement arriver arriva : même quand dix ans plus tard la lire italienne passa de 0,45 FF à 0,30 FF, l'usine qui était payée en FF ne perdit pas une affaire, et fut même un des rares fournisseurs à continuer à être payée en FF.

« La troisième et dernière maladie des usines est la non qualité de ce qui est fourni aux clients ! Et là je n'ai pas de remède miracle ! Mais c'est vous ouvrières et ouvriers qui pouvez tout ! Tout ce qu'on peut faire nous, dans les bureaux, est de vous écouter et d'essayer de vous aider, mais retenez bien ceci C'EST VOUS, et VOUS SEULS sur votre machine QUI POUVEZ TOUT FAIRE.

Vous le savez, nous avons beaucoup de pièces qu'on vend 5 Francs ! Quelqu'un au SMIC coûte à peu près 60 Francs de l'heure tout compris : les assurances diverses, les congés, la retraite etc..., ce qui fait 1 Franc de la minute. Or, sur une pièce très très bien vendue, nous avons 10% de marge soit 0,50 F ; autrement dit, si quelqu'un met 30 secondes de trop au cours de la fabrication, ou bien si la pièce passe entre trois mains et que chacun met 10 secondes de trop, eh bien tout le monde aura travaillé pour RIEN. Par contre, si quelqu'un trouve une combine pour gagner 10 secondes quelque part, alors tout le monde aura gagné 30% de marge en plus, ce qui est énorme ! !
Vous voyez bien que c'est vous, et vous seuls, qui détenez les clés de la réussite !

Je vous regarde travailler depuis presque un an, et votre sérieux, votre maîtrise du métier m'ont convaincu que vous aviez entre vos mains les solutions à nos problèmes ! »

Sur cette envolée, il se tut, descendit de l'estrade de palettes pour décourager toute velléité d'applaudissement ou de réaction prématurée. Seul Michel, qui était un des cadres qu'il connaissait bien depuis près de quinze ans car ensemble ils avaient collaboré à la mise au point de ce qui allait devenir le produit phare des années à venir, s'approcha, et discrètement, comme à son habitude, lui dit en passant : *« Bien, très bien ! »*

En s'éloignant de la meute assemblée qui commençait à se disperser, il ressentit un sentiment proche de celui qu'il avait souvent ressenti à l'époque encore récente où il pratiquait de façon assidue le parachutisme : cette euphorie qui vous envahit juste après avoir franchi la porte, après avoir quitté le fracas cacophonique de l'avion pour se plonger dans l'harmonie du bruit apaisant du vent.

Le parallèle entre les deux situations se justifiait par deux raisons :
– La première était que le processus qu'il venait d'enclencher était aussi irréversible que le fait d'avoir abandonné l'avion largueur ! Il n'y avait pas de marche arrière possible, et l'esprit conscient de ce fait s'en trouvait apaisé !

– La deuxième était qu'il savait que la tension accumulée aux cours des mois d'inaction précédant cet acte irréversible, nourrissait les actions futures. Il savait d'expérience que l'intensité de la tension précédant l'action était proportionnelle à celle de l'énergie disponible pour gérer les imprévus potentiellement à venir, comme si l'appréhension bandait un ressort intérieur, et cela d'autant plus fort qu'elle avait été grande !

Seulement, et seulement après ce discours, par la grâce du verbe, il devint le Patron de la meute !

Effet de niche selon J.C. Fauvet

La matrice de la sociodynamique nous laisse percevoir l'impérieuse nécessité qu'il y a de tirer les gens hors des relations type « donnant-donnant », pour les amener à être des « concertatifs ».

On aura alors affaire à des acteurs, certes et heureusement critiques, mais qui seront toujours prêts à foncer sans considérations secondaires préalables préjudiciables à l'action.

Notre système sociétal crée, depuis notre plus tendre enfance, une « dépendance » vis-à-vis du donnant-donnant (« si tu es sage, tu auras un bonbon », « si tu travailles bien, tu auras un bon point », « si tu étudies bien, tu auras un diplôme », « si tu es fidèle.... »), et cette dépendance est telle qu'il faut impérativement compenser son abandon par d'autres choses. L'assouvissement du besoin de reconnaissance en est une, le développement de **l'effet de niche** en est une autre.

Une NICHE peut se définir comme un lieu d'appartenance commun à plusieurs individus.

On distingue les niches secondaires, où l'on est passif (être abonné aux services de l'EDF ou avoir la même banque), des niches principales dans lesquelles on assume volontairement et spontanément une responsabilité d'acteur.

Le but de la démarche est de faire de l'entreprise, ou de la mini-usine, une niche principale de façon à ce que chacun s'y comporte avec autant de dévouement spontané et ludique que dans SA chorale ou SON équipe de foot, sachant :
– Que l'homme n'a la capacité d'adhérer qu'à quatre, voire cinq niches principales, et ne peut supplanter certaines niches comme la cellule familiale,
– Qu'il n'est ni simple, ni évident de faire passer l'entreprise avant le bistrot du coin.

Les grands maîtres de l'effet de niche sont les militaires et les sectes diverses, qui utilisent des ficelles énormes mais efficaces qui datent du système tribal :

1) *Permanence du « chef »* : Si le « chef « change tous les 5 ans, au nom du sacro-saint plan de carrière, ce n'est pas la peine d'aller plus loin : les relations resteront forcément basées sur des suites de contrats type « si tu fais, tu auras », ou pire « je te donne pour que tu fasses ».
2) *Valeurs communes édictées et connues de tous* : D'ordre moral et éthique, elles doivent être connues et comprises de tous, donc simples, et reposer sur des valeurs judéo-chrétiennes de base (bonne foi - bon sens - bonne volonté - bonne humeur).

3) *Règles de fonctionnement elles aussi édictées et connues* : Elles doivent être, elles aussi, simples. D'autant plus que le sentiment d'équité ne naît pas de la rigueur des lois, mais de la rigueur de leur application, et seules des règles très simples peuvent être appliquées avec rigueur (pour l'intéressement on prend 7% du résultat courant avant impôts que l'on se partage à stricte égalité).

4) *Signes de reconnaissance* : Logo, sigle, blason déterminés par concours interne, donc dessinés par quelqu'un de la tribu et choisis par tous.

5) *Apparence d'uniforme* : Casquette, blouson, attaché-case, stylo, calepin au logo de l'entreprise.

6) *Liturgie* :
– Document de référence qui reprend les valeurs, les règles de fonctionnement, les principes éthiques, et qui montre la cohérence de l'ensemble de la démarche
– Grand-messe semestrielle, avec discours du chef
– Repas collectif tribal ou on partage le pain et le vin
– Portes ouvertes annuelles pour les familles, parents et amis.

7) *Respect des anciens* :
– Réunion de toute la tribu lors des départs en retraite avec remise d'une pièce en « or »
– Remise de médailles du travail aux anciens sur le front des troupes.

8) *Accueil des nouveaux membres* :
– Visite des ateliers par tout nouvel embauché, guidé par son futur leader
– Nomination d'un parrain

– Histoire de l'entreprise racontée aux nouveaux embauchés par le plus ancien, qui a contribué à créer FAVI à l'âge de 14 ans
– Remise du livret d'accueil où chaque service se présente
– Remise commentée des différentes chartes présentant comment chacun conçoit son rôle dans la collectivité qu'est l'entreprise
– Remise du pin logo après la période initiatique d'essai
– Nécessité pour l'impétrant de prouver par écrit, à l'issu de la période d'essai, que la collectivité a intérêt à le garder, en indiquant pourquoi il veut entrer dans cette entreprise, et ce qu'il compte y apporter (comme pour être naturalisé aux USA « *Ne te demande pas ce que l'Amérique peut t'apporter, demande-toi ce que tu peux apporter au pays !* »)

9) *Présentation des futurs conjoints à la tribu* : bal annuel.

10) *Présentation des descendants* : Arbre de Noël.

11) *Fêtes tribales régulières* :
– Rallye VTT, course à pied, course cycliste, concours de cartes
– Week-end de pêche, de chasse, visite de Paris, soirée au Lido, week-end parc d'attractions
– Voyages à l'étranger.

12) *Rituels tribaux* :
– Présence d'une orchidée avec les vœux du chef sur les postes de travail de toutes les dames en début d'année
– Envoi systématique de fleurs avec un petit mot de réconfort en cas d'absence pour maladie
– Cadeaux réguliers que la tribu se fait à soi-même et qui sont remis par les jeunes femmes « des bureaux » de façon impromptue à la sortie de l'usine (distribution de montre FAVI, de K-way FAVI, de porte-clés FAVI, de tee-shirt, de photo de chacun prise sur son poste de travail,...)
– Cadeaux de fête des femmes, puis de fête des hommes
– Cadeaux de Noël des opératrices et opérateurs à leurs homologues qui sont de fait nos vrais clients (6 000 envois chaque année à travers le monde, de briquets, jeux de cartes, porte-clés, crayons de charpentier...)
– Petits cadeaux en cours d'année d'opérateurs à opérateurs (bonbons en laiton à Noël, petits cœurs à la Saint-Valentin, petits soleils toujours en laiton à la veille des congés, disséminés dans les pièces livrées sur chaînes de montage)
– Don des véhicules de société « amortis » par tirage au sort

13) *Distinction des meilleurs de la tribu* :
– Remise de diplômes FAVI à l'issue de chaque formation
– Election par la base, de l'homme ou de la femme qualité du mois
– Trophée annuel qualité où un jury, externe à l'entreprise, élit la femme ou l'homme de l'année, qui se voit remettre un véhicule et dispose d'une place de parking réservée à son nom

– Plaques sur les postes de travail où sont indiqués l'idée appliquée et son auteur (ces plaques prennent toute leur valeur lors des opérations portes ouvertes réservées aux familles et amis : « C'est MON Papa qui l'a fait »).

Le C.E. a un rôle premier dans cette démarche, notamment pour l'accompagnement de tout événement à caractère social tel que naissance, décès, frais de rentrée scolaire, ou de participation aux frais de colonie de vacances.

Bien sûr, toutes ces mesures ont un caractère paternaliste primaire et marqué. Mais il est de fait que cela correspond à une attente de considération mal assouvie par la « mise en case » systématique des individus (définitions de fonction et autres entretiens d'évaluation).

Enfin, l'Homme d'aujourd'hui est-il tellement différent de ce qu'il était dans sa tribu ???

Matrice de la sociodynamique selon J.C. Fauvet

La matrice jointe permet de positionner un individu ou un groupe d'individus par rapport à la collectivité qu'est l'entreprise.

Il faut considérer :

– qu'un individu peut être de façon stable dans une des catégories, ou l'être de façon ponctuelle, lors d'une crise.

– que l'objectif est d'amener l'ensemble des membres de l'entreprise à se comporter non pas en *oui-oui* (syndrome du KAMIKAZE) mais en *oui-mais* concertatif qui sont, certes, au maximum de la synergie mais qui gardent suffisamment de libre arbitre pour pondérer les pulsions créatrices du « chef ».

– que cette matrice ci-après est comme un jeu de l'oie dont on ne peut sauter aucune case (un oppositionnel devra passer par la case *donnant-donnant* pour atteindre celle des concertatifs).

L'art consiste à ne pas retomber dans le piège du donnant-donnant basé sur du temps ou de l'argent et à les remplacer par du donnant-donnant basé sur de la reconnaissance. Cet outil permet de faire un audit de l'adhésion de l'ensemble du personnel ou d'une mini-usine en répartissant, nominativement, ses membres dans chaque « case ».

Cet audit peut être un préalable à la mise en place d'outils qui nécessitent une très forte adhésion des troupes tels que le SPC, la TPM ou le KAIZEN, et peut conduire à différer ces mises en place.

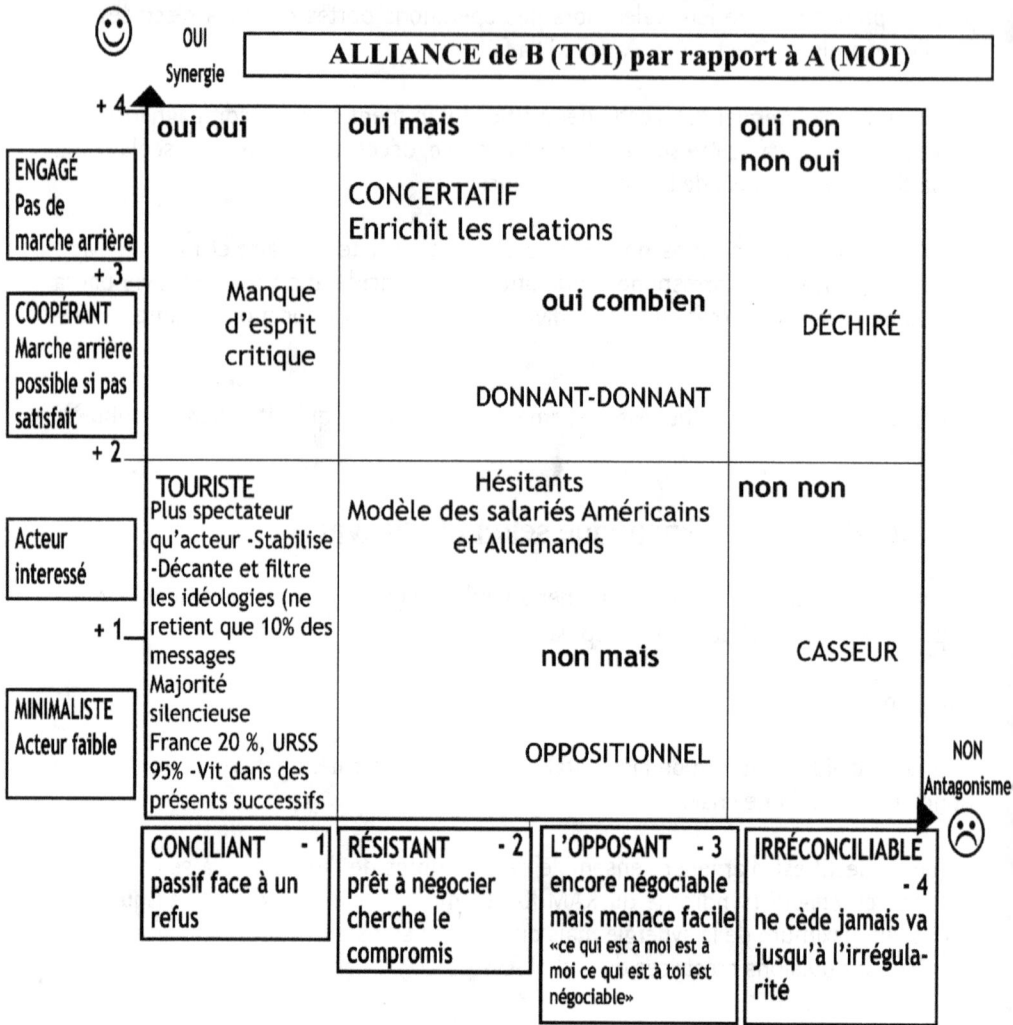

☺ OUI Synergie

ALLIANCE de B (TOI) par rapport à A (MOI)

+ 4

oui oui | **oui mais** | **oui non** / **non oui**

CONCERTATIF
Enrichit les relations

ENGAGÉ
Pas de
marche arrière

+ 3

COOPÉRANT
Marche arrière
possible si pas
satisfait

Manque d'esprit critique

oui combien

DÉCHIRÉ

DONNANT-DONNANT

+ 2

TOURISTE
Plus spectateur qu'acteur -Stabilise -Décante et filtre les idéologies (ne retient que 10% des messages Majorité silencieuse France 20 %, URSS 95% -Vit dans des présents successifs

Hésitants
Modèle des salariés Américains et Allemands

non non

Acteur
interessé

+ 1

non mais

CASSEUR

MINIMALISTE
Acteur faible

OPPOSITIONNEL

NON
Antagonisme ☹

CONCILIANT - 1
passif face à un refus

RÉSISTANT - 2
prêt à négocier cherche le compromis

L'OPPOSANT - 3
encore négociable mais menace facile «ce qui est à moi est à moi ce qui est à toi est négociable»

IRRÉCONCILIABLE - 4
ne cède jamais va jusqu'à l'irrégula-rité

5% d'Amorphes médicaux
5% de «TGV» = dynamiques
90% peuvent devenir entreprenants si niche principale
ATTENTION au cercle :   Juste ⟶ Egal
Injuste

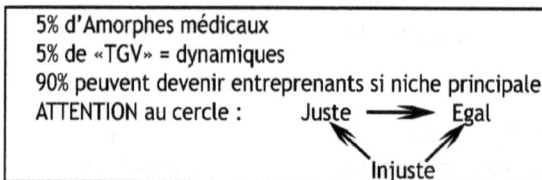

Le 5 S

Le principe du 5S est de s'appuyer sur l'espace **physique** pour faire évoluer l'espace **mental**, puis l'espace social : je range mon bureau ou mon établi pour être plus clair dans ma tête et avoir de meilleures relations avec les autres.
Ces trois espaces sont interactifs et se renvoient une image qui évolue par l'espace physique.

Les cinq étapes sont :

1. SEIRI = RANGER
– Eliminer les choses inutiles
– Le travail en cours
– Les outils non nécessaires
– Les machines inutilisées
– Les papiers et autres documents

Peut-être que certains ne rangent pas pour délimiter leur territoire ou faire un jeu de GO.

2. SEITON = METTRE LES CHOSES UTILES EN ORDRE
– Chaque chose utile à sa place

3. SEISO = NETTOYER ET VERIFIER EN NETTOYANT (niveau d'huile)
– Tenir propre son lieu de travail

4. SEIKETSU = PROPRETE PERSONNELLE

5. SHITSUKE = DISCIPLINE
SHUKAN = SE RESPECTER SOI-MEME POUR RESPECTER LES AUTRES.
– Respecter les procédures en place

Le mouvement engendré n'est hélas pas perpétuel. Il faut donc régulièrement procéder à des piqûres de rappel.

Il est à noter que cette technique est aussi efficace dans les bureaux que dans les ateliers.

Le 5S est le premier outil que les Japonais mettent en place dans les entreprises qu'ils rachètent, quel que soit le pays ou la culture locale.

Les retombées immédiates du discours des 4 principes de la "pute"

ou **De la force des actions après les belles paroles**

L'ancien jeune homme naïf et paresseux, devenu homme jeune, puis presque Patron, enfin Patron, petit certes, mais heureusement toujours naïf et paresseux, passa d'agréables fêtes de Noël en famille, conscient tout de même qu'il avait allumé un certain nombre de mèches sans trop savoir ce qu'il y avait au bout. Après tout, sur cent personnes, il était au moins sûr d'avoir avec lui l'ensemble des Opératrices et Opérateurs. La seule chose qu'il fit pendant ses congés fut justement de décider que dorénavant il ne parlerait plus jamais d'OUVRIERES et d'OUVRIERS, mais d'**OPERATRICES** et d'**OPE-RATEURS** ! Et qu'il le ferait dans ses propos quotidiens, comme ça, sans même l'annoncer, pour bien marquer la différence ! Dorénavant tout le monde, lui y compris, serait compté comme **ouvrier**, c'est à dire qui **œuvre** dans l'intérêt du client.

Le jour de la rentrée, il arriva de bonne heure et surveilla de loin la réaction des opérateurs et opératrices devant l'absence de pointage. Les pointeuses et les casiers, où chacun rangeait sa fiche cartonnée de pointage, avaient été démontés et seules restaient leurs traces, reliques d'un temps révolu, sur le mur. Curieusement chacune et chacun regardait ces traces avec une forme de respect, et faisait un crochet devant les résidus de bouts de fils qui pendaient encore le long du mur !

En arrivant dans son bureau, il découvrit que les cadres de fabrication, qui eux n'avaient apparemment pas passé d'aussi bons congés, l'attendaient déjà dans le couloir, visiblement depuis quelques temps ! Leurs traits tirés semblaient attester de leur nuit agitée, comme de leurs congés gâchés. Ils s'engouffrèrent avec lui dans son bureau et l'agressèrent de questions et d'affirmations du genre :

« Vous ne les connaissez pas ! Ça va être le bordel ! On a toujours travaillé comme ça ! Comment voulez-vous qu'on se fasse respecter s'il n'y a plus de primes ! Ils vont tout faucher ! Les cadences vont s'effondrer... »

Il les laissa parler pendant une demi-heure, sans rien dire, puis quand ils eurent vidé leur trop plein d'indignation, leur proposa d'aborder le problème tous ensemble à 8 heures quand tous les cadres seraient arrivés.

A cette époque il y avait neuf cadres, dont quatre directement impliqués dans la fabrication, et trois particulièrement véhéments. Sur les neuf, il y en avait trois qu'il connaissait mieux que les autres et tutoyait : une dizaine d'années auparavant, ensemble, ils avaient collaboré au développement d'alliages spécifiques, alors qu'il œuvrait comme métallurgiste dans l'affinerie fournisseur de matière première.

Il est à noter que vingt ans plus tard, ces trois cadres demeuraient les seuls avec lesquels il pratiquait le tutoiement ! Ce que c'est que la force des habitudes !

Et même parmi ces trois supposés alliés, il décela les trois composantes réactionnelles à son action :

Michel, la composante « socialo-écolo », était pour, sans pour autant s'engager, Georges était neutre, et Jean-Pierre violemment opposé !

Il ouvrit SA première véritable réunion cadre depuis dix mois en disant :

« Les pointeuses sont démontées, la porte du magasin dessoudée, les distributeurs de boissons rendus, les sonneries débranchées, ce qui est fait est fait, ce qui est dit est dit ! Nous ne pouvons plus faire marche arrière !

J'ai l'intime conviction qu'on ne pouvait pas continuer à travailler de façon si archaïque !

Que faire ? Je n'en sais trop rien, les seules véritables expériences du maniement des hommes que j'ai pu connaître sont un peu pendant mon service militaire, comme sous-lieutenant, où il a fallu que je trouve des combines pour donner des ordres idiots à des gens intelligents, et davantage comme moniteur de colo quand à 17 ans, j'ai eu la chance d'avoir à occuper des gamins de mineurs du Nord, des monstres qui, a 15 ans, me dépassaient pour la plupart d'une tête !

Voilà ce que je vous propose, transformons-nous en moniteurs de colo :
– Nous ne devons plus ordonner, nous devons animer !
– Nous ne devons plus récompenser ou sanctionner, mais montrer le bon chemin !
– Nous ne devons plus contrôler l'activité, mais aider chacun à mesurer son propre résultat !
– Comment ? Je ne sais pas !
– Ce que je sais c'est que nous avons une chance extraordinaire : nous avons un grand Patron qui nous laissera libres, totalement libres d'œuvrer comme nous l'entendons, du moment que nous respecterons les lois !
– C'est une chance extraordinaire, rarissime; la plupart des entreprises sont coincées entre un siège social et des actionnaires qui veulent se mêler de tout, ou sont à la merci de leur banquier, ou d'une famille complète qui noyaute l'entreprise. Nous, la seule chose que nous ayons à faire est de nous mettre d'accord, ensemble, sur ce que nous voulons faire ! Ce n'est quand même pas bien compliqué ! »

Par respect pour la fonction de Chef, plus que pour lui-même, personne ne l'interrompit, par contre il y eut bon nombre de haussements d'épaules et de sourcils.
Jean-Pierre intervint le premier :
« *C'est bien beau tout ça, mais qu'est-ce qu'on fait en attendant ?* »
« *Tu fais comme d'habitude* » répondit-il « *Laisse les contrôleurs contrôler, les régleurs régler, par contre bascule le magasinier au service entretien et supprime les chronométrages !* »
« *De plus* » continua t-il « *Vous irez tous vous former à Paris auprès de l'AFPIM parce qu'il y a là-bas des gens qui disent des choses qui devraient nous servir; je ne sais pas encore bien comment, mais je sens que les outils dont ils parlent seraient bien adaptés à l'entreprise idéale que je vous propose de créer tous ensemble.* »

Premiers effets de l'abandon des pointages et des primes :

Contre toute attente **les cadences se mirent à augmenter** ! Mais à augmenter vraiment !
A cette époque il y avait de nombreuses opérations de découpe, et une vingtaine de presses étaient alignées où œuvraient des dames, et les mêmes dames, sur les mêmes machines, avec les mêmes pièces, firent couramment **20%** de pièces en plus à l'heure, et la chose était incontestablement relevée par des compteurs sur chaque machine ! ! !
Il en fut le premier étonné, et n'osait pas, dans un premier temps, en parler aux opératrices de peur que ce phénomène imprévu ne cesse !
Seulement au bout de quelques semaines timidement, il leur demanda pourquoi et comment elles arrivaient à faire autant de production ? Il y eut deux types de réponse; les unes gentilles : « *C'est pour vous aider à prouver aux « chefs » que vous avez raison !* », mais surtout : « *Il y a un rythme qui aide à passer le temps !* »
Autrement dit, elles travaillaient au rythme physiologique optimum, de moindre énergie, qui s'avérait être sensiblement plus rapide. Et quand il leur demandait pourquoi elles ne le faisaient pas auparavant, la réponse était toujours : « *On n'est pas folles, si on avait fait ça, on n'aurait plus jamais eu de primes !* », conscientes qu'elles étaient qu'immanquablement « les chefs » auraient augmenté le quota de pièces à faire ! ! ! !

Deuxième effet totalement inattendu :

Avant à 6 heures du matin tout le monde attendait **devant les pointeuses** !

Dorénavant à 6 heures chacun était **sur son poste de travail** et commençait sa journée, parfois même, le soir, il devint courant de voir certains rester un quart d'heure de plus tout simplement pour finir de remplir leur benne, alors qu'avant, à la sonnerie (qu'il avait fait aussi supprimer) les gens étaient depuis quelques minutes déjà devant les pointeuses et avaient depuis belle lurette quitté leur poste de travail !

Et puis des questions du genre « C'est arrêt du travail à 6 heures mains lavées, ou mains pas lavées ? » ne se posèrent plus jamais.

Les premières actions

Il se basa sur l'observation de la chronologie amoureuse, en se disant que la méthode avait fait ses preuves depuis le temps !

Quand, jeune homme, on drague, la difficulté n'est pas d'honorer le sexe opposé, mais de l'amener dans le lit, théâtre des exploits ! C'est pourquoi on commence généralement par amener l'élue du moment soit en boite, ou dans un pub pour partager une VISION ! Si la vision est acceptée, on cherche une chambre, on se PROTEGE éventuellement, et enfin on PASSE A L'ACTE ! Parfois, toujours maladroitement, on s'enquiert de l'effet de la prestation !

Il considéra donc qu'il fallait dans l'ordre accorder de l'attention :

– à proposer des **visions**

– à structurer ceux qui mettent les clients dans le lit de l'entreprise : **les commerciaux**

– à étoffer ceux qui les déshabillent : **les études**

– à mettre sur pied un service de protection avant passage à l'acte : le contrôle qui deviendrait **la qualité**

– à remettre en cause la manière de passer à l'acte : **la fabrication**

– enfin à ne pas donner trop d'importance à ceux qui s'enquièrent du résultat : **les administratifs.**

Il se dit que la VISION était SON problème, et que la seule **« étoile »** qu'il avait à montrer à sa troupe, dans l'immédiat, était que **l'homme était bon,** mais qu'il faudrait qu'il en trouve rapidement d'autres.

Il se dit que ce devaient être les meilleurs qui devaient consacrer leur temps à amener les clients dans le lit de l'entreprise ! Et que Michel tout seul, quelle que soit son expérience, cela était un peu juste.

Michel, comme tous les cadres, avait fait toute sa carrière dans l'entreprise. Quand il avait été embauché, vers la fin des années 60, le directeur de l'époque, un homme remarquable de rigueur et de « visions », lui avait donné une pièce, une lime, des bouts d'acier et demandé de faire « un passe travers » de la pièce.

Des semaines durant Michel avait limé. Et à chaque fois qu'il présentait son résultat, ce Directeur lui disait « *Ce n'est pas parfait !* » Un jour enfin, ce fut parfait et le Chef lui dit « *C'est bien !* » et jeta les deux morceaux. Des mois plus tard Michel osa demander pourquoi on lui avait faire cette pièce pour rien ? Il lui fut répondu que c'était pour lui apprendre à bien faire !

Et depuis, Michel avait dirigé tous les services de l'entreprise : la fonderie, l'outillage, les études, le contrôle, pour finir au commercial. Le petit Patron savait que le sens du commerce cela ne s'apprend pas à l'école ! C'est un don !

De plus il n'y a pas de modèle type de bon commercial, certains tous mous à l'esprit lent font d'excellents commerciaux !

Il voulait des commerciaux **guichets uniques,** qui soient capables de prendre toutes décisions devant le client. Il fallait donc impérativement des gens venant de la fabrication, ayant transité par les études et si possible la qualité. De plus il fallait impérativement des gens précis et organisés pour n'avoir jamais à revenir sur un engagement pris devant un client, cela d'autant plus qu'on allait s'engager à ne jamais augmenter les prix de vente.

Dans un premier temps il avait repéré François qui était au B.E. depuis 3 ans et qui parlait un peu l'anglais et l'allemand ; il lui proposa donc de passer au commercial, de suivre des cours de langues, et l'aida au début, au début seulement, à structurer le service export.

Puis il fit monter Dominique pour épauler Michel sur la France, puis comme les affaires sur l'Italie se développaient il fit monter Carlos, d'origine portugaise qui apprit rapidement l'italien, puis Jean-Claude, puis Jean-Luc l'ancien régleur passé en étude puis leader, puis responsable du laboratoire de validation, etc...

Cela faisait partie de son travail de Chef de repérer, au cours de ses « promenades » quotidiennes ceux, et pourquoi pas un jour celles, qui ont ce *don des dieux* : la bosse du commerce ! Quand il avait repéré cette perle rare, alors il lui proposait un essai de 6 mois, étant entendu qu'il ne voulait que les meilleurs au commercial.

Parfois il se trompa, et d'un commun accord, l'impétrant réintégrait sa fonction d'origine en fabrication, d'autre fois comme Dany, ce fut le candidat lui-même qui au bout de plusieurs mois, considérait que la culture commerciale qu'il avait acquise lui serait utile, mais qu'il préférait reprendre une mini-usine comme leader.

Comment il fit sauter un premier nœud de pouvoir

Pour mieux comprendre le fonctionnement de la fonction commerciale, il suivit une demande de prix depuis sa réception au courrier. Il constata que l'on mettait couramment trois semaines pour décliner, et deux mois pour répondre !

Le goulot se situait au niveau d'Antoine : Antoine, responsable du B.E. aimait à être entouré de piles de dossiers, bien rangées et alignées sur le bord de sa planche à dessin. Quand il estimait que les piles étaient assez hautes, et seulement à ce moment-là, alors il ouvrait un dossier pour regarder la faisabilité de la pièce dans notre technique, et comme il pratiquait une forme de FIFO par un empilage à l'envers cela provoquait systématiquement une inertie de plusieurs semaines entre le moment ou un dossier descendait du commercial et le moment où Antoine décidait d'y jeter un œil !

Le petit Patron tenta de convaincre Antoine que cinq minutes font toujours cinq minutes, aujourd'hui comme demain, et que pour l'image vis-à-vis des prospects, il était préférable qu'il jeta un œil dès qu'il était en possession d'une étude pour qu'au moins ils puissent décliner immédiatement. Rien n'y fit, Antoine tenait fermement à ses piles de dossiers !

Alors de guerre lasse, il demanda aux commerciaux de décliner directement dès réception des demandes, puisque venant de la fabrication et des études, ils avaient toute compétence pour ce faire, et d'accuser systématiquement réception des demandes de prix par un petit mot de remerciement, chose qu'on évitait de faire auparavant pour ne pas que le prospect rapproche la date de réception de sa demande de celle de l'émission de l'offre !

Le but était bien évidemment de responsabiliser les commerciaux vis-à-vis du délai de réponse.

Comme à l'époque, la technique spécifique de la fonderie sous pression des cuivreux était encore peu connue, une demande de prix sur deux était davantage destinée à des techniques voisines (matriçage, estampage, fonderie sable ou coquille...) et faisait donc l'objet d'une lettre courtoise précisant ce fait et orientant honnêtement le prospect vers la bonne technique.

Ce faisant, Antoine vit instantanément le nombre de dossiers qui lui étaient soumis divisé par deux, et on aurait pu penser que cela l'encouragerait à les traiter d'autant plus vite ! Que nenni, ce fut strictement le contraire, comme Antoine tenait apparemment sa légitimité de l'épaisseur de ses tas de dossiers, il mit, toutes choses étant égales par ailleurs, deux fois plus longtemps à les ouvrir !

Le petit Patron pugnace essaya encore de le convaincre qu'il tenait de fait sa légitimité auprès de la collectivité de ses très grandes qualités de technicien, et non de gestionnaire de dossiers, rien n'y fit. Jusqu'au jour où il demanda aux commerciaux d'établir eux-mêmes les gammes et de les soumettre directement pour validation aux cadres compétents concernés.

Effectivement cette mesure fit sauter un nœud de pouvoir, mais en révéla un autre qui était sournoisement dissimulé par l'entêtement d'Antoine à affectionner les piles de dossiers : celui de Michel (celui de l'outillage).

Michel était chef du service qui était alors considéré comme le plus important de l'entreprise : *l'outillage*. L'usinage était inexistant, et la fonderie était composée de « cons musclés », selon l'expression consacrée de l'époque, car il fallait être musclé pour manier 150 à 200 fois par heure une louche de 50 cm chargée de 2 à 3 kg de métal à près de 1000°C, et con pour faire ce travail répétitif et pénible qui ne nécessitait aucune formation apparente, puisque seuls les régleurs avaient le droit de toucher aux machines ! Alors que tous les outilleurs avaient un C.A.P. !

Donc l'outillage était le service le plus important. Fort de ce fait, Michel mettait une bonne semaine à chiffrer les outillages et surtout s'ingéniait à proposer des délais de réalisation qui considéraient que toute demande de prix pourrait aboutir à une commande, donc il cumulait les délais de toutes les demandes existantes, ce qui faisait que les clients se voyaient couramment remettre des délais de réalisation en cas de commande de plusieurs mois ! Là encore le petit Patron tenta de faire appel au bon sens, mais en vain c'est pourquoi il décida, de guerre lasse que dorénavant Michel ne serait plus consulté pour les délais et que les offres mentionneraient : « Délai de réalisation d'outillage à convenir en cas de commande ».

Quant au prix des outils, latitude fut laissée aux commerciaux pour les chiffrer à plus ou moins 10%, étant entendu que Michel était systématiquement consulté si la commande semblait se préciser.

Ces mesures, qui marquaient un début de retour au bon sens en rappelant que l'INTE-RIEUR de l'entreprise était au service de l'EXTERIEUR, eurent deux effets positifs et un négatif :
– d'une part les commerciaux prirent l'habitude d'assumer la responsabilité du suivi de chaque consultation, et, avec le temps, commencèrent même à se transformer en ce qui deviendrait des chefs de projet.
– d'autre part l'affrontement qui fut toujours cordial, mais parfois viril avec Michel, fit redécouvrir à l'ensemble de l'entreprise que l'outillage n'était qu'un service au *service* de notre vrai métier : **LA FONDERIE**
– en revanche, au bout de quelques mois, Antoine démissionna, et l'entreprise perdit un excellent technicien, ce qui perturba la vie du B.E. pour quelques années.
Le petit Patron en tira la conclusion qu'il serait sage que dorénavant, il accorde plus de temps au temps, et qu'il serait tout aussi sage *d'attendre, ou de provoquer des circonstances favorisantes* pour justifier les prochaines modifications d'habitude de fonctionnement de l'entreprise. Ce fut leur première base ETHIQUE :

Menager, avancer pas a pas, proceder selon les circonstances

Telles furent les premières mesures concrètes que le petit chef mis en place :

– il eut d'abord l'action symbolique de fermeture de la grande « fenêtre espion » du bureau du chef,
– puis le discours qui créait des situations irréversibles,
– enfin des premières mesures concrètes, dès le mois de janvier, en partant du client vers la fabrication : **du DEHORS vers le DEDANS**; alors que généralement un nouveau chef restructure le dedans pour marquer son empreinte, sans trop s'occuper du dehors.

C'est cette approche de bon sens qui assurément fit que la réticence de certains cadres commença à faseyer.

Histoire de l'extraordinaire coup de chance
ou De l'intérêt de laisser des chances au hasard

Le petit Patron, en plus d'être viscéralement paresseux et naïf s'avéra souvent « **chanceux** » !

D'ailleurs, un jour que le Grand Patron le félicitait pour une action particulièrement rentable, il lui dit en toute honnêteté et simplicité :
> *« Je n'y suis pas pour grand-chose,*
> *j'ai surtout eu de la chance sur ce coup-là »*

Ce à quoi le Grand Patron lui répondit :
> *« On te paye aussi pour ça ! »*

Sans doute que sa paresse laissait des espaces de liberté, même au hasard ! !

En avril, soit quatre mois après la rupture provoquée par le discours basé sur les 4 principes de la péripatéticienne, Michel et lui sont convoqués à la SOGEDAC (centrale d'achat de Peugeot Citroën).

Ils sont reçus par un acheteur de leur âge qu'ils avaient croisé quelques années auparavant à Poissy, du temps de Chrysler France, alors que le futur petit patron œuvrait en tant que métallurgiste. Après avoir évoqué le bon vieux temps de SIMCA puis de CHRYSLER France, leur interlocuteur les informe que comme leur entreprise livrait depuis 2 ans une fourchette, et qu'il n'y avait eu aucun problème ni de qualité, ni de délais (tout le mérite en revenait à Dominique le précédent Directeur), la SOGEDAC avait décidé de leur confier la fourniture d'une boite de vitesse complète, et qu'il leur faudrait être en série dans un an !

Ce que cet acheteur ne savait pas, car à l'époque les grands donneurs d'ordres suivaient moins leurs fournisseurs, c'est que cette affaire représentait un chiffre d'affaire de 50 millions de francs alors que le C.A. annuel de la Fonderie n'était que de 40 !

Fort de cette nouvelle embarrassante, le jour même, de retour à l'usine le petit Patron réunit sa meute. La nature et l'équilibre de cette meute étaient en grande partie la source d'un développement potentiel harmonieux. Elle était en effet, par hasard, composée

d'éléments aux qualités et défauts complémentaires. Tous avaient la petite quarantaine, donc suffisamment d'inconscience et de maturité pour se lancer dans de grandes aventures sans complexes, mais avec ce qu'il faut de conscience pour ne pas faire n'importe quoi. Il y avait :
– Jean Pierre, le pessimiste né, mais néanmoins fonceur,
– Georges, l'ancien instituteur, précis, rigoureux,
– Michel le commercial socialo, écolo avant l'heure,
– Alain, l'électron libre qui se passionnait pour toutes les techniques nouvelles et qui fut le porteur de toutes les innovations managériales que les années 80 allaient nous apporter du Japon,
– Claude, l'autre Michel et André, de très grands professionnels meneurs d'hommes en fonderie, usinage et outillage,
– Jeannine la secrétaire à tout faire, entrée à FAVI à l'âge de 16 ans,
– Roland l'ancien, entré lui aussi à l'âge de 14 ans et qui était notre mémoire collective,
– Hervé, un peu plus jeune, le « père fouettard » indispensable dans toute collectivité,
– et le petit Patron un laboureur fou, qui laboure à l'impulsion mais qui est incapable de semer, récolter, engranger, ce que fort heureusement ses collaborateurs faisaient très bien.

Il annonce donc la nouvelle au groupe, et Jean-Pierre de s'exclamer :
– *« Tu te rends pas compte doubler le chiffre d'affaires en un an, on n'y arrivera jamais »*
Ce à quoi il répondit :
– *« O.K, donc on décline l'affaire ? »*
– *« Ah ben oui, mais non ! On ne peut pas laisser passer une occasion pareille ! »*
– *« Bon, ben alors, on dit oui ? »*
– *« Ouais mais si on n'y arrive pas et qu'on plante Peugeot... »*
– *« Bon, ben je dis non alors ? »*

Et au bout de trois allers et retours, le petit Patron proposa :
« A mon sens, si l'on continue à travailler comme on travaille, c'est certain qu'on ne va pas y arriver ! Mais n'est-ce pas l'occasion d'imaginer tous ensemble un autre mode de fonctionnement, différent, plus dynamique, plus souple, qui intègre ce que les uns et les autres nous apprenons de FAUVET, à l'AFPIM ? Je suggère que l'on prenne l'affaire, que l'on mette en place un PERT (qui était le seul outil que nous connaissions à l'époque), et que tous les vendredis matins on se réunisse pour imaginer ce nouveau mode de fonctionnement ! »

Cette proposition ayant été acceptée à l'unanimité, ce fut le véritable début de la mise en place d'un autre mode de fonctionnement.

Le principe était que, au fur et à mesure que le groupe trouvait, ou définissait quelque chose, Jeannine voyait l'ensemble du personnel par entité d'une quinzaine de personnes pour les amener à redécouvrir par eux-mêmes ce qui avait été établi, et régulièrement elle donnait le feed-back des réactions de la base, et ainsi le groupe de réflexion adaptait son pas à celui de la troupe pour ne pas se retrouver dans la position de la locomotive qui a perdu ses wagons !

Ils commencèrent par le commencement :

C'est quoi le but de la Fonderie ?

Au bout de deux réunions ils arrivèrent à la conclusion que leur but collectif, était de **DURER.**
Après ils cherchèrent un symbole de la durée, et l'arbre leur sembla un bon symbole pour eux, implantés à la campagne, et à l'évidence l'arbre le plus imposant de la forêt n'a aucune conscience de sa supériorité ; un arbre est un système à faire des fleurs, qui font des fruits, qui font des graines qui font d'autres arbres.
C'est pourquoi, pour entrer dans la Fonderie, il faut faire le tour d'un arbre et que, à l'autre entrée de l'usine, est dessiné un grand arbre sur le mur pour que chacun, chaque jour se rappelle cette évidence !

Pendant cette réflexion, avait été abordé bien évidement le rôle du profit, de l'argent, et c'est FAUVET qui apporta la réponse.
En effet avec lui comme plus tard avec d'autres « gourous », le petit Patron avait pris l'habitude de suivre plusieurs fois le même module de formation, pour s'imprégner du message et comprendre ce qu'il y avait **derrière** le message, pour comprendre quelles étaient les conditions préalables à la mise en place d'un outil, d'une philosophie ou d'un mode de fonctionnement.
Par exemple, ce n'est qu'à la troisième écoute du module sur le T.P.M. qu'il comprit qu'il fallait impérativement supprimer toute référence à l'argent en fabrication pour permettre l'épanouissement des indicateurs T.P.M.
Bien sûr quand un intervenant voit la même tête trois fois de suite, surtout quand c'est celle d'un patron, car très souvent les auditeurs des nouveaux outils sont des conseils qui viennent se former pour régurgiter, il a tendance à le prendre à témoin et notamment pendant la pause repas, il continue le dialogue avec lui.

Ainsi donc, le petit Patron philosophait avec FAUVET à la pizzeria du coin sur le sujet quand est venue cette évidence :

« L'argent n'est incontestablement pas le but de l'entreprise, ce n'en est que le moyen, comme la respiration est le moyen majeur de la vie ! »

C'est ainsi que ils arrivèrent à cette deuxième définition :

L'argent est la respiration de l'entreprise !

Et pour faire bien comprendre la chose, il a été convenu que Jeannine, après avoir fait « *spontanément* » découvrir par les opérateurs, que le but de la Fonderie était de durer comme l'arbre, demanderait aux opérateurs et opératrices de rester une minute sans respirer, puis de leur faire remarquer que pendant toute la discussion, qui parfois durait une heure, pour définir collégialement le but de l'entreprise, personne n'avait évoqué la respiration !

Ainsi de leur faire prendre conscience de la différence qu'il y a entre **le but** et le **moyen** : le but est de durer, le moyen de la durée est la respiration !

« Quelle est la respiration de l'entreprise ? »

Telle est la question que Jeannine posait alors, et le débat était alors entretenu jusqu'à ce que quelqu'un énonce cette évidence :

« L'argent est la respiration de l'entreprise ! »

Et de même qu'on ne plaisante pas avec la respiration, car nul ne connaît une religion où on ne respire pas le vendredi après midi, ou le samedi matin, on ne plaisante pas avec le profit !

Que l'on discute du partage du profit certes ! Mais encore faut il qu'il y ait du profit !

L'étape suivante fut de définir l'origine du profit de l'entreprise.

Ils avaient déjà tous des éléments de culture commune, car la plupart d'entre eux avaient bénéficié des enseignements de Jean-Christian Fauvet, sa théorie du jeu de go, connaissaient sa matrice de la sociodynamique et son grand principe de l'entreprise holomorphe.

Ils connaissaient aussi sa théorie du Bien Commun d'où dérive le besoin de valeurs partagées.

Ils sentaient tous implicitement qu'il fallait réinventer quelque chose qui s'éloigne du modèle « anglo-saxon-industriel » classique pour aller vers un modèle plus culturellement « judéo-chrétien-rural ». C'est cette approche qui leur permit d'aboutir, au bout de 2 à 3 réunions de discussions, à cette notion culturelle « **d'amour** », amour de l'autre, puisqu'on le considère comme bon, et de rechercher l'amour du client.

Il semble que ce soit Jeannine qui émit cette idée simple mais d'avant-garde :

« Le profit résulte de l'amour du client. »

Et c'est ainsi que fut créée la matrice qui est la base de leur système de valeurs ; matrice qui est affichée dans chaque mini-usine et que pendant des années Jeannine présentait aux entrants dans « la famille ».

Au cours d'une réunion de plusieurs heures Jeannine les interrogeait sur le but de leur vie et les amenait à la conclusion qu'ils ne vivaient que pour durer : *« Je vais me marier, avoir des enfants, etc... »*

Ensemble, ils redécouvraient la valeur symbolique de l'arbre ; puis après avoir demandé à tous et à chacun d'arrêter de respirer pendant une minute, Jeannine les amenait à percevoir et accepter cette notion d'argent respiration de l'entreprise. Enfin message plus long, ils arrivaient collégialement à la conclusion que seul l'amour du client générerait ce profit moyen et indispensable de la durée de la fonderie.

Quand le numéro fut bien rodé, c'est le petit Patron lui-même qui anima ces réunions en tant que berger du troupeau.

Le dessin suivant qui définit bien ce nouveau mode de fonctionnement, fut et est toujours affiché dans chaque mini-usine.

Comme nous le verrons plus tard il présente la structure nécessaire et suffisante pour satisfaire l'amour du client, et laisse présager la suppression de toutes structure parasite (service du personnel, planning, lancement, GPAO, encadrement de fabrication), pour ne laisser place qu'à deux, et seulement deux acteurs : **le commercial**, qui fait entrer le dehors dedans, et **le leader** qui anime SA mini-usine au quotidien pour mériter l'amour de SON client.

L'ARBRE
(la durée)

L'ARGENT
(le moyen de durer)

L'AMOUR
(le moyen de faire de l'argent)

LES CLIENTS
(qui échangent de l'argent contre des produits qu'ils aiment)

LES MINI-USINES
(qui doivent, par leurs produits, se faire aimer de leur client)

P.E.R.T.
(Program Evolution and Review Technique)

Le P.E.R.T. est une planification d'un projet sous forme d'un réseau de tâches, avec liaisons d'antériorité, et une aide à la prise de décision, destinée à attirer l'attention des responsables sur :
– les problèmes qui risquent de freiner ou reculer l'atteinte d'objectifs,
– les actions correctives qui permettent de faciliter le respect des délais ou même de les améliorer.

Le P.E.R.T. est particulièrement adapté aux travaux nécessitant la coordination de plusieurs intervenants (personnes et machines), ayant des contraintes strictes de délai. Ces travaux sont divisés en tâches dont certaines sont indépendantes et d'autres non.

Le P.E.R.T. propose une représentation graphique permettant :
– d'appréhender les tâches à accomplir,
– de déterminer le planning d'actions,
– d'évaluer l'influence d'un retard sur l'ensemble du programme.
base quantitative de la méthode :
tâche (ou opération) : c'est une action à réaliser pour atteindre un but. Elle est caractérisée par sa durée et les moyens qu'elle met en œuvre. Elle consomme du temps et des ressources.
Rédiger un rapport est une tâche. Représentation : ➙
étape (ou événement) : c'est le jalon qui sépare deux tâches. C'est le commencement ou la fin d'une tâche. L'étape est de durée nulle et ne consomme aucune ressource. Représentation : ●
« Rapport terminé » est une étape.
tâche fictive : c'est une tâche de durée nulle et ne consommant aucune ressource. Elle représente, en général, une contrainte. C'est un artifice graphique permettant de représenter certaines dépendances des tâches. Représentation : ⇢
tâche d'attente : c'est une tâche qui ne consomme que du temps.
Représentation : ➙
Exemple : après coulage, attente de refroidissement d'une pièce.
eĺément fondamental de la méthode p.e.r.t. : « *Le chemin critique* ».
C'est la chronologie des tâches pour lesquelles tout retard influe sur le délai final de l'opération car leurs dates au plus tôt et au plus tard sont identiques.
Ce chemin a la durée la plus courte pour arriver à la fin du réseau.
Pour l'exemple ci-dessous, le chemin critique est constitué des tâches D, E, F, G, H, I, J, P et Q (la réfection de la pièce sera réalisée, au mieux, en 19 heures).
Les 4 règles pour la construction d'un réseau P.E.R.T. :
1) Une tâche commence toujours par une étape et se termine toujours par une étape.
2) L'étape, qui se trouve au début d'une ou plusieurs tâches, doit être produite pour que cette ou ces tâches puissent commencer.
3) Une étape ne peut être franchie si la ou les tâches qui précèdent ne sont pas terminées.
4) Il n'existe pas de boucles ou de retours en arrière dans un réseau P.E.R.T.
Exemple : La famille a décidé de retapisser le salon. Comment s'y prendre ?

Tâche	Durée (heures)	Tâches précédentes	Tâches suivantes
A - Choix et achat du papier	1		B
B - Choix et achat de la peinture	0.25	A	C
C - Retour chez soi avec papier et peinture	0.75	B	G et K
D - Lessivage de l'ancienne peinture	1.5		E
E - Rebouchage des trous sur ancienne peinture	0.5	D	F
F - Séchage rebouchage des trous sur ancienne peinture	2	E	G
G - Peinture 1ère couche	3	C et F	H
H - Séchage 1ère couche	1	G	I
I - Peinture 2ème couche	3	H	J
J - Séchage 2ème couche	1	I	P
K - Découpe du papier	1.5	C	L
L - Encollage du papier	1.5	K	P
M - Décollage de l'ancien papier	4		N
N - Rebouchage des trous sous l'ancien papier	1	M	O
O - Séchage rebouchage des trous sous l'ancien papier	2	N	P
P - Pose du papier	4	J, L et O	Q
Q - Finitions (dont découpe papier sur plinthes, nettoyage pièce)	1	P	

Chiffrage du réseau :

Date au plus tôt d'une étape : échéance la plus rapprochée à laquelle l'étape peut être atteinte. Elle est calculée de proche en proche, en partant du *début* du réseau.

Date au plus tard d'une étape : échéance la plus tardive à laquelle l'étape peut être atteinte. Elle est calculée de proche en proche, en partant de la *fin* du réseau.

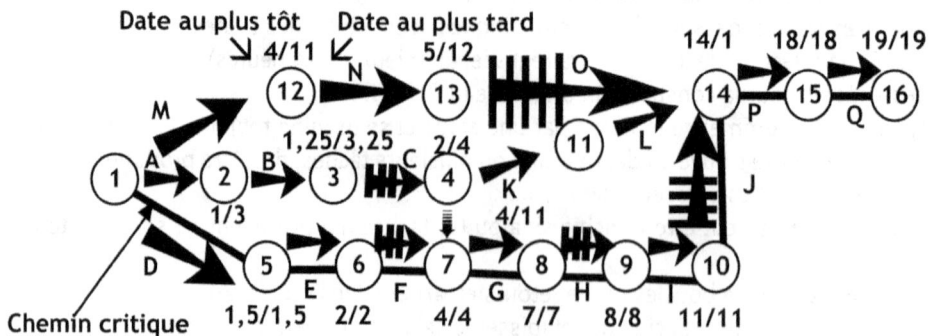

82

Histoire des premières mesures concrètes
ou De l'intérêt d'avoir un œil sur l'extérieur

Grâce à la culture commune acquise de Fauvet les cadres avaient commencé petite-ment par classer les individus dans chaque atelier selon sa matrice qui répartit les individus en B1 (que nous avions baptisés « Bopf »), B2, B3 etc...

Et avant de mettre en place toute évolution dans un service, ils faisaient en sorte, que pour le moins, les **oppositionnels** (car ils n'avaient pas et n'ont toujours pas de **casseurs**) et les **déchirés** passent dans le domaine du **donnant-donnant.**

Sachant qu'il fallait que le donnant-donnant ne soit pas basé sur de l'argent mais sur la considération ou une forme d'estime.

Ceci nous permit déjà d'évoluer tout doucement, sans heurts ni réticences.

La 2e grande évolution fut, et il semble que le mérite en revient à Jean-Pierre le pes-simiste néanmoins constructif, de passer des **mécanistes** qu'ils étaient, comme dans toute entreprise de l'époque (c'est-à-dire au minimum de l'intérieur comme de l'exté-rieur), au stade de l'entreprise mythique **holomorphe** (au maximum de l'intérieur et de l'extérieur), et d'y passer de façon indirecte en travaillant sur l'axe **tribal**, par l'effet de niche appris par Fauvet, ainsi que sur l'axe **individualiste** en favorisant l'autonomie des gens et leur turnover interne.

Ce faisant, en travaillant en permanence sur ces deux axes concrets, ils espéraient obtenir comme résultante _naturelle_, une évolution vers l'entreprise holomorphe un peu abstraite.

Pour le 1er point, ils envisagèrent un uniforme (un blouson identique pour tous, cadres comme opérateurs ou opératrices) puis des "grades" (les maîtres ouvriers), des litur-gies (le discours semestriel du Chef), des cérémonies : l'accueil des nouveaux avec remise symbolique de pin's au logo de la fonderie (logo qui n'existait pas et qui fut l'objet d'un concours interne avec pour jury que des dames), la fête aux Anciens qui partent en retraite et qui se voient remettre la pièce sur laquelle ils ont le plus travaillé, dorée à l'or fin, installée sur un socle en bois ou en pierre, et discours du Chef qui devait amener, pour être réussi, la larme à l'œil de chacun, le cadeau traditionnel du Chef au 1er janvier se traduisant par une belle orchidée à toutes les dames de Favi, avec un mot personnalisé pour chacune, etc...

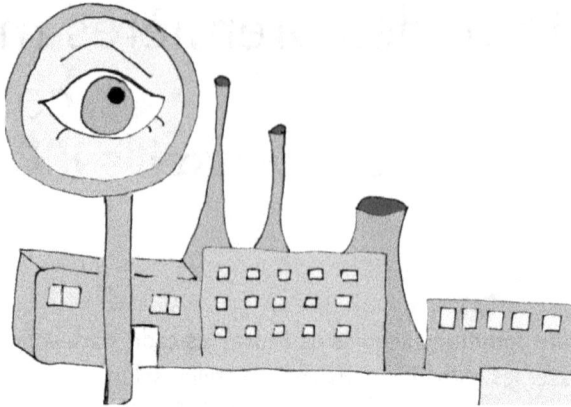

Bien entendu toutes ces mesures furent très rapidement mises en place dans un esprit de METACTION, sans réunions nombreuses et stériles.

Parfois entre l'émission de l'idée, la réunion d'un groupe de décision (souvent composé majoritairement d'opérateurs et opératrices) et la commande de l'objet il ne se passait que quelques heures, quand la commande n'était pas passée en réunion !

Ce fut le cas pour le blouson, où un opérateur chasseur-pêcheur exprima l'idée de prendre un produit catalogue de gilet à poches multiples, le choix de la couleur ayant été rapidement décidé, la commande avait été négociée le soir même.

Quant à l'axe individualiste, l'idée petit à petit dominait de faire des groupes autonomes d'opérateurs qui recevaient directement les commandes et qui s'autogéraient pour réaliser la commande depuis la matière première jusqu'à l'expédition, en laissant toute liberté au groupe pour sa propre organisation.

Donc toute liberté à chacun de travailler en accord avec ses collègues sur telle ou telle machine du moment que toutes les commandes soient honorées.

Ils en étaient à ce stade de réflexion quand ils décidèrent de se faire assister dans leur démarche par un intervenant apprécié dans leurs formations AFPIM : Gilbert.

Histoire de la création des mini-usines

Gilbert, dès la première journée de son intervention vint voir le petit Patron naïf dans son bureau, s'assit nonchalamment en face de lui, prit un air décontracté et lui dit comme une évidence : *"Il faut virer Dédé !"*

Au moment même où il s'exprimait, le petit Patron réalisa qu'il avait raison, qu'inconsciemment il le savait, mais que ses liens affectifs avec André, dit Dédé, le patron de l'usinage, l'empêchaient de voir cette évidence.

Interloqué, il laissa quelques minutes de silence puis dit à Gilbert :
"Malheureusement, je crois que vous avez raison, mais ce n'est pas possible parce que l'usinage c'est Dédé, et Dédé c'est l'usinage !"

Et de fait il avait compris que Dédé était fait et programmé, pour piloter une dizaine de personnes, mais pas plus, et qu'en application du 3e principe de la péripatéticienne, ils recherchaient et engrangeaient de plus en plus de pièces nouvelles usinées et que le service de Dédé était très rapidement passé de 10 à 80 personnes.

En réfléchissant avec Gilbert, ils se dirent : Comment ramener le nombre de personnes en dépendance directe de Dédé à moins de 10 ?

Et c'est comme ça qu'est venue l'idée de faire des groupes autonomes attachés à un client ou une famille de produits, qui généreraient un leader par cooptation, leader qui, avec sa « patrouille » pourrait gérer en toute autonomie ses commandes et ses fabrications, ce qui ramènerait le nombre d'interlocuteurs de Dédé à moins de 10.

Rapidement, cette idée fut reprise par le groupe de réflexion du vendredi matin, où il fut décidé d'appeler chaque patrouille une **mini-usine** pour bien montrer son degré d'autonomie, et ainsi renforcer l'axe **individualiste**, qui, avec toutes les actions que nous entamions sur l'axe **tribal**, amenait en résultante le cheminement vers l'entreprise **holomorphe**, de métaction et où *le Chef est "celui qui a le ballon"*.

Plus tard le petit chef découvrit qu'ainsi il avait créé une **nouvelle caste**, celles des **leaders** sur laquelle il s'appuya, qui était **SA caste**, tous issus de la production, puisque tous avaient été opérateurs sur machine 3 ou 4 ans, tous jeunes et enthousiastes (20-25 ans), et ce faisant, inconsciemment, il "shuntait" le rôle opérationnel des cadres chefs de services qui, au fur et à mesure de leur départ en retraite, ne furent pas remplacés, ou qui, comme Claude, fut réaffecté à plein temps à la R&D d'une nouvelle technologie (l'injection du cuivre pur à haute conductibilité).

Pour arriver à une structure unique à 2 niveaux hiérarchiques en fabrication :
– les opératrices et opérateurs
– leur leader.

Toute la structure fut orientée vers des tâches, soit d'assistance dans les démarches de progrès, soit d'aide QUÉRABLE, mais ne toucha *plus jamais* aux actes liés à la fabrication :
– La gestion des productions
– La gestion des livraisons
– La gestion des commandes,
– La gestion des fournitures,
– La gestion des horaires et congés,
– La gestion des augmentations,

– La définition, et l'application des plans d'investissements,
– L'animation des hommes et leur formation,
– L'amélioration des machines et process tant sur le plan sécurité, confort que productivité.

Bref, toutes les fonctions liées à la fabrication furent totalement déléguées aux leaders et à leurs opérateurs et opératrices. C'est à partir de la mise en place de cette nouvelle "**absence**" de structure que nous n'avons plus jamais, jamais livré une seule fois en retard !

Le rôle du petit Patron, pas si naïf que ça, fut de cantonner la structure dans des tâches d'accompagnement ou **d'assistance quérable** (l'opérateur sait qu'on peut l'aider, qui peut l'aider si il le demande, mais que s'il le demande) ou de R & D.

Quant au contrôle de l'activité des productifs directs, il fut totalement laissé aux leaders qui, vivant en permanence avec leur troupe et étant issus de cette même troupe, n'avaient pas la tendance classique de la structure à jouer au "gendarme".

Nos braves pandores ont, entre autres missions, celle de veiller à la sécurité routière, en verbalisant les citoyens au comportement dangereux pour les autres citoyens ! Le but n'est donc pas de verbaliser, la sanction ne doit être qu'un moyen d'augmenter la sécurité de leurs concitoyens ; mais, comme ils sont jugés sur le nombre d'infractions pénalisées, ils installent systématiquement leurs radars, non pas près des écoles, ou bien en plein centre de nos villages, mais là où ils ont le plus de chances de verbaliser : juste après le panneau indiquant l'entrée ou la sortie d'agglomération !

Ils ne verbalisent que des gens en phase de décélération ou d'accélération à 60 / 65 à l'heure ! Leur but n'est plus la sécurité mais de pénaliser le plus possible, élément de jugement de leur action, alors que l'on devrait en toute logique les juger sur la baisse des accidents ou même la baisse des infractions relevées !

Il en est de même pour nos structures qui ne peuvent se justifier que par les dysfonctionnements pénalisés, et non par l'augmentation de productivité grâce à leur action d'assistance quérable !

Et plutôt que de la convaincre il vaut mieux la priver de tout pouvoir de contrôle répressif !

Partant du principe qu'il n'y a pas de performance sans bonheur, et que pour être heureux il faut être autonome, la mission du service qualité a été fixée comme :

devant contribuer à aider les opérateurs à être plus autonomes !

et non à contrôler quoi ni qui que ce soit !

À quels principes et systèmes de fonctionnement la fonderie a rapidement abouti ?
ou Comment ça marche ?

Quatre principes de base :

1) Une MISSION individuelle :

« Chacun doit rechercher en permanence « L'AMOUR » de son client »

Le dessinateur concepteur recherchera « l'amour » de l'outilleur qui fera le moule, l'outilleur « l'amour » du fondeur qui utilisera ce moule, le fondeur « l'amour » de son compagnon qui usinera et assemblera la pièce brute de fonderie, et enfin tous ensemble « l'amour » d'abord de l'opérateur du client qui recevra et utilisera la pièce, et à travers lui l'amour du client final, qui, quelque part dans le monde, utilisera le produit final des années durant.

2) Une CROYANCE :

« L'autre est systématiquement considéré comme bon ! »

L'homme « bon » ne fait pas exprès d'arriver en retard, donc les pointeuses sont superflues, l'homme n'est pas voleur donc les magasins sont en libre-service, est intelligent donc toute structure d'accompagnement est vexatoire, etc...

Ce sont ces deux valeurs de bases qui servent de critères pour prendre toute décision. Contrairement à la plupart des entreprises qui jugent tout sur des données financières, et qui, de ce fait, entretiennent des tonnes d'indicateurs compliqués et abstraits (généralement faux par ailleurs), la fonderie n'a aucun indicateur, et prend ses décisions selon ces deux critères :
– Est-ce que cela sert l'amour de mon client ? Oui ? Non ?
– Est-ce que cela part du principe que l'homme est bon ? Oui ? Non ?

3) Une première EVIDENCE :

« La performance vient des opératrices et opérateurs et d'eux seuls ! »

4) Une deuxième EVIDENCE :

« Il n'y pas de performance sans bonheur ! »

Forts de, et croyant en ces quatre principes, ils ont collectivement développé un système de fonctionnement extrêmement simple :

Une POLITIQUE (qui ne changea pas en 25 ans, pas de zapping management) :

« Toujours plus et mieux pour moins cher pour chacun de nos clients, à HALLENCOURT dans le respect de la terre de nos enfants »

Un ESSENTIEL :

« Vivre et s'épanouir en PICARDIE dans notre village »

Une DEVISE :

« PAR et POUR le CLIENT »

Un BLASON :

A)Une STRUCTURE « LIGHT »

Pour un effectif de 500 à 600 personnes il n'y a pas de service :
- Du personnel   – Méthodes
- Planning   – G.P.A.O
- Lancement   – Achats
- Ordonnancement

Il n'y a pas non plus de :
- Chef d'équipe   – Chef de fabrication
- Chef d'atelier   – Directeur technique
- Chef de service

Il n'y a que deux niveaux hiérarchiques en fabrication.

Ce qui n'a pas empêché, bien au contraire, la Fonderie d'avoir été dès :
1997 la première fonderie Européenne à être certifiée ISO 14001
2000 la première entreprise Française certifiée OHSAS 18001
2002 la première entreprise Française certifiée QSE (juste avant une centrale nucléaire et un énorme laboratoire pharmaceutique)

Le pourcentage d'effectif :
5% en étude recherche développement
2% au commercial
3% en qualité
1% en « accompagnateurs » de progrès
1% en administratif
Un seul informaticien

1) Etude, Recherche et Développement :
C'est le plus gros service car c'est celui qui permet d'assumer l'« essentiel » : vivre et se développer en Picardie dans notre village.
Le service étude fonctionne bien entendu en vitesse de croisière **en deux équipes**, et en trois quand cela chauffe !

Ils ont en effet compris, dès l'origine, que plus que leurs mains, c'était leur intelligence qu'ils devaient mettre en équipe, car il y aura toujours quelque part dans le monde des mains moins chères que les leurs ! !

2) La Qualité :
En fait seulement 2% font réellement de la qualité, la vraie, celle qui sert le client, 1% environ font malheureusement des papiers parfaitement inutiles que certains gros donneurs d'ordres (étrangers bien entendu !) imposent, sans doute pour occuper et justifier leur propre structure qualité.

3) Le Commercial :
Ce sont tout à la fois les **Héros** et les **Hérauts** de l'entreprise !
Leur rôle essentiel et de faire entrer le DEHORS, DEDANS !

4) Les Accompagnateurs de progrès :
Ils n'ont pas de fonction hiérarchique ni fonctionnelle, ils ont des missions transversales, soit de « poil à gratter » qui dérangent et font progresser, soit d'assistance « quérable ».

5) Les Administratifs :
Assurent l'établissement du bilan et du compte d'exploitation mensuel, la gestion des achats, de l'assistance sociale, et il est de fait qu'ils ont une excellente productivité, cela d'autant plus que personne n'ayant de secrétaire, il leur arrive d'assumer cette fonction pour les uns et les autres.

Un seul informaticien qui lui non plus ne chôme pas, et n'a donc pas le temps de générer des états que personne ne songerait à demander !

Toutes les autres fonctions (Du personnel, Planning, Lancement, Ordonnancement, Méthodes, G.P.A.O, Achats...) sont bien entendu assumées mais directement par et sur le terrain.

COMMENT ?

L'ensemble de l'entreprise est, à ce jour, divisé en 21 « Mini-Usines » :

Celles d'assistance :
- Commercial   - Qualité
- Bureau d'étude   - Administratifs
- Laboratoire

Celles de production :
- Entretien général, fabrication de machines
- Entretien moules
- Fabrication des moules et outillages
- Fonderie pièces automobiles
- Fonderie Pièces diverses
- PSA Valenciennes
- PSA Borny
- Citroën
- Volkswagen
- Audi Getrag
- Renault
- Fiat
- Volvo
- Pièces diverses électriques, serrurerie, arrosage, sanitaire...
- Compteurs d'eau
- Rotors cuivre

Toutes n'ont que deux niveaux hiérarchiques et leur organisation et mode de fonctionnement résultent de la matrice suivante que l'on peut succinctement exploiter de la façon suivante :

- La performance vient des opératrices et opérateurs !

- Il n'y a pas de performance sans bonheur !

- Comment rendre les opératrices et opérateurs heureux ?

Déjà par des aménagements physiques :
- Entrées d'usine agréables
- Locaux sociaux plaisants
- Absence de pointage
- Magasins en libre-service
- Absence de sonneries
Etc...

Puis des conditions d'ordre moral :
- Respect de l'autre
- Marques régulières d'estime et de reconnaissance
- Simple confirmation aux opératrices et opérateurs qu'ils sont les acteurs les plus importants de l'entreprise
Etc...

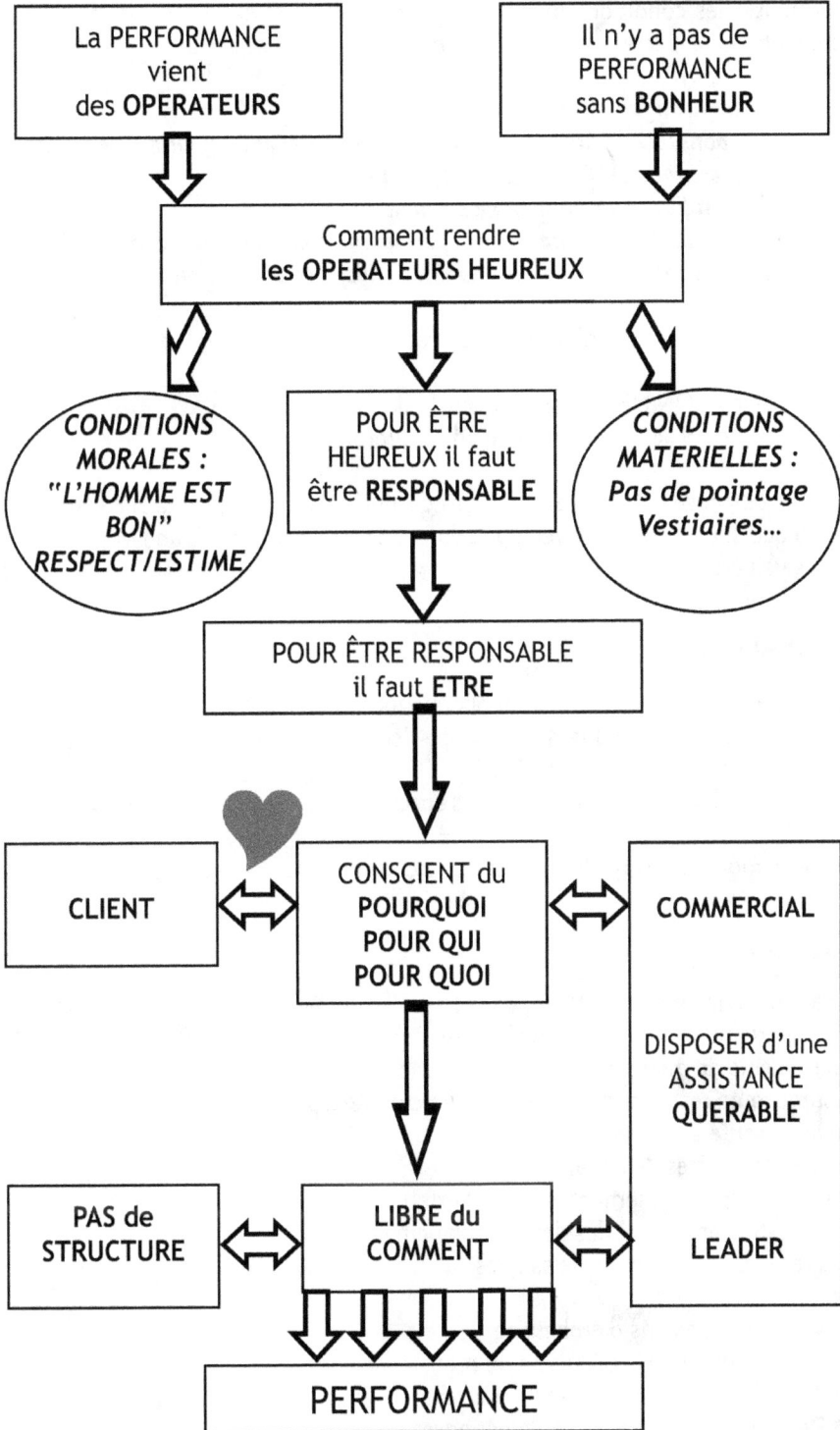

La PERFORMANCE vient des **OPERATEURS**

Il n'y a pas de PERFORMANCE sans **BONHEUR**

Comment rendre **les OPERATEURS HEUREUX**

CONDITIONS MORALES : "**L'HOMME EST BON**" RESPECT/ESTIME

POUR ÊTRE HEUREUX il faut être **RESPONSABLE**

CONDITIONS MATERIELLES : Pas de pointage Vestiaires...

POUR ÊTRE RESPONSABLE il faut **ETRE**

CLIENT

CONSCIENT du **POURQUOI POUR QUI POUR QUOI**

COMMERCIAL

DISPOSER d'une ASSISTANCE **QUERABLE**

PAS de **STRUCTURE**

LIBRE du **COMMENT**

LEADER

PERFORMANCE

Quand toutes les conditions matérielles sont en place, et que les conditions morales sont adoptées, respectées et vécues au quotidien, alors et alors seulement, on peut considérer que :

– *Pour être heureux il faut être responsable !*
– *Pour être responsable il faut être conscient du pour quoi et du pour qui de ses actions !*
– *Donc être en contact DIRECT avec SON client !*
– *Être totalement libre du comment de ses actions !*
– *Donc ne pas avoir de structure entre l'opérateur et son client, et mettre en place, tout au plus, une assistance « quérable » à son initiative, à sa disposition !*

D'où l'idée d'exploser la structure de l'entreprise en **Mini-Usines**, chacune en prise directe avec :
– soit Un client, SON client (Fiat, Citroën, Volkswagen...)
– soit Un secteur d'activité (compteurs d'eau, rotors...)

Bref, quelque chose de défini et de fini avec lequel l'opérateur pourra s'assimiler, étant entendu que si un client se développait dans un secteur d'activité, une Mini-Usine spécifique serait créée.

La mini-usine :

– Comporte de 20 à 35 opératrices et opérateurs
– C'est un lieu géographique qui regroupe l'ensemble des machines et process attachées à un client (ou secteur d'activité)
– Qui a une couleur de sol et de machines spécifiques, et parfois un signe distinctif (logo du client)
– Qui, à un moment donné de son histoire, a coopté un des leurs qui est devenu LEADER

Le leader :

– Est toujours un ancien opérateur qui a travaillé sur machine pendant plusieurs années
– A n'importe qu'elle formation (cela va de C.A.P. de boulanger, à B.T.S.)
– A des talents de meneur d'hommes éprouvés et reconnus
– Assume toute responsabilité, **sans rendre compte à personne**, en terme de :
– Sécurité, santé au travail
– Confort des postes de travail
– Respect de l'environnement interne et externe
– Organisation et respect des délais et plannings
– Salaires et augmentations de salaires
– Gestion des congés
– Définition des besoins d'embauche
    * Etablissement de la définition du profil recherché
    * Accueil, suivi et parrainage du nouveau
    * Décision de maintien après la période d'essai

– Définition des besoins de formation
    * Suivi et parfois participation aux formations
– Etablissement collégial du plan d'investissement
– Suivi et gestion de l'investissement
    * Choix des investissements
    * Choix des fournisseurs
    * Définition du cahier des charges
    * Réception des matériels (avec l'opérateur futur utilisateur)
    * Mise en route du nouveau matériel
– Gestion et exploitation quotidienne de sa propre G.P.A.O
– Gestion des incidents qualité internes et externes
– Définition et animation des plans de progrès, de productivité, d'amélioration de la qualité
– D'animation au sens large de SA mini-usine

Tout cela en prise directe avec son client :
– Les commandes arrivent directement dans l'atelier, sont exploitées, puis seulement après, remontent dans les bureaux pour le traitement administratif
– EN TOUTE INDEPENDANCE sans structure intermédiaire avec le petit Patron, qui est tout à la fois Directeur Général, animateur (il tente de donner une âme au système), montreur d'étoiles, chien de berger qui ramène gentiment les brebis égarées dans le droit chemin, conteur de belles histoires...
– Sans avoir à rendre compte à quiconque en interne, sauf à son client et à ses opératrices et opérateurs
– Sans objectif autre que **« *toujours faire plus et mieux et moins cher pour son client dans le respect de la terre de nos enfants* »**
– Sans indicateurs imposés (il choisit lui-même ceux qu'il veut suivre dans l'éventail proposé par le système informatique)
– Sans contrôle interne, ne sont suivis que des comptes et indicateurs au niveau de l'entreprise.

Sa seule obligation est, dans une philosophie de Métaction, de mettre en place une action par semaine dans sa mini-usine (la moyenne 2006 s'établit à 3 actions par semaine mises en place par mini-usine).

Son but :
Sauvegarder les emplois existants par une démarche systémique de progrès permanent dans les domaines sociaux, sociétaux, économiques, et environnementaux.

Sa sanction :
Perdre des affaires et des emplois par manque de créativité ou de réactivité.
Cela fonctionne selon le schéma suivant :

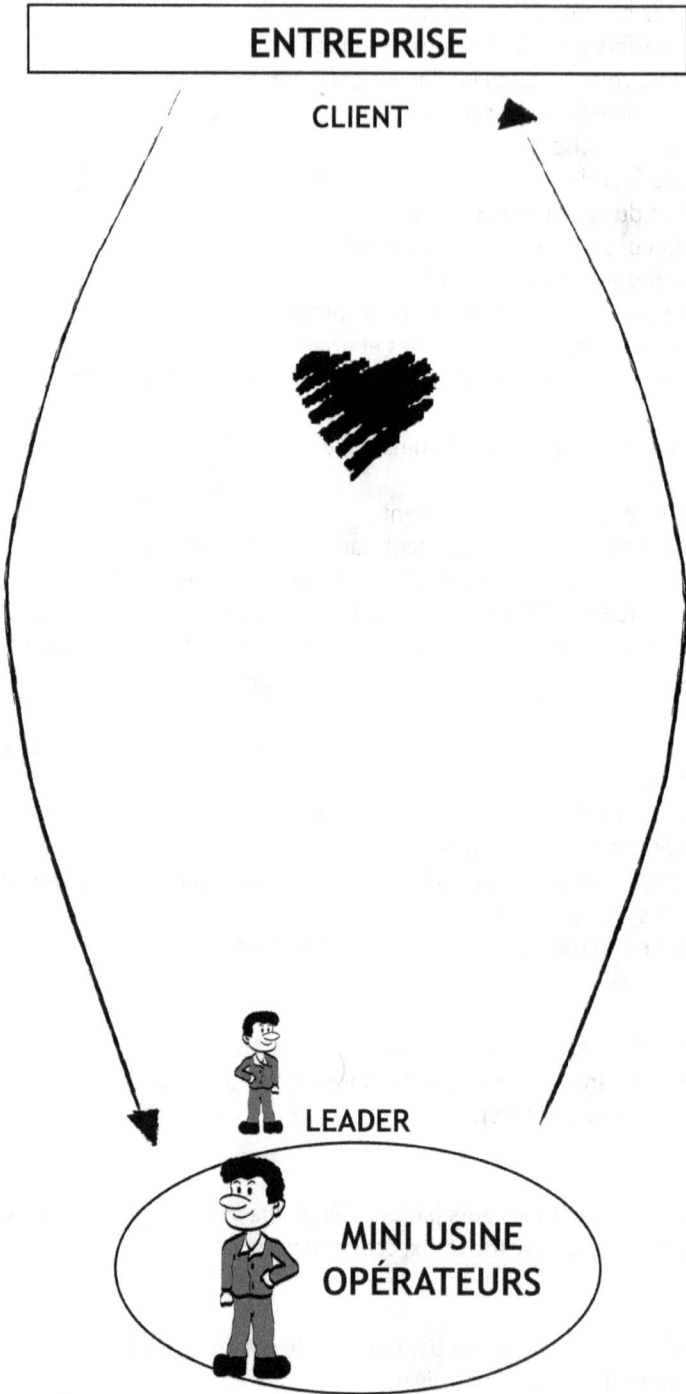

Les commandes arrivent directement dans les mini-usines qui les exécutent et les livrent directement au client.

Au quotidien cette boucle fonctionne très simplement :

Il y a deux cas :
– Les Mini-usines qui livrent hebdomadairement ou mensuellement (compteurs d'eau, pièces diverses, rotors…)

– Les Mini-usines qui livrent quotidiennement en flux tendu (automobile)

– Dans le premier cas, le Leader, à réception de sa commande, planifie son activité et ses besoins en effectif à terme, sachant qu'en dehors des stocks de sécurité (stockés hors usine), on ne lance que ce qui est commandé en flux tiré sans aucun stock intermédiaire.

– Dans le deuxième cas, le Leader, chaque matin, en possession de la confirmation de la quantité à livrer le jour même, lance juste la quantité nécessaire étant entendu que nous nous sommes structurés au cours du temps pour tout fabriquer en une journée depuis le lingot, la fusion, le refroidissement des pièces (injection à 1.000°C), leur découpe, leur traitement d'ébavurage, le ou les usinages, les assemblages et emballages (en mettant à profit la culture apprise des philosophies et outils japonais).

Dans ce deuxième cas, le Leader modifie son nombre de postes en fonction de la commande, il peut être amené à passer en un jour de 2 à 3 équipes instantanément !

Comment :
S'il y a 6.000 pièces à faire dans la journée, les opérateurs et opératrices se répartissent tous seuls sur les différents postes selon leur compétence et envie du moment.

Il a été remarqué qu'en moyenne cette libre répartition du travail fait qu'elles et ils connaissent tous les postes de travail (10 à 15) d'une mini-usine en 2 ans environ.

Il a été de plus remarqué que, toujours en moyenne, les opérateurs migrent d'une mini-usine à l'autre tous les 2 ans, autrement dit quelqu'un qui a 6 ans d'ancienneté connaît 3 mini-usines !

Chaque leader a des tableaux de compétences et peut donc rapatrier dans sa mini-usine le personnel dont il a besoin pour augmenter le nombre d'équipes !

Cela se fait de façon totalement informelle, verbalement du genre : « Dis donc, tu peux me rendre unetelle, untel et untel »

Sachant que « untel » a le droit de refuser de changer, charge à lui de se trouver un remplaçant !

Donc le système se régularise au jour le jour, sans heurt, avec une réactivité maximum, c'est ce qui explique que depuis plus de 25 ans, ils n'aient jamais livré en retard et parfois fait des prouesses impensables dans un système normalement structuré.

De même, chaque mini-usine est libre de son mode de fonctionnement :
certaines alternent les changements d'équipe toutes les semaines, d'autres tous les mois ; même au sein de chaque entité existent des particularismes : il arrive que celui qui construit sa maison négocie avec ses compagnons pour être toujours de nuit, pour bénéficier des primes de nuit, et disposer de plus de temps le jour pour bricoler !

Cette gestion humaine au ras du terrain et par le terrain évite tout heurt, toute tension, et explique sans doute pourquoi il n'y a, à ce jour, pas de syndicats dans l'entreprise, ni jamais eu de tension sociale.

Qui plus est, vu du haut où se trouve le petit Patron, dans sa grande naïveté, il ne peut imaginer comment on peut, dans une entité de plus de 500 personnes gérer ne serait-ce que les congés sans faire d'injustices donc de tensions !

Voila comment fonctionnent les FLUX DE PIECES.

Il y a deux autres flux tout aussi importants :
– LE FLUX AFFECTIF
– LE FLUX D'INFORMATIONS

Ces deux flux sont gérés par l'autre animateur des opératrices et opérateurs :

Le ou la commercial(e)

Elles et ils sont une douzaine, presque tous issus de la fabrication ou des études, et repérés par le petit Patron lors de ses tours d'usine quotidiens !

Elles et ils ont ce don du commerce, qui ne s'apprend pas à l'école !

Leur rôle est de dire à chaque opérateur si son client l'aime, de dire au client qu'on l'aime, et de procéder à des animations pour faire en sorte que cet amour réciproque augmente en permanence !

C'est pourquoi leur bureau **est situé sur le terrain** au cœur de leur mini-usine !

De même leur rôle est de faire entrer le **DEHORS, DEDANS**, en véhiculant le maximum d'informations du client vers ses opérateurs : sur sa stratégie, ses nouveaux produits, ses évolutions...

Et inversement de faire remonter vers le client des informations sur la vie de SA mini-usine.

Cela se fait de façon formelle au cours d'une réunion mensuelle de la mini-usine où le commerçant donne toutes nouvelles du client, et de façon informelle par les tours de mini-usine réguliers du commercial sur le terrain, ou bien à organiser une conférence pour les opérateurs pour expliquer les différences qu'il y a entre différents types de compteurs, de boites de vitesses, etc...

Parfois il invite le client (un ingénieur d'étude, un commercial) à venir directement expliquer aux opérateurs un point particulier, ce qui flatte d'autant plus le client que les opératrices et opérateurs, qui vivent avec leurs pièces 8 heures par jour, posent toujours des questions inattendues de pertinence !

Quand cela est possible le commercial met toute sa mini-usine dans un car pour aller voir chez le client ce que deviennent ses pièces.

Là encore le commercial a un rôle multiple :

Elle ou il est librement responsable de :
– La prospection,
– L'animation de son ou ses agents à l'étranger
– L'accusé réception des demandes prix
– L'établissement des gammes prévisionnelles
– La définition de la marge
– La définition des investissements à réaliser, tant pour les nouvelles pièces que pour augmenter la productivité de SA mini-usine
– La recherche, puis du suivi des fournisseurs ou prestataires de service
    ▲ Emballages
    ▲ Transport
    ▲ Sous-ensembles
    ▲ Etc....
– De toutes les négociations, prix, qualité et productivité, vis-à-vis du client comme des fournisseurs
– De l'animation de sa mini-usine en temps que **« marraine ou parrain »** productivité
– Des revues de contrat
– Des revues de projet en tant que chef de projet aux termes des normes
– Des délais de livraison et de la qualité des produits de SON client jusqu'à la fin de vie de ces produits

Il n'a ni objectif, ni compte à rendre, ni prime de récompense.

Il n'a de pression que celle du client, pour lequel il est l'interlocuteur unique, et qu'il représente sans partage dans l'entreprise.

Si par hasard la ou le commercial(e) demande l'avis du Patron pour une nouvelle affaire, et qu'il ne soit pas en accord avec sa vision sur un **point particulier,** ce dernier fera le maximum pour le convaincre, mais **elle ou lui seul décidera** !

Il est bien évident que pour assumer au mieux toutes ses fonctions, le commercial a intérêt à s'entourer des conseils et avis des différents experts internes, mais en dernier ressort c'est lui et lui seul qui décide !

Etant parrain ou marraine de sa mini-usine, il a les moyens de respecter les engagements pris avec son client.

Ce système permet d'éviter la dilution classique de la responsabilité entre ceux qui vendent et ceux qui fabriquent :

– ceux qui vendent prétendent qu'en fabrication ce sont des incapables !
– ceux qui fabriquent prétendent que les vendeurs vendent n'importe quoi !
Dans l'entreprise, c'est le même individu, il a donc intérêt soit à vendre des choses facilement réalisables, soit à faire évoluer son process pour l'adapter aux évolutions permanentes du marché !

Comme tout le monde il se doit de **« faire plus et mieux pour moins cher pour son client, dans le respect de la terre de nos enfants »**

Tel est son unique objectif !

SON BUT : CREER DES EMPLOIS A VALEUR AJOUTÉE HUMAINE ET FINANCIERE

SA SANCTION : PERDRE DES EMPLOIS

Il y a moins de commerciaux que de mini-usines car, Jean-Luc, par exemple, parrain productivité pour tout P.S.A., a en charge 3 mini-usines.

Tout ce petit monde se tutoie et se côtoie au quotidien avec une gestion essentiellement verbale.

L'ensemble de ce système « rond » peut se présenter schématiquement de la façon suivante, par rapport au système classique « carré », et son mode de fonctionnement est expliqué dans l'histoire de l'entreprise « Y ».

En fait toutes les fonctions classiques d'une entreprise :
– Gestion du personnel   – Achats
– Planning   – Méthodes
– Lancement   – Etablissement des gammes et remises de prix
– Ordonnancement   – Définition et gestion des plans de progrès
– Méthodes   – Gestion des problèmes qualité
– G.P.A.O   – Etc...

existent mais sont totalement décentralisées et assumées par et sur le terrain par le binôme LEADER / COMMERCIAL

ENTREPRISE

CARRÉE

- Primauté du **COMMENT**
- Pouvoir du **CHEF**
- Pouvoir du **DEDANS**
- Homme "mauvais"

RONDE

- Primauté du **POURQUOI, POURQUI**
- Pouvoir du **CLIENT**
- Pouvoir du **DEHORS**
- Homme "bon"

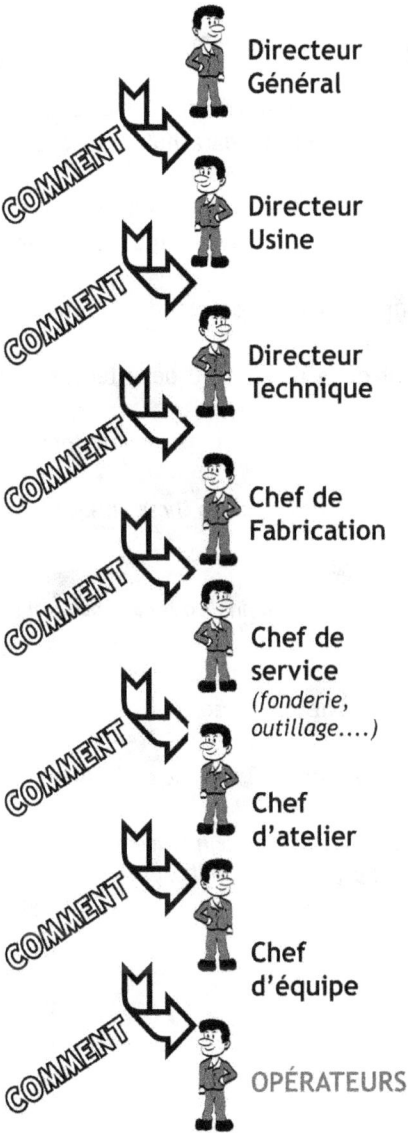

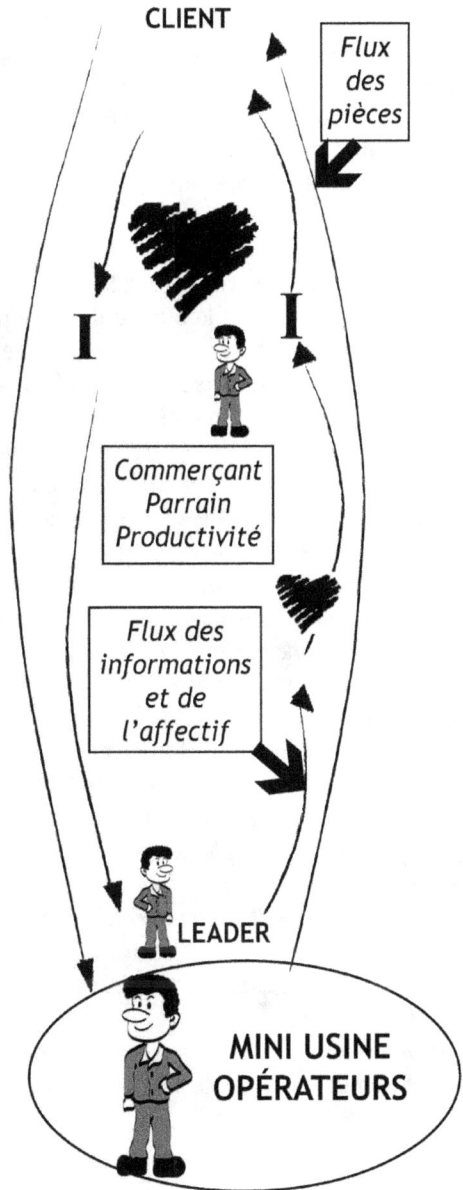

Directeur Général

COMMENT

Directeur Usine

COMMENT

Directeur Technique

COMMENT

Chef de Fabrication

COMMENT

Chef de service
(fonderie, outillage....)

COMMENT

Chef d'atelier

COMMENT

Chef d'équipe

COMMENT

OPÉRATEURS

CLIENT

Flux des pièces

Commerçant Parrain Productivité

Flux des informations et de l'affectif

LEADER

MINI USINE OPÉRATEURS

Ces 21 mini-usines, fonctionnelles et opérationnelles, fonctionnent librement en réseaux informels, sans coordination centralisée qui tuerait toute réactivité et adaptabilité !

Une anecdote vécue pour mieux faire comprendre :
Le petit Patron naïf est aussi un rêveur qui a toujours aimé l'air, le vent, le vol. Après une vingtaine d'années de parachutisme sportif, il est passé à la pratique de l'U.L.M. pendulaire et du « Pou du ciel ». Il a donc une vieille et bonne culture des choses de l'air et des réglementations en vigueur, notamment en France qui est, comme chacun sait, le seul système soviétique qui ait réussi !
Il y a quelques années, il s'était rendu en Belgique à un rassemblement des poux du ciel belges.
A sa grande stupéfaction il vit quelque chose d'impensable en France : des poux du ciel, des planeurs, des avions, des ULM, des hélicoptères et des parachutistes utilisaient l'espace aérien en même temps !
Il disjoncta à un moment quand il vit des gars en chute (certes très haut) à travers les pales d'un hélicoptère en vol, alors que le Pilatus, l'avion qui avait largué les parachutistes, descendait plus vite qu'eux !
Par curiosité, il alla vers le bureau de piste pour essayer de comprendre comment on pouvait coordonner tant d'activités en même temps ?
En fait il y avait trois personnes qui discutaient de la pluie et du beau temps, mais aucune coordination, ni même veille radio !
Courtoisement, prenant profil bas, il s'étonna de ce fait, quand un de ses interlocuteurs qui semblait être le chef s'emporta un peu :
– « *Allez ça va bien hein ! Pourquoi voulez-vous qu'il se passe quelque chose puisque tout le monde a intérêt à faire attention !* »
Comme il insistait un peu, par défi, l'apparent chef reprit :
– « *Allez en France vous êtes toujours plus malins que tout le monde, vous avez bien un gros carrefour ! Non, une fois ?* »
– « *Ben oui* » dit-il « *l'Etoile à Paris !* »
– « *C'est bien là où il y a l'Arc de Triomphe ?* » questionne le pseudo chef
– « *Ben oui !* » répondit-il interloqué
– « *Vous imaginez quelqu'un qui se mettrait en haut de l'Arc de Triomphe et qui dirait :*
« *À partir de maintenant, c'est moi qui commande !* »
Eh ben à tous les coups plus personne ne passerait, et il y aurait plein d'accrochages. Si les gens circulent dans votre carrefour c'est parce que chacun sait ce qu'il veut faire, mais que tout le monde a intérêt à faire attention ! Eh ben ici c'est pareil ! »

La Fonderie s'autogère de la même manière : en ADHOCRATIE, pour reprendre l'expression de Mintzberg.
C'est un système de cellules autonomes qui trouvent toujours la solution « AD HOC » aux problèmes posés par le client ou l'évolution des marchés.

Pour résumer :

L a différence entre la Fonderie et les autres se résume en 8 points essentiels :

SYNTHESE du « SYSTEME FAVI » par rapport aux « ÔTRES »

1) Ôtres : Dirigent ordonnent **contrôlent** et sanctionnent par **le haut**
Favi : On fait en sorte que les choses se fassent d'elles-mêmes
par **le bas seul**, sans **contrôle** ni sanction

2) Ôtres : Font des choix à partir de chiffres ou d'indicateurs (trafiqués
donc faux)
Favi : Deux *valeurs* de choix :
Est-ce que cela sert l'amour du client ?
Est-ce que cela part du principe que l'Homme est bon ?

3) Ôtres : La performance vient de la structure qui impose et **contrôle** le comment
Favi : La performance vient des opérateurs
Il n'y pas de performance sans bonheur chacun sachant
pourquoi et pour qui, est libre du comment, sans **contrôle**

4) Ôtres : Fixent des objectifs individuels contrôlés et sanctionnés par un
système de primes individuelles
Favi : Objectif unique pour tous et chacun : « **Toujours plus et mieux pour moins cher** »
et prime identique pour tous sans considération hiérarchique

5) Ôtres : Tiennent des tas d'indicateurs (faux) basés sur l'argent
Favi : Connaît ses marges par pièces partant du nombre de pièces bonnes par heure
payée

6) Ôtres : Délocalisent leur outil productif
Favi : Volonté de rester à Hallencourt

7) Ôtres : Communiquent
Favi : On crée des liens (entre nous et externes)

8) Ôtres : Cherchent le bonheur de l'actionnaire en premier
Favi : Les opérateurs heureux font des clients heureux, et des clients heureux font des
actionnaires heureux

Mars 2008

BONNE PAROLE N° 1

1) Ôtres : Dirigent ordonnent **contrôlent** et sanctionnent par **le haut**
Favi : On fait en sorte que <u>les choses se fassent d'elles-mêmes</u>
par **le bas seul** sans **contrôle** ni sanction

Chez les Ôtres :

Une commande client passe 2 jours à être enregistrée par le service commercial (qui veut connaître les commandes pour vérifier le montant de ses primes).

Puis la commande est transmise au planning qui, en fin de semaine, fait une réunion de planification des lancements (donc une semaine de perdue déjà) !

Puis le service lancement / ordonnancement dirige et coordonne les différents services concernés par la commande.

Puis chaque chef de service ordonne aux contremaîtres un ordre de fabrication.

Puis les contremaîtres imposent et ordonnent aux chefs d'équipes un horaire.

Et en plus de tout ça, des contrôleurs (dits de gestion) contrôlent avec des tonnes d'indicateurs de gestion des retards, pourquoi le système ne marche pas ! ! ! !

Bref tout est contrôlé, ordonné du haut vers le bas, avec des tensions entre individus, des systèmes de primes iniques à chaque niveau, et surtout l'opérateur, qui est le seul de toute la chaine à créer des richesses, est négligé, méprisé !

A Favi :

Les opérateurs reçoivent directement les commandes dans leurs mini-usines, qu'ils gèrent avec leur leader, en disposant en temps réel de toutes les informations, directement du commercial qui est posté dans la mini usine.

Danger :

– Tomber dans la tentation de centraliser les informations
– Négliger de transmettre au jour le jour toutes les informations sur le client, et pas uniquement dans de grandes messes mensuelles ; d'où l'intérêt de la petite réunion de 5 minutes de prise de poste avec le commercial
– Mettre en place des indicateurs abstraits, alors que toute son énergie doit être concentrée sur un but unique : TOUJOURS respecter le délai de livraison.

Mission du leader :

Toujours chercher avec son commercial :

À faire en sorte que les opérateurs, D'EUX-MÊMES, fassent la bonne pièce et la pièce bonne, au bon endroit, dans le bon délai et au moindre coût !

Avant tout projet d'action, il faut réfléchir afin de faire en sorte que les gens fassent les choses d'eux-mêmes, spontanément, au bon moment.

BONNE PAROLE N°2

2) Ôtres : Font des choix à partir de chiffres ou d'indicateurs (Trafiqués donc faux)
Favi : Deux **valeurs** de choix :
Est-ce que cela sert l'amour du client ?
Est-ce que cela part du principe que l'Homme est bon ?

Chez les Ôtres :
Toute décision, d'organisation interne, stratégique, d'investissement, promotionnelle... est prise à partir d'indicateurs chiffrés abstraits.

Alors on tient des tas de comptes par atelier, par activité, par service, par... On tient même des indicateurs croisés, et comme chacun est jugé par ces indicateurs, tout le monde triche et les indicateurs finissent par être faux !
Tout le monde le sait, mais le jeu continue !

C'est le cas de l'Automobile qui annonce depuis une quinzaine d'année des taux de productivité annuelle à deux chiffres, mais qui augmente chaque année le prix des voitures, et qui dégage de moins en moins de profit alors qu'elle est sensée avoir fait 180 % de productivité ! ! !

C'est le cas des fournisseurs qui livrent toujours en retard et qui parfois même ne livrent pas du tout, mais qui affichent des taux de service qui croissent ! !
Cela occupe une armada de parasites (parasitos = qui vit aux dépends de) chers payés, qui, au lieu de supprimer les dysfonctionnements, les gèrent donc les pérennisent.

A Favi :
Systématiquement, quand on doit prendre une décision on considère deux valeurs :

– Est-ce que cela sert l'amour du client interne ou externe ?
– Est-ce que cela part du principe que l'homme est bon ?

1) L'amour du client :
Le client interne est toujours l'opérateur qui fait les pièces payées par le client, donc le B.E. doit systématiquement proposer la solution que le client aimera le mieux, l'outilleur penser à ce qu'aimera le mieux le fondeur, le fondeur à ce qu'aimera le mieux l'usineur, et l'usineur à ce qu'aimera le mieux l'opérateur du client qui va recevoir et assembler sa pièce.

Tout ce qui ne sert pas cette chaine « d'amour » doit être éliminé.

Exemple : Pascaline faisait parfaitement de beaux états, totalement inutiles puisque les leaders, représentants des opérateurs, ne s'en servaient pas !

Pascaline à abandonné pour faire quelque chose de plus « aimable » pour les opérateurs.

2) L'homme est bon, deuxième critère de choix :
Exemple : est-ce que quelqu'un fait exprès d'arriver en retard ? Non ! Alors on a supprimé les pointages.

Est-ce qu'un commercial ou un cadre fera mieux son travail s'il a une prime directement liée à son activité ? Non, puisque chacun à son niveau fait le maximum ; donc il n'y a qu'une prime identique pour tous basée sur le résultat collectif.

Tout ce qui part du principe que l'homme est mauvais doit être systématiquement écarté !

Danger :
– Mettre en place un indicateur pour suivre un problème plutôt que de régler le problème
– Se laisser polluer par de gros clients qui cherchent à nous imposer leurs indicateurs pour justifier leur propre structure
– Considérer que ces deux valeurs sont un gadget alors qu'elles sont garante de notre système « complexe » (voir bouquin)
– Au nom du frileux principe de précaution, multiplier les contrôles plutôt que de faire confiance à ses collaborateurs.

Mission du leader :

Systématiquement rejeter toute décision qui ne sert pas <u>l'amour du client de sa mini-usine</u> ou qui considère que <u>l'homme pourrait ne pas être bon</u> !

BONNE PAROLE N° 3

3) Ôtres : La performance vient de la structure qui impose et **contrôle** le comment
Favi : La performance vient des opérateurs
Il n'y pas de performance sans bonheur chacun sachant pourquoi et pour qui, est libre du comment, sans **contrôle**

Chez les Ôtres :
On ne s'adresse **qu'aux mains** de l'opérateur !
La structure tient son pouvoir de l'information venant du client, donc elle la conserve.

Elle transforme cette information en ordres abstraits dont elle contrôle et sanctionne l'exécution.

L'opérateur n'est qu'une bête à produire auquel on refuse l'accès au **pour quoi** et au **pour qui** de ses actions.

Des procédures issues de la structure seule, fixent et encadrent le **comment** faire les choses.

A Favi :
On s'adresse **au cerveau et au cœur** des opérateurs !
– *Au cerveau* : Les commandes arrivent directement dans les mini-usines qui sont totalement libres du **comment** honorer les commandes.

– *Au cœur* : Chacun doit chercher l'amour de son client et vérifier si son client aime notre service et nos pièces !

C'est d'ailleurs un des rôles majeur du commercial : dire au client que ses opérateurs l'aiment et font tout pour mériter cet amour, et dire aux opérateurs si leur client les aime et ce qu'on peut faire pour qu'il les aime davantage.

Autre point primordial : **IL N'YA PAS DE PERFORMANCE SANS BONHEUR**

Et pour être heureux il faut être **responsable** de ce que l'on fait, donc **libre du COMMENT faire les choses ! ! ! ! ! ! !**

Donc laisser les opérateurs libres de s'organiser pour faire la production quotidienne, en vous appuyant sur le TPM, le 5S et le SPC comme outils d'autonomie (et surtout pas de contrôle !)

Danger :
– Pris dans les contraintes techniques quotidiennes, le commercial et le leader risquent d'oublier cette mission primordiale dans notre système d'informations régulières claires et motivantes venant du client.
– Laisser au bureau d'étude seul le soin de décider du **comment** faire les pièces, d'où l'intérêt à détacher des techniciens sur le terrain comme Mickael avec Totof.

Mission du leader :
– Veiller à ce que toutes informations sur le client et les produits (**pour qui** je fais ? **pour quoi** je fais ?) soient données quotidiennement en temps réel, de manière conviviale, et non seulement dans de grandes messes mensuelles à coup d'abaques et de pourcentages
– Donner aussi des nouvelles sur la concurrence (un bon concurrent est un concurrent mort, voilà ce que nos concurrents pensent de nous)
– Enfin ne jamais oublier *qu'il n'y a pas de performance sans une forme de bonheur ! ! !*

BONNE PAROLE N° 4

4) Ôtres : Fixent des objectifs individuels contrôlés et sanctionnés par un Système de primes individuelles
Favi : Objectif unique pour tous et chacun : « **Toujours plus et mieux pour moins cher** » et prime identique pour tous sans considération hiérarchique

Chez les Ôtres :

Le principe de base est de « diviser pour régner » donc on morcelle l'objectif commun en objectifs individuels avec tout un système de cotations, de notations et de primes individuelles. La moitié « haute » de l'entreprise finit par contrôler l'autre moitié, sachant (et je vous assure que je n'exagère pas) que l'on encourage et récompense les délations du bas vers le haut afin de mettre aussi le haut sous contrôle !

Cela crée une ambiance détestable, ferment des syndicats, et surtout, pendant ce temps-là, **plus personne ne s'occupe du client !**
D'autre part cette division voulue d'objectifs fait que chacun, pour se valoriser, souhaite que son voisin se plante, quitte à donner un petit coup de pouce pour l'enfoncer.

A Favi :

Nous avons tous, quelque soit notre niveau hiérarchique et notre fonction, un seul objectif : « *Faire toujours plus et mieux pour moins cher* pour chacun de nos client, *à Hallencourt*, dans le respect de la terre de *nos enfants* »
Et nous avons une prime unique pour tous, qui est en quelque sorte la part de gâteau qui reste !

L'objectif étant commun, nous avons tous intérêt à ce que nous réussissions tous dans un même effort solidaire.

Danger :

– Sous prétexte d'émulation, mettre en place des objectifs individuels
– Considérer que les problèmes d'une autre mini-usine ne sont pas ses problèmes, et ainsi perdre notre solidarité, force de cohésion.
– Oublier que le meilleur moyen de faire **plus et mieux pour moins cher** est de veiller à systématiquement éliminer ce qui ne sert pas **l'amour de son client** et tout ce qui ne part du principe que **l'homme est bon** !

Mission du Leader :

S'occuper certes de son client, mais aussi veiller à toujours vérifier « **où est le ballon** » pour éventuellement prêter aide à une autre mini-usine en surchauffe ponctuelle.

Ne jamais perdre de vue que l'on est tous dans le même bateau et non dans des barques individuelles.

BONNE PAROLE N° 5

5) Ôtres : Tiennent des tas d'indicateurs (faux) basés sur l'argent
Favi : Connaît ses marges par pièces partant du nombre de pièces bonnes par heure payée

Chez les Ôtres :

Afin de contrôler tous et chacun, on multiple les indicateurs chiffrés, par lesquels on juge, sanctionne ou récompense tous et chacun.

1) Tous étant jugés par ces indicateurs, tous trichent et mettent en avant des indicateurs difficiles à vérifier donc déconnectés de choses vérifiables : on livre en retard mais on arrive à présenter un taux de service qui augmente.

2) La multiplicité des indicateurs finit par masquer la seule véritable information utile : COMBIEN ON GAGNE PAR PIECE
Car tout l'argent ne provient que de la vente des pièces, on ne vend pas des heures machines ou des heures B.E. **Le client ne paie que les pièces bonnes.**
Pour avoir visité beaucoup d'entreprises je vous assure que la majorité des entreprises font vivre des tas d'indicateurs mais ne connaissent pas leurs prix de revient, ni leurs comptes mensuels !

A Favi :

On ne tient aucun indicateur par mini-usine, par service, pas de suivi des retards ou des ruptures de flux, pas de taux de service ou autre chiffrage abstrait.
Seul compte **LE NOMBRE DE PIECES BONNES** réalisées chaque jour **PAR HEURE PAYEE,** qui résulte de la saisie quotidienne des bons de travail par chaque Leader, d'où l'importance de cette action ! !

Voilà pourquoi on ne l'a pas informatisée, ni procédé à des saisies automatiques à partir des automates programmables de chaque machine.

Cette saisie quotidienne permet d'analyser en temps réel le dysfonctionnement et mieux les progrès constatés, mais aussi permet avec un système de chiffrage à partir des taux budgétés, de connaitre en temps réel nos marges par pièces, pour savoir où porter l'effort, et quelles sont nos marges de manœuvre en cas de négociation.

Danger :

– Perdre de vue que le seul but du TPM est de permettre d'augmenter le nombre de pièces bonnes par heure payée
– Considérer que le TRS est le but car alors on finit par tricher en jouant sur le temps d'ouverture par exemple
– Oublier que le client ne paye que des pièces bonnes, il ne paye ni TRS, ni autre taux, aussi flatteur soit-il !

Mission du Leader :
Etre rigoureux dans la saisie des bons de travail et choisir des indicateurs TPM directement liés aux nombres *de pièces bonnes par heure payée*.

BONNE PAROLE N°6

6) Ôtres : Délocalisent leur outil productif
Favi : Volonté de rester à Hallencourt
Chez les Ôtres :
On raisonne toujours dans le court terme.

On connaît mal ses prix de revient et surtout leur structure ; donc on suit le chant de sirènes, porté par les clients, en s'implantant dans des pays à bas coût de main-d'œuvre.

On oublie que la part de main-d'œuvre directe est de plus en plus faible dans le prix de vente et surtout que le prix de l'énergie et la non qualité y sont beaucoup plus élevés, la productivité par heure payée beaucoup plus faible !

Et surtout on détruit la cohésion sociale de l'entreprise.

A Favi :
On veut rester à Hallencourt
C'est pourquoi nous avons racheté SINGER, fait deux cents chômeurs de l'autre coté de la Manche et rapatrié le travail à Hallencourt.
Cette volonté politique et humaine de rester dans notre village nous sert d'instinct de conservation.
L'homme n'a que deux leviers viscéraux de motivation : **l'instinct de conservation et la reconnaissance.**

1) *L'instinct de conservation* : Favi, grâce au sérieux des opérateurs (c'est eux seuls qui créent la richesse) gagne de l'argent !
Cet argent, en partie redistribué, fait que cette année les opérateurs auront en moyenne l'équivalent de 18 mois de salaire !

Il est donc difficile de parler d'instinct de conservation, c'est pourquoi il faut insister sur cette volonté de rester à Hallencourt !

Si l'on n'était pas sérieux, si le service que l'on propose à nos clients en étant à Hallencourt s'avérait moins bon, forcément nos clients nous contraindraient à quitter notre village...

2) *La reconnaissance* : Ne soyez pas avare de compliments justifiés, de compliments collectifs, de compliments individuels. Rendez votre commercial complice de cette démarche en rapportant la satisfaction du client.

Danger :
– Ne pas rappeler régulièrement la liaison directe qu'il y a entre notre survie à Hallencourt et notre qualité de service.
– Négliger l'importance de l'expression de la reconnaissance.

Mission du leader :
Se poser chaque soir la question : « *Qui ai-je félicité aujourd'hui ?* »
Impliquer sans cesse votre commercial, pour que quotidiennement, il donne des nouvelles inquiétantes sur la concurrence, sur les pressions diverses du client, et rassurantes sur la satisfaction du client, sur la santé et le développement de l'entreprise.

Il faut en toute transparence, sans déformer l'information, l'utiliser pour à la fois exprimer de la reconnaissance et rappeler l'instinct de conservation.

BONNE PAROLE N°7

7) Ôtres : Communiquent
Favi : On crée des liens (entre nous et externes)

Chez les ÔTRES :
On **communique,** on gère l'information avec des techniques que l'on apprend à l'école, des techniques sèches sans âme.
L'information est un produit comme un autre !

A Favi :
On cherche à *créer des liens*.
Avec le **client** d'abord, et le premier lien est l'image qu'il a de nous !

D'où l'importance du respect du délai promis, de la qualité certifiée, de la réactivité en cas de problème. Puis il y a de petites choses comme le fait de mettre des petits objets surprises chaque mois dans les pièces, d'inviter ou d'aller visiter les opérateurs des clients (qui sont nos vrais clients car le gars qui achète une voiture ne sait même pas qu'il y a des fourchettes dans sa voiture !)

Il faut créer des liens avec nos autres partenaires : le fournisseur dont dépend notre qualité, l'inspecteur du travail ou autres fonctionnaires qui tireront une opinion de leur rare visite.

Entre **nous tous** aussi, il faut en permanence renforcer nos liens d'amitiés, d'entraide, de reconnaissance ; d'où l'importance de la fête quand on a réussi un bon coup, le repas collectif, le coup à boire, la félicitation collective, la mini-usine qui se retrouve aux manifestations du CE.

Il fut un temps où tous ensemble, on cassait la croûte deux fois par an de 14h à 2h du matin, une époque où il y avait le bal annuel, le saut à l'élastique...bref toutes choses qui ont fait la cohésion de Favi. Nous sommes devenus nombreux mais cela peut se refaire au niveau de votre mini-usine.

Danger :
– Considérer que les petits objets de chaque mois sont des gadgets inutiles
– Négliger la force de cohésion d'une équipe, et l'importance de l'affectif
– S'installer dans la routine et oublier la force du festif, du ludique
– Manager par la rigueur et non plus par « l'émotion ! »

Mission du Leader :
Il faut régulièrement qu'il se pose la question :
– Que pourrais-je faire pour renforcer nos liens avec notre client ???
– Que pourrais-je faire pour renforcer les liens entre nous dans ma mini-usine, avec les autres mini-usines associées (maintenance, qualité..) ?

BONNE PAROLE N°8

8) Ôtres : Cherchent le bonheur de l'actionnaire en premier
Favi : Les opérateurs heureux font des clients heureux, et des clients heureux font des actionnaires heureux

Chez les Ôtres :
On ne raisonne que dans le court terme, on veut faire du fric, le plus possible et le plus vite possible. On a bien compris que cela ne pouvait se faire que par la satisfaction du client mais celle-ci n'est qu'un moyen pas un but !
Quant au salarié ! ! ! Ce n'est qu'un poste du bilan comme les stocks ou l'immobilisation, et on présente ses machines, ses investissements et non ses hommes !

A Favi :
On est convaincu (et surtout on le prouve depuis 25 ans !) que l'avenir de l'entreprise passe par sa performance, et que la performance vient de ceux qui quotidiennement font les pièces : **les opérateurs**.

Donc la performance vient des opérateurs, et comme il n'y a pas de performance sans bonheur : des opérateurs heureux généreront de la performance, c'est-à-dire de bonnes pièces et des pièces bonnes, au bon endroit, au bon moment, et au moindre coût, donc des pièces que le client aimera !

Et un client qui a jour après jour des pièces « aimables » est un client heureux

Et ce client heureux nous donnera ses beaux sous qui rendront heureux toutes les parties prenantes de Favi : le client, nous tous, nos actionnaires et notre environnement (le gendarme, l'instituteur, le village qui vivent de nos impôts).

Danger :
Négliger cette évidence :

Des opérateurs heureux font des clients heureux et des clients heureux font le bonheur de toutes les parties prenantes de l'entreprise

Mission du Leader :
Il lui faut régulièrement se poser la question : "Que puis-je faire pour rendre mes opérateurs plus heureux ?"

Mission difficile car on ne fait pas le bonheur des gens malgré eux, on ne fait pas le bonheur en disant toujours « OUI » on ne fait pas le bonheur en sécurisant trop !

Peut-être fait-on le bonheur en considérant l'autre comme son égal, en lui faisant partager toutes les informations, en le faisant participer aux décisions, en anticipant ses demandes, en veillant à l'ambiance de sa mini-usine.
Une chose est sûre : **pour être heureux il faut être responsable ! ! ! !**

Donc rendez vos opératrice et opérateurs responsables, de leur poste de travail, de leur organisation, de la décoration de la mini-usine... responsables d'eux-mêmes en quelque sorte !

Histoire de la mini-usine qui fit en un week-end, autant qu'en une semaine

À cette époque, la mini-usine Fiat œuvrait toute la semaine pour remplir un camion qui partait dans la nuit de dimanche à lundi à destination de l'Italie. Cette mini-usine était donc structurée en vitesse de croisière pour une quantité hebdomadaire donnée.

Un lundi matin, alors que le Petit Patron avait été absent le vendredi précédent, en faisant son tour d'usine, les opérateurs de la mini-usine vinrent au devant de lui et tout excités, lui dirent :

« Vous avez vu ? On a fait deux camions ! »

Interloqué, il leur avoua ne pas être au courant, et comme des enfants heureux d'avoir fait une belle et grande chose, ils lui contèrent l'histoire :

Vendredi matin, alors qu'ils finissaient leur production hebdomadaire, ils avaient reçu un fax de Fiat leur demandant exceptionnellement d'expédier deux camions au lieu du seul camion habituel, et tout seuls avec leur leader, ils décidèrent de relever le défi en prévenant les gens qui avaient été postés de nuit et en s'auto organisant pour travailler en 3 huit tout le week-end ! Et dans l'enthousiasme, ils avaient pu avoir la satisfaction de pouvoir charger les deux camions le dimanche soir.

Bien entendu, le petit Patron les félicita, leur fit part de son admiration et à la pause, ils ouvrirent symboliquement quelques bouteilles de champagne.

Pour la bonne forme, il appela l'Inspecteur du travail et lui conta en magnifiant cette aventure spontanée. Ce dernier connaissant la Fonderie et ses particularismes de fonctionnement, lui demanda s'il n'y avait pas eu d'incident et, devant la réponse négative, lui proposa une démarche réciproque antidatée de demande de travail le dimanche. Cette histoire prouve deux choses :

– La première est que si la fonderie avait été structurée comme tout le monde, c'est-à-dire avec un service planning qui gère les demandes clients, assurément, ce service aurait considéré comme impossible de répondre à la demande client. Et s'il avait jugé possible de le faire, il est certain que les opératrices et opérateurs auraient subi cela comme une contrainte et non comme une aventure.

– La deuxième c'est que notre belle fonction publique, souvent décriée, sait faire preuve de souplesse, de flexibilité quand on se comporte avec elle en homme de bonne foi et de bonne volonté.

Bien entendu, les opératrices et opérateurs récupérèrent leurs heures de travail toujours en autogestion avec leur leader, n'ayant eu par principe aucune prime, que personne par ailleurs ne demandait. A cet égard, juste une anecdote que raconte l'infirmière de la Fonderie, qui dans sa carrière, fut pendant un temps affectée aux soins de dialyse dans un hôpital.

Pendant un hiver particulièrement rigoureux, toutes les voies de communication terrestre étant bloquées par la neige, les patients étaient rapatriés par hélicoptère et gardés souvent sur place pour ceux qui nécessitaient des dialyses rapprochées ; cet évènement avait été vécu comme une aventure par l'ensemble du personnel, qui avait vécu sur place pendant toute cette période en campant dans les couloirs.

Les voies de circulation étant rétablies, après une semaine, la situation redevint normale. Chacun gardait un souvenir de fierté du devoir accompli et du bonheur d'avoir vécu une belle aventure humaine, quand la Direction trouva indispensable de négocier avec les soignantes et soignants un système rigide de bonus et de récupération bien « carré », comme seules les services du personnel sont capables d'en pondre ! Ceci mortifia les gens, et gâcha leur beau souvenir, puisque des années après, l'infirmière retenait surtout cette maladresse managériale !

Histoire de Pascaline

Pascaline est une jeune fille qui œuvre au service qualité. Un jour le petit Patron, en la saluant sur son poste de travail, constata qu'elle faisait de magnifiques tableaux, abaques et autres paretos en couleur. Il la félicita pour la belle tenue de ces documents et s'enquit de leur but.

Pascaline relevait les défauts par mini-usine, les classait par nature et, selon ses propos, soumettait ces documents à ses clients : les Leaders de mini-usine, qui, pensait-elle et disait-elle, les utilisaient pour animer leurs réunions régulières avec leurs opérateurs.

Le petit Patron alla donc s'enquérir auprès des Leaders de l'utilisation réelle de ces documents. La réponse fut unanime : « *On n'a pas besoin de ça pour savoir ce qui merde chez nous, et ces papiers vont directement au panier !* »

Le petit Patron retourna donc voir Pascaline et gentiment lui dit : « *Ma chère Pascaline, vous faites parfaitement quelque chose de parfaitement inutile, et vous ne pouvez pas être heureuse à continuer à faire cela, maintenant que vous savez que c'est inutile ! Ce n'est pas de votre faute, c'est de la mienne, j'aurais dû le voir avant ; arrêtez cette action et trouvez-vous quelque chose à faire d'utile à vos clients.* »

Rapidement, Pascaline fit le tour de ses clients leaders, et quelques jours après dit au Petit Patron : « *Dans nos gammes, on impose parfois certains contrôles à certains endroits parce que, il y a des années, on a eu un problème qualité à cet endroit-là, mais les actions correctives mises en place font que l'on n'a plus jamais eu de problème, mais que l'on continue à contrôler ce point pour rien. Je vais donc remonter tous les flux de fabrication, reprendre les gammes d'origine et supprimer tout contrôle superflu ! Qu'en pensez-vous ?* »

Le Petit Patron répondit :
« *Je pense que les opérateurs ne peuvent qu'être heureux de supprimer des tâches superflues et inutiles et donc ce que vous allez faire est aimable, donc c'est une bonne idée*".

Ainsi fut fait.

Le pilotage "en douceur", de l'évolution par le petit patron toujours paresseux, mais pas si naïf !

ou Comment exploiter les messages extérieurs

Ces trois chances inattendues (les augmentations spontanées de cadence, l'augmentation sensible du temps de travail, et surtout la magnifique affaire PEUGEOT), firent passer le taux d'adhésion au changement de la classe dirigeante de 20% à 80%.

Ainsi très rapidement, cette volonté de travailler autrement, cette volonté de transformer les opératrices et opérateurs pour que, partant de leur rôle passif d'exécutants, ils aient la possibilité de devenir des ACTEURS de progrès, puis leurs propres AUTEURS de progrès, ne fut plus jamais le seul fait du Patron, mais la volonté collective de l'ensemble des cadres.

Petit à petit, il les incita à ne pas compter que sur **les mains** des opérateurs, mais aussi sur **leur cerveau** et même *leur cœur !*

Ne faisons pas d'angélisme, il y eut encore pendant de nombreuses années le souci pour certains cadres de se préserver un territoire de *pouvoir*, une grande difficulté à lâcher leur *pouvoir* sur l'organisation des flux et des hommes pour ne se contenter que d'un *pouvoir* de compétence ou d'animation ; mais tous participèrent sincèrement à la réflexion collective pour travailler autrement.

Le rôle du Patron se limita à proposer des axes de changement, puis à pérenniser chaque étape de ce changement, en la formalisant, la modélisant, la portant en interne comme en externe pour qu'elle contribue à notre image d'entreprise à part, à laquelle on peut faire confiance.

Il est certain que le partage d'une culture commune, nouvelle, acquise entre autres auprès de Jean-Christian FAUVET, cimenta l'équipe.

De plus la grosse affaire, car ce n'en était pas une mince que de doubler le C.A. en un an, occupa les esprits, et justifia les remises en cause du statut de certains !

Le travail de Jeannine, de feed-backs réguliers entre le « haut » et le « bas », nourrit aussi la démarche ; par exemple, un message remonta des réunions animées par elle :

« C'est bien joli tout ça, on a compris qu'il fallait gagner le maximum d'argent pour sauvegarder nos emplois de demain, pour se développer, trouver de nouveaux clients, mais si on en gagne, qu'est-ce qu'on aura de plus, nous les opératrices et opérateurs ? »

Il apporta la réponse, lors de son discours semestriel suivant :
« Il n'y a plus de prime, toutes les augmentations sont au mérite, et uniquement au mérite. Maintenant que la différence est faite par le salaire, nous allons prendre 6% de la ligne GW de liasse fiscale (résultat avant provisions) qui reflète la réalité du résultat de notre démarche collective que nous partagerons à EGALITE, que l'on soit opératrice, opérateur, cadre ou directeur. Bien entendu chacun aura une part strictement proportionnelle à son temps de présence pendant l'année, et il faudra 18 mois de présence à l'effectif pour y avoir droit. Exemple : si quelqu'un est absent 4 jours, pour quelque raison que ce soit, sur 220 jours ouvrables, il aura une part diminuée de façon strictement proportionnelle, et la part ainsi libérée sera partagée par ceux qui n'auront jamais été absents, pour quelque raison que ce soit ! »

Ainsi le changement se fit sans rupture apparente, car nous nous auto-corrigions au fur et à mesure que nous avancions !

Nota : Conformément à la loi, cette règle de répartition égalitaire d'une part du résultat fiscal fut codifiée pour bénéficier des avantages liés à l'intéressement, à savoir une franchise de charges sociales.

Toujours conformément à la loi, tous les trois ans, cette règle est renégociée avec la commission spécifique du Comité d'Entreprise. Une année, alors que l'effort collectif avait été particulièrement soutenu, et que l'écart entre l'inflation réelle et celle retenue par nos politiques s'était particulièrement creusée, le petit Patron se rappela de la réflexion de Roland, vieil opérateur plein de sagesse :

« C'est bien qu'on n'ait pas de syndicats car on peut avoir des relations directes, simples et honnêtes ; mais faites toujours comme si vous en aviez un fort et dur, pour rester simple et honnête. »

C'est pourquoi la veille de la réunion avec la commission intéressement du C.E. il se dit :
« Si j'avais en face de moi un syndicat, à tous les coups, cette année il me demanderait de porter le part de prélèvement de la ligne GW de 6 à 8%, et après d'âpres discussions, nous transigerions à 7% ! »

Le lendemain, il annonça aux représentants élus du personnel que, compte tenu des résultats et de l'effort collectif important, le Patron avait décidé d'augmenter la part réservée à l'ensemble du personnel en portant le prélèvement de 6 à 7% !

Et maintes fois il se souvint de cette autre remarque pleine de sagesse de Roland, faite lors de ses tours quotidiens des ateliers :
« C'est le bon ouvrier qui fait le bon patron...
Le boulot du patron c'est de faire en sorte que l'ouvrier soit bon ! »

Nota: Il est évident qu'au cours du temps, la règle du partage en fonction du temps de présence et du délai d'ancienneté a évolué en fonction des évolutions légales qui, petit à petit, au nom du nivellement calamiteux par le bas, impose que quasiment tout le monde ait droit à l'intéressement après seulement trois mois de présence dans l'entreprise !
En revanche le principe du partage à stricte égalité sans considération hiérarchique a été maintenu !

Histoire de la suppression des régleurs

Au début des années 80, le petit Patron avait pris l'habitude de rencontrer un vendredi après-midi tous les mois, quatre autres chefs d'entreprises de la région, de taille similaire à son entreprise mais dans des domaines très différents : fabrication de boites à outils, de serrures, de pièces sanitaires et électriques.

Le but de ces rencontres n'était pas tant de se visiter et présenter ses installations que de, chacun à son tour, témoigner d'une action particulièrement réussie ou mieux d'un brillant échec du genre : « Comment j'ai complètement raté la mise en place de la GPAO ! »

Quand le chef de l'entreprise qui faisait des pièces électriques reçut ses confrères, il leur raconta l'histoire suivante :

« Tout doucement l'entreprise que je dirige s'endormait, s'enfonçait dans l'indolence des sociétés familiales qui perdurent depuis quatre générations et qui considèrent qu'elles sont éternelles, qu'il ne faut pas s'inquiéter, qu'on s'en est toujours sorti et qu'il n'y a pas de raison que cela change. »

Devant la baisse continue des résultats et du carnet de commandes j'avais alerté plusieurs fois l'aïeul, actionnaire principal, en lui proposant des plans d'action, mais en vain !

Sa réponse était régulièrement la même :
« Ne t'inquiète pas Fiston, ça va revenir ! On a déjà connu ça ! »
Jusqu'à ce qu'on s'enfonce profondément dans le rouge, et que les banquiers commencent à faire sérieusement les gros yeux. Alors l'aïeul, pris de panique me demanda quelles étaient mes conditions pour sauver l'entreprise.

Elles étaient simples : avoir carte blanche et liberté de procéder à un plan social indispensable.

Ce point fut pénible à accepter car l'aïeul était d'une génération pour laquelle licencier était un déshonneur plus grand que de déposer son bilan. De plus, je lui demandais de m'accorder le droit de licencier qui je voulais, même et y compris LA FAMILLE. »

Il faut dire qu'en Picardie, il était courant que tout un clan, frères, sœurs, mais aussi belles-filles, gendres, cousins et autres neveux vivent d'une même entreprise qui, généralement, avait leur patronyme comme raison sociale !
Ce point fut dur à faire accepter, mais à tout prendre, l'aïeul considéra que le fait de toucher à la famille prouverait au microcosme local l'impérieuse nécessité du plan de restructuration et estomperait le déshonneur d'un licenciement.

Pour faire simple j'ai donc décidé de licencier TOUTE la famille, et me suis donc trouvé du jour au lendemain sans maîtrise, sans régleurs, sans contrôleurs, bref sans blouses bleues !
(Les quelques rares blouses blanches étant hors du clan).

Contre toute attente j'ai constaté que la productivité augmentait, que les défauts diminuaient, que les machines tombaient moins en panne ! !

J'avais constaté qu'auparavant, les régleurs réglaient juste ce qu'il fallait pour pouvoir intervenir quelques heures plus tard ; alors que l'ouvrier, non seulement savait régler, mais comme sa noblesse était de tenir un rythme de production, réglait pour ne pas être interrompu dans sa fabrication...

*J'ai découvert qu'un rythme régulier et élevé **aidait mieux la journée à passer,** pour reprendre l'expression que j'ai entendue depuis dans l'atelier.*

J'ai découvert que les contrôleurs multipliaient les contrôles pour justifier leur place, que certains membres du service entretien, au moindre prétexte, changeaient des pièces prétendues usées... Bref, j'ai découvert que tout marchait beaucoup mieux sans structure de terrain !

C'est pourquoi je suis en train de réfléchir pour imaginer une totale prise en charge de toutes les fonctions annexes directement par les ouvriers ! »

Fort de ce témoignage, dès le lundi matin le Petit Patron alla voir Claude, le chef de fonderie, lui conta l'histoire et lui dit :

« Si c'est comme ça là-bas, c'est forcément comme ça chez nous ! On va donc commencer par les régleurs en fonderie ! Mais comment les « supprimer » en douceur ? »

Après discussion il fut décidé de prendre une machine pilote, et une seule pour roder la démarche ; étant entendu qu'il fallait prendre un cas crédible pour pouvoir le dupliquer au reste de la fonderie.

Il s'enquit de savoir quel était le meilleur fondeur, Claude lui précisa que c'était Alain, ce qui n'arrangeait pas particulièrement le petit patron car quelques mois plus tôt il avait vécu avec lui une expérience un peu tendue :
Alain était un fondeur dans la quarantaine triomphante, taillé comme un colosse, arbitre de foot respecté durant les week-ends. Un jour qu'il faisait son tour d'usine habituel, il salua Alain qui le dépassait de deux bonnes têtes perché qu'il était sur une estrade métallique pour être à hauteur de manœuvre de sa machine, et qui l'apostropha :

– *« Alors on a encore fait une connerie ! »*
– *« Qu'est-ce qui se passe ? »*
– *« On a déplacé le four, on l'a mis entre la fenêtre et la machine, et maintenant dès qu'il y a un courant d'air, je prends toute la fumée dans la figure ! Comme d'habitude, on n'a rien demandé à celui qui est le plus concerné ! »*

Pris de court, il ne dit rien sur le moment, fit semblant de ne pas avoir entendu le vocable "connerie" ou du moins considéra qu'il ne s'adressait pas directement à lui, et pendant plusieurs jours évita la machine d'Alain dans son tour d'usine.

Il fit déplacer le four, et le lundi suivant, il inclut à nouveau cette machine dans son circuit, salua Alain en lui disant :
« - J'ai réfléchi à ce que vous m'avez dit. Vous avez raison, c'est indiscutable, c'est pourquoi je vous propose dorénavant d'être Monsieur implantation en fonderie. »
« - C'est quoi ce truc ? Qu'est-ce que ça veut dire ? »
« - Ca veut dire qu'avant de bouger quoi que ce soit en fonderie, on vous montrera le plan, vous en discuterez avec vos copains, mais je ne mettrai plus jamais rien en application tant que vous n'aurez pas signé le plan. »

Et de fait depuis systématiquement Alain avait été consulté, y compris pour déterminer l'emplacement des ventelles sur le toit pour évacuer les calories en été, à telle enseigne qu'on l'appelait parfois « Monsieur chaleur », ce dont il était très fier !

Cet intermède passé, les relations étaient devenues un peu plus harmonieuses mais Alain restait un fondeur qui ne souriait jamais, et qui refusait de donner un peu de son savoir à un jeune. Il travaillait SEUL sur SA machine !

Comme pilote de l'opération suppression des régleurs, ce n'était certes pas le cas le plus facile, mais incontestablement si ça marchait avec lui, ça marcherait partout.

Avec la complicité de Claude, on installa à l'aplomb de la machine d'Alain un grand panneau avec un cache en plastique fumé monté sur charnières, qui masquait l'inscription : « PRESSE EN AUTOREGLAGE »,
Puis, quelques jours plus tard, un autre panneau blanc sur pieds qui portait la mention en belles lettres bien propres :

M................. est en autoréglage sur les pièces.............

Le petit Patron éluda cette machine de ses tours d'usine pendant quelques jours, pour laisser à Alain le temps de s'interroger sur les pourquoi possibles de ces panneaux.

Un matin il alla donc saluer Alain, comme si de rien était, et fut bien entendu apostrophé à la virile :
– « *C'est quoi ces conneries ?* » questionna Alain en montrant les panneaux du bout de sa louche
– « *Ah oui les panneaux ! Oh, c'est un pari que j'ai fait avec Claude ; j'ai parié que vous étiez parfaitement capable de faire tourner votre machine sans personne, bien sûr peut-être pas pour toutes les pièces, mais pour certaines du moins !* »
« *– Oui et alors ?* »
« *– Eh bien c'est simple, quand vous pensez que vous pouvez, pour une pièce donnée, travailler tout seul, alors vous marquez le nom de la pièce sur le tableau, vous levez le cache et alors personne n'aura le droit d'intervenir sur votre machine* »
« *– Personne ?* »
« *– Personne !* »
« *– Aucun régleur ?* »
« *– Aucun régleur !* »
« *– Même pas Claude ?* » (Car à cette époque Claude avait la manie de repasser derrière les régleurs pour ajuster les réglages, sans doute sa manière à lui de « faire pipi » autour de chaque machine)
« *– Non, même pas Claude, il me l'a promis !* »

Bien entendu Alain leva le cache et ne le rabaissa plus jamais ! Ainsi fut entamée la démarche progressive de suppression des régleurs qui s'étendit sur quelques années.

Pour terminer l'histoire d'Alain, petit à petit il s'humanisa, accepta de former un jeune, et surtout commença à sourire à tel point qu'un jour, alors qu'il avait réalisé une action particulièrement méritoire, le petit Patron lui proposa une augmentation de salaire en cours d'année ce qui était contraire au système en place, et cela à une condition : qu'il lui explique pourquoi, lui qui faisait toujours la gueule avant, souriait toujours maintenant. Sa réponse fut simple :

« *Sans doute, et tout simplement, parce que maintenant, on me fout la paix et on me laisse bien travailler !* »
Ce que devinrent les régleurs est une autre histoire, qui vous sera conté ultérieurement.

EXPLICATION DE TEXTE :
« En ce pauvre monde qui mérite d'être ménagé, il faut procéder pas à pas, profiter des circonstances et respecter les personnes. »

Cette pensée de de Gaulle que le petit Patron découvrit des années après cette expérience s'applique à la démarche suivie : ils avaient avec Claude, créé les circonstances par les panneaux, ils avaient laissé un peu de temps au temps pour ménager l'interrogation, sans forcer la démarche, qui s'était déroulée naturellement, une fois le décor mis en place, dans le respect de la forte personnalité d'Alain.

Manipulation ? Bien sûr !

Il y a deux mots qui furent remis en vigueur à FAVI :

Manipulation ; car la vie est manipulation, nos enfants, nos femmes, nos amis nous manipulent gentiment.
La manipulation, quand elle n'est pas utilisée pour un profit personnel, mais dans l'intérêt d'autrui ou de la collectivité, ne semble pas condamnable !

Exploitation ; car le but d'une entreprise et de **s'exploiter** au mieux les uns les autres, dans les meilleures conditions, dans l'intérêt collectif !
En effet, n'oublions jamais que l'entreprise se doit d'être sociétalement un centre de profit, permettant de financer l'instituteur ou le gendarme, qui eux créent certes une valeur ajoutée non financière, qu'il faut bien financer !

Ensuite ? Ce fut la politique de la tache d'huile, toute petite, dont la beauté irisée attire le regard et qui, petit à petit s'étend à toute la mare.

De même, petit à petit, l'exemple d'Alain s'étendit à toute la Fonderie, puis à l'ensemble de l'usine, même aux comptables !

Nota : Un chercheur du CNRS, suggéra au petit Patron de ne plus parler de manipulation mais d'induction !

Vous ne manipulez pas, vous induisez des comportements, disait-il ! ! !
M'ouais !...

Histoire du 1ᵉʳ tour à commandes numériques

ou Comment le petit patron en toute naïveté laisse tout pouvoir à ceux qui font.

Quand les machines à commandes numériques sont apparues sur le marché, en bons judéo-chrétiens picards, **ruraux**, ils ont laissé passer quelques années, le temps que les prix baissent et que d'autres qu'eux « débuggent » les problèmes de jeunesse.

Puis partant du principe que *seuls ceux qui font savent*, le petit Patron repéra deux tourneurs qui semblaient compétents pour mener cette étude.

Ils furent discrètement valorisés auprès de leurs compagnons outilleurs, puis Michel, le patron de l'Outillage, réunit ses troupes, leur expliqua les avantages de la C.N. et leur proposa de nommer deux de leurs confrères pour réaliser l'étude. Bien entendu, ceux-ci cooptèrent les deux tourneurs qui avaient été valorisés.

Ils firent donc l'étude, allèrent en Italie, en Allemagne, visitèrent des fournisseurs japonais installés en France, et au bout de deux mois, leur étude étant réalisée, la conclusion se fit dans le bureau du petit Patron.

À l'unanimité ils lui dirent que le meilleur rapport qualité/prix était un tour japonais. Le petit Patron leur fit remarquer que nous étions en Europe, que nous étions dans les années 1980, dans une guerre économique sévère avec le Japon notamment, et que sans aller jusqu'à la triste maxime : « Il est des Japonais comme des Indiens, à savoir qu'un bon Indien est un Indien mort », il aurait souhaité qu'ils choisissent pour le moins un fournisseur européen.
Les compères outilleurs l'informèrent qu'il y avait effectivement une société allemande sérieuse, mais qui n'avait pas *de poupée automatique*.

Ne connaissant pas leur métier et leur faisant confiance, il ne leur demanda pas de lui expliquer ce qu'était une poupée automatique mais au moins de lui dire le prix de cet accessoire, afin d'avoir une échelle de référence. « *9 000 euros* », répondirent-ils.

Au vu du montant global de l'investissement qui était de l'ordre de 300 000 €, le Patron insista pour savoir si cet accessoire était vraiment indispensable, ce à quoi ils lui répondirent : « *s'il n'y a pas de poupée automatique, autant garder le vieux tour !* »

Ébranlé par cette affirmation il leur demanda néanmoins de voir si exceptionnellement la société allemande ne pouvait pas faire un modèle spécial, ce qu'ils firent.

C'était en septembre et la société allemande promit avec difficulté (car pour les Allemands le catalogue c'est le catalogue, et en sortir n'est pas une mince affaire), un modèle pour janvier de l'année suivante. Les deux comparses firent valoir que les Japonais avaient un modèle disponible dès septembre.

Les Allemands proposèrent donc de prêter un modèle d'exposition immédiatement, ce que refusèrent les deux compagnons :
« Si les japonais nous donnent du neuf, vous n'avez qu'à faire du neuf ! »

Comme le ton montait, à un moment donné le patron de l'usine allemande appela directement le petit Patron pour savoir qui était le chef dans cette société !

Ce à quoi il lui répondit que c'était une excellente question, que lui-même n'avait pas la réponse, mais que pour l'étude en question, les chefs qui avaient tout pouvoir, étaient les outilleurs !

De guerre lasse, les Allemands mirent à disposition un tour neuf en septembre, qu'ils échangèrent contre un autre tour neuf en janvier suivant, tour doté de la fameuse poupée automatique et de certains boutons de commande là où les outilleurs le voulaient.

Il est certain que devant la pression, n'importe quel Service Achats aurait cédé à un moment donné, et n'aurait jamais pu obtenir ce qu'avaient obtenu les deux outilleurs.

Et de tout temps, lorsque la Fonderie acheta des gros matériels, ce furent toujours les opérateurs qui allaient utiliser la machine qui définissaient le cahier des charges, parfois en se faisant aider, et surtout qui allaient réceptionner les machines.

Ce faisant ils ne firent jamais de mauvais investissement, et **surtout l'équipement était à peine arrivé qu'il tournait !**
On se souvient d'une machine d'électroérosion ainsi achetée, que le comptable (ch' manieu de crayon !) était venu admirer et en discutant avec l'opérateur il avait négligemment posé sa main sur la machine (main propre, car un « manieu de crayon » ça ne se salit pas les mains) et immédiatement l'opérateur avait passé un coup de chiffon pour bien marquer que c'était SA machine, et qu'il ne fallait même pas la toucher !

Savez-vous que d'après une source sûre (un ancien Préfet de région détaché comme Inspecteur général des services), que Bercy grâce à ses procédures d'achat, finit par acheter les ordinateurs plus chers que le modèle de la gamme au-dessus en vente à la FNAC de Bercy ???

Il y a déjà de nombreuses années, le créateur de la société de location AVIS prétendait dans un ouvrage intéressant intitulé « Comment se passer de sa secrétaire » que l'administration U.S. achetait ses crayons plus chers que si chacun allait s'approvisionner chez le papetier du coin !

Méfions-nous des services achats et faisons davantage confiance à celui qui **fait** car il **sait** son juste besoin !

Histoire du leader qui était redevenu spontanément opérateur et qui a supprimé une tête d'usinage sur deux sur les machines

ou la preuve que Mac Grégor a raison

En 1989, la Fonderie avait deux mini-usines dédiées à un client important, chacune d'elles s'étant spécialisée dans un produit de ce client.

Il y avait donc deux leaders : Fabrice et Jean-Luc. Tous deux étaient sortis du rang, l'un avait un CAP de boulanger et l'autre un BEP de mécanique générale, et après quelques années de fonction d'opérateur sur machine, ils avaient été remarqués, reconnus et cooptés leaders.

Arrive 1990, le premier effet « Saddam », d'où une période de morosité du consommateur, d'où une baisse de la consommation automobile, d'où baisse de la production, d'où auto équilibrage des opératrices et des opérateurs vers les mini-usines qui fournissaient des secteurs plus porteurs, d'où baisse des effectifs des mini-usines de Fabrice et Jean-Luc.

Un jour, lors d'un des tours d'usine du petit Patron, ils l'arrêtèrent et lui dirent :

– « *À l'évidence il n'y a plus assez de boulot pour deux leaders et deux mini-usines. La logique est de fondre nos deux mini-usines en une seule. Qu'en pensez-vous ?* »
– « *Eh bien je pense que vous êtes plus aptes que moi à juger de la situation et de ce qu'il convient de faire.* »
– « *Ok, mais comment allons-nous nous organiser tous les deux ?* »
– « *Honnêtement, je ne sais pas !*
Vous n'avez pas démérité ni l'un ni l'autre, ce n'est pas de votre faute si régulièrement l'espèce humaine se comporte comme des lemmings (qui périodiquement se suicident en masse en sautant du haut d'une falaise) et qu'elle a pris prétexte de l'affaire Saddam pour stocker des pâtes, de la farine, de l'huile, du sucre et ne plus acheter de voitures !

Que faire ? À mon sens, commencez par reconstituer une seule mini-usine et réfléchissez tranquillement, il n'y a pas le feu ! »

Quelques jours plus tard, ils l'arrêtent dans son tour quotidien et lui annoncent qu'ils avaient décidé d'être leader à tour de rôle par alternance de quinze jours, et que l'autre quinzaine, ils redevenaient opérateur ordinaire sur machine.

Ainsi fut fait pendant environ deux mois.

Bien entendu il était évident que les salaires ne changeraient pas et la question d'ailleurs ne s'était posée ni dans l'esprit du petit Patron, ni dans le leur.

Deux mois plus tard, celui-ci constate que depuis trois semaines, Fabrice est posté comme opérateur ! Il s'en étonne. De conserte ils lui répondent :

« Non ça n'allait pas ce système, les mecs étaient paumés, ce n'était pas un bon truc : il ne peut pas y avoir deux chefs ! »

Et Fabrice de préciser :

« On a demandé aux gens qui ils préféraient comme chef; ils ont choisi Jean-Luc, j'ai donc décidé de redevenir opérateur à plein temps ! »

Le petit Patron prit acte de leur décision, les félicita pour leur sagesse et précisa à Fabrice qu'il le remerciait au nom de l'ensemble des membres de la tribu, qu'il appréciait sa très grande honnêteté intellectuelle et que, bien entendu, si l'opportunité se représentait, il reprendrait l'animation d'une mini-usine.

Il lui suggéra, de plus, de profiter de cette période de retour à plein temps en production pour analyser, critiquer, améliorer les postes de travail où il travaillerait et qu'il lui accordait un crédit illimité sous réserve que, par respect pour les autres opérateurs, il fasse sa cadence quotidienne.

C'est ce qu'il fit pendant près de deux ans, et il faisait même plus que la cadence moyenne de la mini-usine. Au bout de trois mois, tout en produisant ses 2000 pièces quotidiennes, il remarqua que pour faire un alésage H7, il y avait systématiquement deux têtes d'usinage : l'une dotée d'un foret, l'autre équipée d'un alésoir. Il s'enquit du pourquoi auprès du B.E. et bien entendu, il lui fut répondu qu'il était impossible en une seule passe d'obtenir la qualité de l'alésage !

Comme dans notre système il n'y a pas de Service Achats, les représentants de fournitures extérieures traitent directement avec les leaders et parfois même avec les opérateurs.

Donc Fabrice, tout en assumant ses productions quotidiennes, fit venir divers représentants et sous-traitants affûteurs et, en liaison étroite avec les uns et les autres, il fit des essais d'un foret alésoir à 2 étages qui permettait de faire les deux opérations en une seule.

Ne sachant pas que cela était impossible, il y arriva !

Ainsi toutes les machines d'usinage furent-elles modifiées pour récupérer une tête sur deux pour toute opération d'alésage des fûts des fourchettes, qui sont fort nombreuses dans l'entreprise, car fabriquant quelques 100 000 fourchettes de boîtes de vitesses par jour, 100 000 fois par jour on procédait à une opération dorénavant superflue !

Curieusement cette idée fut soumise au Trophée Qualité mais le jury d'opératrices et d'opérateurs ne lui accorda qu'une faible reconnaissance.

Explication de texte :
Les Américains ont une formule qui leur est chère :
« Il était un innocent qui ne savait pas que la chose était irréalisable, alors il l'a faite. »

Il faut des B.E. bien sûr, mais souvent ceux-ci, trop spécialisés, sont prisonniers des impossibilités apprises.
C'est une des règles de base du KAIZEN *« C'est celui qui fait qui sait ! »*
– D'où l'intérêt à donner le maximum de pouvoir à ceux qui font !
– D'où l'intérêt à ne pas avoir de structure en production car la structure est payée pour savoir, et ce faisant, par simple instinct de conservation, interdit toute délégation de savoir !

Qui plus est, la structure est composée de gens qui sont allés à l'école, et qui donc ont **appris les impossibilités !**

Toute personne qui a appris un peu de mécanique sait que pour faire un usinage qualité H7, il **FAUT** un foret et un alésoir, donc aucun B.E. ne concevra une machine à une seule tête d'usinage pour ce faire !

Mac GREGOR, le chantre de l'homme « Y », systématiquement considéré comme bon, dit clairement que l'imagination créative est la même chez tous les individus, quelque soit sa formation ! Cette histoire prouve même que moins l'homme est cultivé, moins il connaît d'interdits, plus il progressera.

Autre exemple vécu:
Lorsque l'on produit 100 000 fourchettes par jour, même si l'on n'a que 1 pour mille de pièces rebutées, cela en fait tout de même une centaine par jour.

Afin de recycler ce métal, le B.E. avait conçu une machine pour faire sauter les rivets et désolidariser les parties en acier, revendues en ferraille, des parties en cuivreux, refondues. Démarche tout à fait logique: on démonte mécaniquement ce que l'on avait mécaniquement monté !

Sauf que, comme cette opération était pénible, un jour Eric, un opérateur d'usinage balança les ensembles à démonter directement dans un four : le laiton fondant rapidement, il récupéra à l'aide d'une écumoire les parties en acier, bonnes pour la benne à ferraille !

Il est allé directement au résultat sans s'encombrer de démarche intellectuelle compliquée ! L'opération est cent fois plus rapide et atteint directement son but : recycler l'alliage cuivreux à moindre coût !

Cette innovation, à la base, par et pour la base, constitue l'essentiel de la démarche d'augmentation de performance des **process** de la Fonderie !

Le B.E. lui, a pour vocation l'augmentation de la performance des **produits,** en les remettant en cause, dans le cadre d'un cahier des charges, grâce à des logiciels permettant de simuler les performances des différentes évolutions possibles.

Cette dernière démarche ne fait pas la différence dans la compétition industrielle, car toutes les entreprises ont les mêmes logiciels, les mêmes ordinateurs, voire les même ingénieurs, alors que toutes les entreprises n'ont pas l'intelligence d'accorder à leurs ouvriers et ouvrières la liberté de progresser à leur guise, d'agir librement sur leur environnement pour travailler plus CONFORTABLEMENT !

On remarquera que généralement, c'est la recherche d'un plus grand confort qui amène aux innovations productives majeures: Fabrice a supprimé une tête d'usinage parce que ça l'embêtait d'en régler deux, Eric a tout jeté dans un four car il trouvait pénible de travailler sur cette machine de désassemblage (démonter est toujours plus compliqué et pénible qu'assembler.)

« Le confort est productif » est une des lois de base du KAIZEN

En résumé:

Il y a trois niveaux d'innovation :
– organisationnelle (comment j'utilise mes armes)
– du produit ou du service (trouver de nouvelles armes)
– du process (fabriquer autrement mes armes)

L'innovation **<u>organisationnelle</u>** (comment j'utilise mes armes) **est le fait du <u>patron</u>** : c'est celle qui coûte le moins cher, qui rapporte le plus, mais que l'on a du mal à mettre en place car elle remet en cause la structure !

Exemple : en 2006 FIAT allait très très mal !

Le nouveau grand patron n'a pas licencié un seul ouvrier mais 6 000 cadres de fabrication qui avaient créé 6 000 chapelles nœuds de pouvoir !

En 2007 FIAT a été le constructeur automobile européen qui a progressé le plus ! !

Les 6 000 cadres mettaient de la viscosité dans le système, leur simple suppression à redonné de la fluidité !

L'innovation **produit** (quelles sont les armes nouvelles) **est le fait de la structure** : des ingénieurs avec des logiciels ; mais comme tout le monde a les mêmes ingénieurs et logiciels, la seule manière de se distinguer est de faire travailler les bureaux d'études et laboratoires en 2, voire 3 équipes, si besoin est.

Cela permet de répondre deux fois plus vite ou d'étudier deux fois plus que les concurrents, de plus deux cerveaux qui se succèdent sur la même étude ont une créativité trois fois plus grande qu'un cerveau seul.

L'innovation produit crée l'activité, pas la pérennité ni la richesse !

L'innovation process (comment je fabrique les armes) **est le fait des opérateurs et opératrices** qui ne peuvent passer à l'action que si l'on supprime toute structure en fabrication, puisque celle-ci, payée pour prendre des initiatives, interdit aux opérateurs d'en prendre !

Elle crée la pérennité et la richesse !
Dernier point : le bonheur n'est pas d'émettre **des idées** (surtout quand celles-ci sont jugées par la structure), le bonheur c'est **de faire**, de réaliser, de concrétiser soi-même ses idées d'action, sans filtre ni jugement d'autrui !

C'est un des points forts de la fonderie : la distinction entre **l'idée** et **l'action**.

La plupart des entreprises ont des bourses à idées :

– Les opérateurs qui ont une idée la décrivent dans un document
– Ce document est régulièrement examiné par un comité de cadres qui va chiffrer son coût d'application, combien elle rapporte... comme si des cadres pouvaient être aptes à juger des idées d'ouvriers ! ! !
– Puis, si l'idée est retenue, elle sera mise en place par le service entretien par exemple
– Puis on vérifiera la justesse de l'amortissement prévu
– Puis on définira comment rétribuer l'idée
– Etc...

Bref, un truc compliqué, qui crée la suspicion au point que couramment on entend dire : « *Moi je ne leur donne plus mes idées, car les Méthodes les bloquent et les ressortent 2 ans après en disant que c'est leur idée !* »

Dans la fonderie, on ne parle que des **actions mises en place !**
Comment ont-elles été mises en place ?

Peu importe, c'est la liberté et l'espace de liberté de chacun : ce peut être en dehors du temps de travail, pendant le temps de travail, en ayant pris de l'avance ou en s'étant débrouillé directement avec un gars de l'entretien ou de l'outillage... peu importe.

Quand l'action est en place, son auteur la décrit dans un document avec des photos par exemple, et chaque mois un jury qui n'est jamais le même, se réunit.

Ce jury de 9 personnes est formé comme ça, « en allant » : le petit Patron fait son tour d'usine et au hasard demande qui est libre, avec nécessairement une majorité d'opérateurs et opératrices.

Ainsi ce sont des opérateurs qui jugent des actions d'autres opérateurs ! L'action retenue permet à son auteur-acteur d'être nommé « Homme » ou « Femme » qualité du mois : il ou elle voit son nom gravé sur une belle plaque en laiton portée sur un blason en bois dans l'entrée de l'usine, comme dans le couloir du personnel.

En juillet de chaque année, tous les hommes et femmes « qualité du mois » présentent leur action à un jury soit avec des échantillons, soit avec une visite sur place dans l'usine ; ce jury, composé de personnalités extérieures à l'usine (professeurs, étudiants, journalistes, clients, fournisseurs...) vote à bulletin secret avec un huissier de justice, et 15 jours plus tard le jour de la fermeture pour congés, sur le parking trône une voiture toute neuve (qui a été exposée quelques mois auparavant dans l'usine) et solennellement l'huissier ouvre l'enveloppe et annonce « l'homme (ou la dame) qualité de l'année est... »

Sous les applaudissements, le gagnant se voit remettre les clés et papiers du véhicule par un membre du jury (un client si possible, pour le flatter !) ; de plus il est le seul de toute l'entreprise à disposer d'une place de parking réservée à son nom.

Voila un système simple, convivial qui n'a jamais amené, en 25 ans, aucune contestation, et puis une voiture c'est quand même autre chose qu'une prime de quelques centaines d'Euros !

Cette démarche est conforme à une des quelques règles simples garantes de la cohérence de la fonderie : LOTO et pas LOTERIE :

La loterie est un système où tout le monde gagne peu ; le loto permet à un seul de gagner gros et à tous de rêver de gagner, or c'est le rêve qui est moteur d'action !

C'est pourquoi il faut récompenser **les actions mises en places** et non les idées émises !

De plus, pour récompenser les opérateurs qui, sans qu'ils s'en rendent même compte, ont mis en place une action remarquable, chaque mois les leaders se réunissent et désignent un lauréat que l'on appelle en séance que l'on applaudit et félicite et qui se voit remettre une gratification de 1 000 € !

Loto / Loterie :

C'est **le rêve** qui entraîne les gens.
La loterie est un jeu où tout le monde gagne peu et **personne ne rêve !**

Le succès du loto vient du fait que rares sont ceux qui gagnent, mais ils gagnent très gros et donc tout le **monde rêve de gagner** gros.

Fort de cette évidence, il n'y a, dans la fonderie, que des « règles loto » :
– par exemple, don d'une voiture au gagnant du trophée « Innovation par l'action » en fabrication,
– ou plus simplement pour récompenser le présentéisme, il est attribué tous les deux mois, par tirage au sort parmi les gens de fabrication qui n'ont jamais été absents pendant cette période, 1000 € à une seule personne et non pas 10 € à tout le monde,

De même le trophée Kaizen est doté d'un prix de 1 000 €, pour une seule personne, chaque mois, etc...

Cette règle est l'une des règles de base du système et tout leader qui proposerait une motivation basée sur la loterie sait d'avance, qu'au nom de la cohérence des valeurs de l'entreprise, sa proposition sera rejetée par principe.

« Le sentiment d'équité ne naît pas de la rigueur des lois, mais de la rigueur de leur application »,

Or on ne peut appliquer avec rigueur que des règles simples !

Et celles de la loterie sont compliquées !

Histoire de Bernard
ou **Pourquoi le petit patron naïf se fait toujours accompagner par plus naïf que lui**

Au début des années 80, la Fonderie avait commencé à mettre en place des chantiers 5S et TPM, quand la société de formation qui prestait à l'AFPIM organisa un voyage de découverte au Japon, à la source de ces pratiques.

Le petit Patron s'y inscrivit en explorateur, pour pouvoir juger des intérêts d'un tel voyage, avant d'y envoyer des leaders.

Comme d'habitude lorsqu'il visitait des entreprises et des usines, il décida de se faire accompagner d'un opérateur pour bénéficier d'un double angle d'observation, sachant que le sien risquait d'être trop conceptuel et qu'il était indispensable d'avoir une vision plus pratique pour pouvoir passer à l'action.

Il choisit Bernard, opérateur sur machine d'usinage, d'origine rurale, puisque avant d'être à « l'usine », il avait été ouvrier agricole pendant quelques années et en avait gardé la passion des chevaux et de l'élevage. Pour satisfaire cette passion, le petit Patron avait abonné l'entreprise à quelques revues dédiées mises en libre-service au réfectoire.

Si le petit Patron choisit Bernard, c'était justement à cause de cette origine rurale, car il était persuadé que le secret des japonais était plus dans le *faire* que dans le *penser*, et Bernard verrait mieux que quiconque ce **faire.**

Lors de la réunion préparatoire au voyage, tous deux découvrirent que la dizaine d'autres participants étaient tous du milieu automobile : Directeurs d'usines de plusieurs milliers de salariés, Responsables de Développement, Spécialiste de la Logique Floue (à laquelle l'époque promettait un bel avenir), Responsables Informatique Industrielle, etc... Bien entendu, tout le monde se tutoya et adopta Bernard comme membre à part entière de l'équipe.

Ce dernier se fit faire un passeport (ce qui dans notre région est en soi un évènement distinctif), et le hasard ayant voulu que nos places soient au 1er étage du Boeing, ce vol fut pour lui un émerveillement, car c'était non seulement son premier vol mais il se déroulait dans des conditions optimales.

Ils visitèrent donc un certain nombre d'entreprises et à chaque fois, Bernard, par ses commentaires lors des « débriefings » dans le bus, nous ramenait à un bon sens pratique.

Ils visitèrent Nissan et furent tous stupéfaits par deux choses :

– Premièrement, la rapidité avec laquelle les opérateurs (tous jeunes ! Que faisaient ils des vieux ??) assemblaient les véhicules,

– Deuxièmement, le fait que sur la même ligne de montage se succédaient des véhicules de toutes catégories, c'est-à-dire qui allaient de l'utilitaire à la grosse familiale en passant par des véhicules plus citadins, avec le rythme d'un ballet harmonieux, car tout s'assemblait sans heurts, sans stress apparent et avec une vitesse stupéfiante.

De retour dans le bus dont la partie arrière était aménagée en coin conférence, c'est-à-dire que les banquettes encerclaient une table centrale équipée d'un micro, chacun exprima son étonnement, voire sa stupéfaction sur ces deux points.

Au bout de quelques minutes, Bernard, que le petit Patron voyait du coin de l'œil danser d'une fesse sur l'autre d'impatience, lui demanda :
« *Je peux parler moi aussi ?* »
« *Bien sûr* », lui dit le petit Patron en lui tendant le micro

Bernard sermonna :
« *Dites, les Patrons, vous n'avez rien compris ! Ce qui fatigue l'ouvrier, ce n'est pas d'aller vite, au contraire ! Ce qui fatigue l'ouvrier, c'est quand ça ne va pas comme il veut ! Vous n'avez pas remarqué qu'il y a une petite lumière qui s'allume en face de la pièce qu'il faut qu'il prenne, et que, s'il en prend une mauvaise, ça klaxonne ?*

Vous n'avez pas remarqué que quand il pose une pièce sur le tableau de bord par exemple, elle tient toute seule et qu'il a les deux mains pour visser ?
Moi, quand je m'arrête, énervé, pour prendre un café, ce n'est pas parce que ça va trop vite, c'est parce que ça ne va pas comme je veux !

Si ça se trouve, dans vos usines, les ouvriers il faut qu'il tiennent le tableau de bord avec le coude ou le genou pour mettre les vis ! »

Un silence respectueux suivit son intervention et chacun de penser au nombre de postes de travail où « ça ne va pas » tout à fait comme l'ouvrier voudrait.

Suite à ce voyage, il avait été décidé de se visiter les uns les autres pour voir ce que chacun avait fait des enseignements tirés. Et à chaque fois, bien entendu, le petit Patron se faisait accompagner de Bernard.

À ce titre, ils visitèrent une chaîne de production d'un véhicule moyenne gamme, dans une usine de quelques milliers de salariés dont le Directeur avait fait partie du voyage, et guidait le groupe à travers les chaînes.

Durant la visite, en remontant une chaîne, d'un seul coup Bernard tira ledit Directeur par la manche sur quelques mètres, à la grande stupéfaction de tous car dans ce milieu très hiérarchisé (du moins à l'époque), un Directeur d'usine c'était quelqu'un, et il semblait presque que le silence se faisait devant ce geste efficace et pas très respectueux.

Donc Bernard amena à la virile son ex-compagnon de voyage devant un poste où un opérateur de la bonne cinquantaine, tenait effectivement un élément à assembler avec le coude gauche pendant qu'il tentait de suivre la chaîne et de mettre des vis de fixation.

Et Bernard de lui dire :
– *« Tu crois pas que tu gagnerais ta journée à mettre un bout de scotch double face pour que ça tienne tout seul ? »*

Le Directeur se ressaisit amicalement et, regardant le petit Patron, dit :
– Tu as de la chance d'avoir de tels opérateurs ! Ce qu'il y a, c'est que je ne suis pas convaincu que les Bureaux Méthode sachent que ça existe le scotch double face...

Quelques années plus tard, Bernard fut coopté Leader de la plus grosse mini-usine de l'établissement, et la géra pendant cinq ans de façon remarquable.

Un jour, lors des tours d'usine habituels du petit Patron, Bernard lui dit :
– *« Je suis fatigué. Est-ce que je pourrais pas abandonner le poste de leader et redevenir opérateur ? »*

Et depuis, Bernard travaille de façon tout à fait autonome sur une grosse machine transfert dans une autre mini-usine, en équipe avec son épouse, Rosemonde.

Si cette histoire est contée, c'est un peu pour rappeler qu'il faut certes des ingénieurs et techniciens pour concevoir des process compliqués, mais qu'il faut aussi des gens de terrain pour ne pas perdre le bons sens, et pour que les processus **« aillent comme l'ouvrier veut »**, car si ce n'est pas le cas, ni la rentabilité ni la sécurité ne sont au rendez-vous.

Aucun d'entre nous n'a jamais reproché à son ordinateur d'aller trop vite, mais quelle dose d'adrénaline quand il se plante (ou plutôt quand on le plante, soyons honnête !). Il n'y a rien de pire qu'un ordinateur qui ne va pas « comme on veut ! »

En résumé : une entreprise c'est assez simple en définitive :
– il y a d'un côté la structure dont le rôle essentiel est de maintenir et développer **l'activité** de la collectivité : trouver du boulot pour tout le monde,

– de l'autre, il faut augmenter en permanence **la performance** de ladite collectivité pour lutter contre la concurrence !

« *Toujours plus et mieux pour moins cher* », règle de base du capitalisme, est le fait d'ouvriers heureux et responsables !

Et pour qu'ils soient heureux et responsable, il faut leur ficher la paix, tout simplement ! !

Histoire de Fabienne
ou **Comment le petit patron pousse ses salariés à se révolter !**

Fabienne était une opératrice sur machine d'usinage, particulièrement dynamique et au caractère fort et bien trempé. Elle était régulièrement élue pour représenter le personnel au sein du Comité d'Entreprise et devint l'animatrice et « rédactrice en chef » du journal interne, qui au cours du temps s'est appelé « le Petit Plus », puis « Favi Flash ».

Un jour, au cours des visites d'ateliers du petit Patron, il tombe en arrêt sur le poste de travail de Fabienne et sur un point de détail qu'il n'avait jamais perçu auparavant : Fabienne avait les poignets entourés de papier autocollant marron qui normalement servait à fermer les cartons. Interloqué, il lui pose la question : « *Pourquoi ces manchettes improvisées ?* »

Elle répondit : « *Ben Monsieur le Directeur, ça a toujours été comme ça ! Comme cet alliage est très sec, il fait des petits copeaux piquants qui se glissent dans les manches ce qui est désagréable et gênant.* »

La colère le prend et haussant le ton, lui dit : « *Mais c'est inadmissible que vous acceptiez de travailler dans de telles conditions. Je ne comprends pas que vous, Fabienne, n'ayez jamais réagi et je vous interdis de continuer à travailler ainsi. C'est indigne de vous !* »

Immédiatement, il convoque par téléphone le patron de l'Entretien et le responsable du Bureau d'Etude automatisme au pied de la machine, et leur dit :

« *Vous avez la nuit pour faire quelque chose mais j'interdis que cette machine tourne tant qu'elle ne sera pas modifiée, et compte tenu des commandes, il faut qu'elle soit en état demain matin ! Interrogez Fabienne, à tous les coups elle a la solution au problème !* » Ainsi fut fait et tout rentra rapidement dans l'ordre.

Un samedi matin, alors qu'il avait oublié quelque chose au bureau, le petit Patron repasse par l'usine et par habitude fait un rapide tour d'ateliers et tombe sur Fabienne qui était en train de repeindre sa machine !

Il s'étonne de sa présence, et elle lui avoue que comme sa machine maintenant « marchait » mieux, elle avait envie que, en plus, elle soit belle et propre. Sa démarche était spontanée et bénévole.
Cette machine était devenue SA machine.

Cette histoire prouve encore que la recherche de confort sur son poste de travail est motivante, donc productive, et que nul n'est mieux placé que l'opérateur pour apporter des solutions, lui qui travaille huit heures par jour sur sa machine !

La belle histoire de Philippe, l'homme qui avait gagné une voiture
Ou La preuve que l'Homme est bon !

A cette époque, il y avait un double trophée :

– Un trophée interne dont le 1er prix, conforme à la philosophie du loto et pas loterie, était une voiture type PEUGEOT 305,

– Un trophée à caractère de promotion de notre technique, destiné à tous les étudiants en BTS et DUT, managé par une junior entreprise de l'UTC et dont le 1er prix était une PEUGEOT 205 GTI assurée gratuitement pendant 1 an.
Et le jour de la fermeture de l'usine, devant l'ensemble du personnel assemblé solennellement autour des deux voitures, l'huissier décachetait les enveloppes et l'homme ou la femme qualité de l'année se voyait remettre sa voiture et dans le même temps, l'étudiant vainqueur du trophée se voyait remettre les clés de la 205 GTI.

Pour la petite histoire, il faut savoir que ce trophée dura pendant des années, jusqu'à ce qu'une représentante de l'URSSAF, mandatée par l'état soviétique français (puisque la France est le seul pays soviétique qui ait réussi... jusqu'à présent) tombe sur ces deux trophées. Et bien que tous deux fussent, de fait, un concours avec huissier de justice et jury non membre du personnel, cet agent accepta le caractère de concours pour l'étudiant, mais le refusa pour les salariés et réclama le versement des charges sociales afférentes au montant de la voiture pour les 4 derniers gagnants.

On tenta de le remplacer par un « truc » le plus simple possible, mais très vite jugé compliqué, et donc on revint au principe du prix unique : une voiture !

Une année, Philippe, un opérateur particulièrement imaginatif, le gagna haut la main et se vit remettre la 305 rituelle.

Comme il était particulièrement imaginatif, il proposait des actions d'amélioration d'autres postes de travail, voire même dans d'autres mini-usines.

Ce qui devait arriver arriva : l'année suivante, comme la procédure était anonyme, il se vit plébiscité « homme qualité du mois » par trois fois, ce qui lui donnait toutes les chances d'être à nouveau reconnu par un nouveau jury « homme qualité de l'année ».

De façon inattendue, Philippe, lorsqu'il plancha devant le jury pour présenter ses trois actions d'amélioration, précisa qu'il concourait par principe, car ayant déjà gagné la voiture l'année précédente, il lui semblait normal de laisser ce trophée à un autre compagnon de travail.

Cette déclaration impressionna le jury qui tint à lui décerner une mention spéciale pour son geste.

Pour la petite histoire, il faut savoir qu'afin d'exploiter au mieux les qualités de Philippe, dans l'intérêt de la collectivité comme dans le sien, il fut créé pour lui un poste spécial, autonome, détaché du service entretien, « *d'homme bidouille* » avec son propre petit atelier, pour assister les leaders et les opérateurs lors de mises en place de travaux d'amélioration de poste ou de petites maintenances immédiates conformes à la philosophie primaire et simple de la fonderie :

– de faire en allant ;
– de métaction ;
– d'actions imparfaites mais qui existent tout de suite ;
– de progression pas à pas ;
– de régler les problèmes qui existent, et non de perdre son temps sur ceux qui pourraient exister.

Comment le petit patron "paresseux" a délégué le problème des 35 heures à plus compétent que lui...

Régulièrement, la question des 35 heures était posée en réunion de C.E.

Régulièrement, le petit Patron répondait :

« On ne sait toujours pas ce qu'est une heure de travail selon la loi AUBRY, et comme il est difficile de faire 35 fois un truc qui n'a pas été défini, attendons que ce point soit réglé. Alors, nous trouverons bien une solution entre gens de bonne foi, de bon sens, de bonne volonté et de bonne humeur ! »

En toute candeur, il pensait en effet que la fameuse loi AUBRY 2 préciserait rapidement ce point !

Un matin de décembre 1999, vers 10 h du matin, il faisait son tour quotidien des ateliers, et il discutait avec un fondeur qui lui dit gentiment sur le ton de la conversation :

« Au fait Monsieur, j'ai mon frère qui travaille chez X, et ils sont en train de parler des 35 h, qu'est-ce qu'on va faire, nous ? »

Tout aussi gentiment, il lui fit la réponse traditionnelle, en l'étayant du fait que, normalement, la loi AUBRY 2 devant sortir en début d'année 2000, qu'ils ne devraient pas tarder à être fixés, et qu'ils trouveraient bien une solution entre gens de bonne foi, de bon sens, de bonne volonté et de bonne humeur, comme d'habitude !

Il continua son tour, et toujours aussi gentiment (il n'a toujours vu que des gens gentils dans la Fonderie), un opérateur d'usinage lui pose une question similaire, il fit la même réponse !

Un peu plus loin, une opératrice, dans l'échange de conversation qu'ils avaient à propos de ses enfants à elle de ses petites-filles à lui, dit :
« Au fait, Monsieur le Directeur, pour les 35h... »

Là, il commença à sérieusement s'altérer intérieurement ! !

Enfin, il se retrouva dans un secteur un peu retiré de l'entreprise, de fait dans un « coin » de l'usine, et il salue le brave Roland, qui avait été pendant des années chauffeur tous temps - toutes corvées, avec un dévouement exemplaire à l'entreprise, et qui finissait sa carrière bien remplie sur un poste d'assemblage de pinces de masse.

Et voilà qu'il pose, lui aussi, la même question !

Une colère subite le prend :

« Vous commencez à me gonfler tous, ça fait le quatrième qui m'interpelle sur les 35 heures ce matin ! Allez, arrêtez tout et tout le monde aux expéditions ! »

Roland, stupéfait de sa réaction et un peu inquiet, pose les pièces qu'il avait en mains. Le petit Patron continuait d'aller de poste en poste en répétant virilement la même litanie :
« Allez ! Tout le monde aux expéditions ! »

Il croise un leader et lui lance :
« Videz moi les bureaux, le BE, les commerciaux, allez, tout le monde aux expéditions ! »

Tel le chien de berger, il faisait le tour des ateliers et poussait tout le monde devant lui.

Il n'avait jamais eu pareil coup de sang, et bien sûr, seul Roland pouvait savoir quelle mouche l'avait piqué.

C'est donc avec un regard inquiet que tous les membres de la tribu, un à un, arrêtèrent leurs machines, leurs fours, leur travail sur ordinateur, et se dirigèrent vers le hall des expéditions, avec un peu de réticence et l'impression que doivent avoir les moutons quand le chien tourne autour d'eux pour les pousser vers une destination inconnue en se disant « mais qu'est-ce qui lui prend ? »

Tout occupé à les rassembler, il ne pensait à rien et prit seulement conscience du bruit des machines qui décroissait régulièrement.
Tout le monde s'était spontanément groupé autour d'une palette de compteurs d'eau.

Abandonnant la mission du chien pour celle du berger, il fendit la masse assemblée, et seulement à ce moment-là, lui vint la question :
« Qu'est-ce que je vais leur dire ? »

Il se souvint de l'enseignement de NADOULEK; il décida alors de faire une « montée aux extrêmes » : pas de subtilités, Hiroshima ! !

Il escalada la palette (il se trouvait assez haut car il avait les pieds quasiment à hauteur des visages) et il hurla en regardant Eric, un gars de la qualité en production :

« Eric, combien de mois de salaire avez-vous eu l'année dernière ? »

« Ben ,17 mois et demi ! »

« Et vous ? » en s'adressant à un fondeur

« Ben 18 mois ! »

Posant la même question à d'autres personnes, il vit les visages s'éclairer : *il va nous parler de salaires !*

Il reprit :

« Mon rêve est que vous ayez 20 mois de salaire et même plus, mais ça ne dépend pas de moi : ça dépend de vous !
Maintenant je vais vous faire deux confidences :

Premièrement, la lutte des classes existe toujours !

Mais ce n'est plus entre patrons et ouvriers, c'est entre fonctionnaires et ouvriers ! Et dans cette lutte vous n'êtes pas défendus, car tous les syndicats sont des syndicats de fonctionnaires !
Ils étaient où, les syndicats, quand on vous a fait travailler deux ans et demi de plus, alors que les fonctionnaires n'avaient pas une seconde de plus à faire, et qu'en moyenne ils profitent de la retraite dix ans de plus que vous ?
Alors n'écoutez pas le chant des sirènes : leur seul but est de vous tondre pour continuer à financer leurs avantages ! !

Deuxième confidence : nos politiques sont totalement incompétents ! ! !

Ils sont pour la plupart issus de la fonction publique, et n'ont jamais fait un sou avec un sou !
On ne leur confierait pas un garage ou une épicerie, ils seraient bien incapables de les faire tourner, ils les planteraient en deux mois !
Il faut vraiment être incompétent pour dire que le temps de travail est le temps mis à disposition <u>de l'employeur</u> !

Monsieur ROUSSEAUX, il se fiche de votre temps de travail : ce qu'il veut, c'est que l'entreprise gagne des sous. Et moi, ce que je veux, c'est votre bonheur !

Retenez que le temps de travail, c'est le temps mis à la disposition de celui qui nous paye et nous nourrit : LE CLIENT ! LE CLIENT ! LE CLIENT !

Depuis ce matin, vous avez été quatre à me poser la question des 35 heures : c'est plus votre problème que le mien ! Et de plus je n'ai pas de solution. Alors vous déciderez vous-mêmes : chaque mini-usine, chaque secteur, l'entretien général, l'outillage, chaque service, les commerciaux, les études... vous désignerez un délégué !

Comment ? Je m'en moque !

Vous, les délégués, vous vous réunirez une heure par semaine, pas plus, parce qu'après on dit des conneries. Hervé participera à vos réunions pour faire le secrétariat et vous aider à rester dans le cadre de cette loi stupide, et moi je lirai les comptes-rendus !

Si vous êtes raisonnables, vous conserverez 18 mois de salaires. Si vous êtes déraisonnables mais que vous gagnez en productivité, vous aurez peut-être plus !

Décidez librement, après, on regardera comment faire entrer votre choix dans le cadre de cette loi à la con, et on votera tous.

S'il y a une majorité, on appliquera ce que vous aurez décidé, je ne m'en mêlerai pas du tout !

Mais de grâce, de grâce, ne revenez pas sur tout ce que l'on a fichu en l'air il y a 20 ans, ne rétablissez pas le pointage, les contrôles abjects; trouvez une règle simple qui soit la même pour tous : pour les opératrices et les opérateurs comme pour les commerciaux, et surtout, surtout, faites-moi une règle de bon sens, entre gens de bonne foi, de bon sens, de bonne volonté et de bonne humeur ! »

Là-dessus, il descendit de sa palette et chacun retourna à son poste. Le bruit de fond vital, sécurisant, qui rythme notre quotidien à la cadence des presses à injecter, renaquit doucement au fur et à mesure de l'engagement des machines et tout rentra dans l'ordre !

Première réunion :

En gens de bonne foi, le groupe part du raisonnement suivant :

Quand je vais aux toilettes, quand je me lave les mains, que je casse la croûte... je ne suis pas à la disposition du client !

Ils font les comptes et se rendent compte qu'ils sont de fait à 35 h, voire moins ! ! !

Deuxième réunion :

« *A'n'va point, ch'est point comm'au !* ».

Parce que si je me lève à 5 heures du matin pour être à 6 heures sur mon poste de travail c'est pour le client, et là, ils arrivent à 45 heures.

Troisième réunion :

« De quoi cause-t-on ? »
Et ils font les comptes comparatifs entre 35 et 38 h 30, qui étaient l'horaire en vigueur avec notre Convention Collective, et ils arrivent à un différentiel de **4 semaines.**

Quatrième réunion :

Cela tourne au vinaigre, après trois réunions studieuses, la tension monte et on règle ses comptes.
« *Ouais, ça ne va point, nous, les outilleurs, on fait notre horaire en 4 jours, ce qui fait qu'on a une pause casse-croûte de moins que les autres !* »

Il faut préciser que c'est une règle que le petit Patron avait instaurée en arrivant : tous ceux qui le pouvaient faisaient leur horaire en 4 jours, notamment les dames, qui ont souvent une double vie de maman et d'opératrice, qui apprécient de disposer du vendredi pour faire tranquillement leurs courses. Cela permettait, de plus, en temps que de besoin, de mieux charger les machines en décalant les opérateurs ;

« *Vous êtes gonflés, déjà que vous économisez en essence un aller et retour, vous avez en plus 3 jours de congés d'affilée ... »*

Bref on se quitte fâchés.

Cinquième réunion :

Dans un souci d'apaisement, la discussion démarre directement sur **la ou les solutions potentielles.**

Et c'est là que c'est grand : parce que la logique aurait voulu que l'on s'accroche à la définition précise de ce qu'était une heure de travail, alors qu'en envisageant des solutions, on éludait cette question épineuse !

Bref, du débat émerge une réflexion pétrie de bon sens : puisque la différence entre les deux horaires est de 4 semaines, et que la moitié de quelque chose est raisonnable, **si on prend 2 semaines de congés supplémentaires, c'est raisonnable puisque c'est la moitié !**

De plus, cela permet de ne rien remettre en cause de notre système, et cette règle peut s'appliquer sans distinction à tous les services de l'entreprise.

Hervé, en se faisant aider d'un KPMG quelconque, a vérifié que la chose était compatible avec la loi, l'a mise en forme, fait passer avec succès dans la moulinette syndicalo-administrative, et depuis, chacun prend tout simplement ses 2 semaines de congés supplémentaires, étant entendu que ces 2 semaines ne peuvent être accolées, ni adossées à d'autres jours de congés, et qu'elles sont prises en accord avec le leader, donc en fonction de l'activité de la mini-usine.
Voila comment transformer **une loi soviétique socio-compliquée** *en* **une règle judéo-chrétienne picardisante simple.**

Explication de texte :

Le petit Patron, paresseux au point de déléguer même cette décision majeure d'organisation de la vie de la collectivité, certes a agi à l'impulsion, mais de fait, inconsciemment, sa démarche était un aveu d'incompétence : **il a donné le pouvoir de décision aux seules personnes compétentes, celles qui étaient concernées, et qui, seules, pouvaient trouver la solution simple qui allait bien à tout le monde.**

Il aurait été incapable de trouver cette solution, car le bête cartésien qu'il est aurait forcément attaqué le problème de **l'exposé vers la solution :**

« C'est quoi une heure de travail ? »

Et il n'aurait pas cherché directement la solution logique en essayant de la faire entrer dans l'exposé !

Face à un problème mal défini, chercher directement des solutions potentielles pouvant répondre au problème, relève d'une démarche intellectuelle supérieure, d'un pragmatisme efficace qu'aucune école n'apprend, sauf celle de la vie !

De plus s'il avait trouvé cette solution, *comment la vendre ?*

La force de cette solution est qu'elle est de plus, conforme au mode de fonctionnement de la collectivité picarde : elle vient du terrain, et elle est gérée par les gens de terrain, en fonction du besoin de leur client ! !

Bien entendu jamais un service du personnel digne de ce nom n'aurait imaginé une règle aussi simple !

A tous les coups cela aurait fini par un horaire pour les commerciaux, un autre pour les administratifs, un autre pour les outilleurs, un autre...

Un joyeux micmac qui aurait augmenté son pouvoir, et qui aurait été assurément source de tensions et conflits, que bien entendu ce même service parasite aurait été heureux de gérer !

Cette histoire prouve que l'innovation dite « participative » (en français :
innovation venant des opérateurs et opératrices), ne concerne pas que la technique et les machines, mais aussi l'organisation !

Il ne reste donc plus aucune chasse gardée pour la structure sauf la recherche d'ACTIVITE créatrice d'emplois.

L'entreprise libérale capitaliste se décompose assez simplement en deux grands secteurs d'actions :
1) L'innovation **produits** qui permet le maintien et le développement de **l'activité**
2) L'innovation **process** qui permet la **performance**

L'activité est le problème de la structure.

La performance est le problème des opérateurs, et d'eux seuls, car ce sont les seuls compétents !

La différence se fait davantage par **l'innovation process,** car elle intègre des décennies d'expérience, que par **l'innovation produits** : tout le monde a les mêmes ingénieurs, les mêmes ordinateurs et les mêmes logiciels, mais tout le monde n'a pas des décennies d'expérience collective, ni l'intelligence de laisser s'exprimer cette force créatrice de richesse !

LA PERFORMANCE VIENT DE L'OUVRIER, à condition que la structure lui fiche la paix !

Malheureusement la structure, trop souvent incapable de garantir l'activité, tente de justifier son existence en polluant de son incompétence les process de fabrication !

PS : Il ne faut pas oublier **l'innovation organisationnelle**, unique objet de cet ouvrage ! Celle-ci doit être le fait du « chef », et de lui seul !

La force d'une armée ne résulte pas de la valeur de ses moyens, mais de la façon dont elle les utilise ! *(voir l'art de la guerre de Tsun Zu)*

Histoire des intérimaires qui ont été gardés

ou Comment les opérateurs ont trouvé une solution, là où le petit patron n'en avait pas

1990. 1ère guerre du Golfe.
Crise de consommation, baisse des commandes.

La Fonderie avait petit à petit réduit la voilure, profité de la baisse d'activité pour repeindre, ranger, accélérer les plans de formation, mais courant février-mars ces mesures n'étaient plus suffisantes.

Il y avait, à l'époque, environ 300 membres à part entière de la tribu, et une trentaine d'intérimaires.

L'intérim a toujours été *l'antichambre de l'embauche* et un moyen de s'adapter aux nombreuses contraintes de notre Code du Travail, totalement inadapté au système libéral dans lequel la France vit !

Classiquement les intérimaires faisaient l'objet d'un contrat de 2 fois 3 mois à l'issue duquel les meilleurs bénéficiaient d'un contrat à durée déterminée d'un an, dans le cadre des lois du moment (contrat d'insertion, contrat de qualification etc.)
Ce système permettait de disposer ainsi de 18 mois de période d'essai réciproque avant une embauche définitive et le fameux contrat à durée indéterminée, qui dans notre pays est plus contraignant qu'un contrat de mariage car il est plus facile de divorcer que de se séparer d'un collaborateur.

Ces 18 mois étaient structurés avec des points de passages obligés, conformément au document interne joint « intégration des nouveaux ».
Donc face à la baisse d'activité, ne sachant que faire le petit patron décida de réunir toute l'usine pour tenter de trouver une solution, tous ensemble.

On lui avait fait un podium de quelques palettes.
Il expliqua à la tribu la situation, les mesures qu'on avait prises, l'état des stocks qui étaient plutôt pléthoriques et conclut son intervention en signalant qu'il y avait une tren-

taine d'intérimaires dont on pouvait se séparer très simplement, mais que c'était une bien triste mesure, une forme de ségrégation pour ces jeunes dont on voulait, à terme, faire des compagnons de travail !

Un jeu de questions/réponses s'instaura entre diverses solutions proposées et à un moment donné, Gérard, un outilleur de la cinquantaine demanda :
« *Et si on arrêtait de travailler une semaine sans être payé, est-ce que l'on pourrait garder les intérimaires plus longtemps ?* »

Ce à quoi Le Patron répondit que, effectivement, nous pourrions sans doute les garder un mois de plus, voire plus longtemps, il faudrait faire le calcul, et que cela nous permettrait sans doute d'attendre la reprise qui forcément viendrait, puisque nous savions tous que les crises de consommation basées sur des craintes collectives artificielles ne duraient guère longtemps.

Après débat, il proposa à l'ensemble du personnel de procéder à un vote à main levée. Ce qui fut fait, et à sa grande stupéfaction, **toutes les mains sans exception se levèrent !**

Il décida donc d'arrêter la production pendant une semaine, que chacun resterait chez soi, mais que l'ensemble de l'encadrement et de la maîtrise travaillerait <u>sans être payé</u> pendant cette semaine, étant entendu que quand l'activité reviendrait, ils retravailleraient les uns et les autres des samedis complets pour récupérer les salaires perdus.
Ce qui fut fait dans les quelques mois qui suivirent.

Explication de texte :

Dans ce cas-là, comme dans le cas des « 35 heures », ou dans maints autres cas, bien inconsciemment, le petit Patron avait reconnu son incompétence, et donné le pouvoir à ceux qui étaient en état de décider !
Chaque fois qu'il le fit, il ne fut jamais déçu, car le bon sens et la bonne volonté sont l'apanage de ceux qui **font** au quotidien.

Qui plus est à supposer que nous ayons pris cette décision avec les seuls délégués du personnel, la vendre au personnel eut été considéré comme une contrainte par celui-ci.

Cette démarche est une démarche d'humilité, car le petit Patron avait compris que le vrai management EST humilité.

INTEGRATION DES NOUVEAUX COMPAGNONS :

Déroulement

J -	Sélection de l'intérimaire	Entretien d'évaluation de conformité au C.D.C défini par le leader demandeur	H Coquet
J -	1ère visite	Visite sommaire des lieux. Prise de contact entre le leader et l'intérimaire.	Leader
Jour J	Accueil	Remise du badge, des EPI (sauf chaussures).	Leader
		Consignes SE suivant les fiches d'instruction FSE 421 et 422.	Usinage > Leader Fond. > P Jacquet
		Affectation du Tuteur.	Leader
		Prise de photos d'identité. Signature de la clause de confidentialité / de la charte des collaborateurs.	A Haudiquet A Haudiquet
+ 2 semaines	Connaissance des consignes QSE	Questionnaire QSE avec correction	Leader / Parrain productivité
Entre 2 et 4 semaines	Connaissance FAVI	Présentation des services connexes (administratif, commercial) Classeur avec messages à faire passer	A Haudiquet
- de 1 mois	Engagement moral	Par signature à rester au minimum 6 mois à FAVI pour bénéficier de la formation « 5 jours ».	A Haudiquet
1 mois	Formation « 5 jours »	Culture FAVI / Les produits – les moyens – les services / Les outils de gestion de production / Amélioration QSE	J-P Lemaire

1er jour de la formation	Attaché-case FAVI	Remise d'une petite valise FAVI contenant stylo FAVI, bloc-notes FAVI, tee-shirt FAVI, le blason, une photo de l'usine, le livre de R Dumont, 10 cartes de visites.	Préparation par A Haudiquet / Remise par J-P Lemaire
Chaque soir	Restitution de la journée	Avec TBt ou PJ ou JC ou NL ou HS ou IS, AH, HC, les leaders des personnes en formation, les personnes qui sont intervenues dans la journée	Convocation des personnes par A Haudiquet et J-P Lemaire
	Histoire de FAVI	Exposé sur l'histoire de FAVI présenté par R Dumont avec dédicace de l'ouvrage écrit par Roland : « une vie et FAVI »	A Haudiquet
Dernier jour de la formation	QCM	De validation de la formation et du 1er mois passé à FAVI	A Haudiquet et J-P Lemaire
2 mois après la formation		Bilan de la formation > Comment l'intérimaire l'a vécu, ce qu'il a appris, ce qu'il en a retenu, les manques. Séances de Formation complémentaire	A Haudiquet

Histoire de la formation des dames à la commande numérique

ou **Comment le petit patron "manipula" pour créer les circonstances favorables**

En ce temps-là, les machines à commandes numériques commençaient à se faire de plus en plus nombreuses et il devenait évident que cette évolution toucherait rapidement toutes les machines, car on ne se cantonnerait pas aux seules machines d'outillage ou d'usinage.

Il y avait donc un saut intellectuel collectif à effectuer !

Dans les années 80, ils avaient perçu la même évolution avec l'informatique, qui à l'évidence deviendrait, non plus l'affaire de spécialistes, mais une culture indispensable à tous.

À l'époque, l'entreprise avait acheté 4 ou 5 ordinateurs domestiques (des Commodore semble-t-il), et la règle du jeu était que tous et chacun, surtout les opératrices et les opérateurs, avaient le droit d'emprunter un ordinateur et de l'amener à la maison pour jouer avec, sur une période limitée à une semaine, pour éviter que l'objet ne soit délaissé.

En parallèle François l'informaticien, puisque Windows n'existait pas encore, donnait des cours collectifs pour apprendre à faire un programme calculant un périmètre, une circonférence ou une surface.

Dans le cas de la commande numérique, il était évident qu'il était difficile de mettre des machines à disposition à la maison ! Il fallait donc passer par une formation collective spécifique.

La main-d'œuvre masculine étant essentiellement d'origine rurale, le petit Patron craignait que ce saut dans leur travail quotidien ne leur fasse peur, c'est pourquoi il se dit que si **toutes les dames de Favi** étaient qualifiées opératrices sur machine à commande numérique, aucun homme n'oserait se considérer incapable d'en faire autant. Mais il fallait que ce soit **toutes** les dames !

Or il y avait comme femmes de ménage Christine, mariée à Jacky du Service Entretien, qui logeait sur place pour assurer le gardiennage avec son époux, et Patricia, mariée à Daniel qui était à l'époque en fonderie.

Dans l'esprit du petit Patron, il importait que, même elles, soient concernées par cette formation pour que la démarche soit vraiment exemplaire auprès des mâles.
Il savait que compte tenu de leur conscience professionnelle, s'il leur proposait d'abandonner leur fonction pour être affectées en fabrication, il avait de fortes chances qu'elles considèrent que s'il faisait cela, c'est parce qu'il était mécontent de la qualité de leur travail !

Il fallait donc que la demande vienne d'elles.

C'est pourquoi, lui qui déjà à l'époque ne faisait pas grand-chose et avait du mal à occuper ses journées, vint à 5 heures du matin tous les jours de façon à pouvoir les rencontrer et discuter.

Elles s'en étonnèrent, bien entendu, et il fit une réponse hypocrite du genre : « *Oui, je suis un peu surchargé en ce moment.* »

Au bout de quelques jours, il tâta le terrain avec Patricia en lui demandant depuis combien de temps elle faisait le ménage : « *12 ans* » lui répondit-elle.

Naïvement il lui demanda si elle n'en avait pas un peu assez et ne désirait pas faire autre chose. Instantanément elle lui répondit :
« *Non ! J'aime bien ce que je fais !* »

Il en profita pour la féliciter pour la qualité de son travail et quelques jours plus tard, il tenta une autre approche avec Christine en lui demandant si Jacky - son mari - lui parlait de temps en temps de son travail au Service Entretien et notamment de l'apparition des premières machines à commandes numériques. Et partant de là, matin après matin la conversation s'instaura sur le sujet avec Christine et Patricia, et au bout de quelques jours, il leur dit :

« *Savez-vous que des études japonaises prouvent que les femmes sont plus aptes à travailler sur ce genre de machine que les hommes ?* »

Et petit à petit il fit semblant d'avoir l'idée en même temps qu'elles de faire une formation de toutes les dames de Favi, avant les hommes, ce qui les intrigua, puis les enthousiasma.
Enfin, après 4 à 5 semaines de réveil matinal, Christine finit par lui dire : « *J'en ai parlé avec Jacky, et il trouve que ce serait bien que vous fassiez cette formation ! Et Patricia et moi, on aimerait bien la suivre mais on ne peut pas puisqu'on est femmes de ménage.* »
Ce à quoi il leur demanda de lui laisser une journée de réflexion ;

Le lendemain il leur proposa de sous-traiter le ménage à une société extérieure, étant entendu que comme elle connaissaient bien leur travail, c'est elles qui choisiraient la société extérieure et qui fixeraient le cahier des charges, ensuite elles pourraient être affectées en fabrication afin de bénéficier de la formation, ce qu'elles acceptèrent.

Explication de texte :

Le principe éthique de la fonderie, se résume très bien par cette formule de De Gaulle :

« En ce pauvre monde qui mérite d'être ménagé, il faut avancer pas à pas, respecter les personnes et profiter des circonstances. »

En la matière le petit Patron avait péniblement créé les circonstances.

Histoire de la formation de toutes les dames.

Fidèle au principe de Kawakita, qui dit quelque part : *« Si tu veux faire traverser une rivière aux gens, d'abord, fais-les rêver sur la beauté de l'autre rive, puis veille à ce que personne n'ait peur de l'eau, et seulement quand plus personne n'a peur, apprends-leur à nager et alors ils traverseront tout seuls »*.

Pour montrer la beauté de l'autre rive aux dames, Hervé organisa des visites dans d'autres entreprises qui avaient beaucoup de machines à commandes numériques.

Pour éviter qu'elles aient peur de l'eau, une batterie de Minitels avait été installée, un pour chacune, et elles avaient joué, avec un intervenant extérieur, deux après-midi de suite à passer des commandes fictives aux 3 Suisses ou à La Redoute.

Il est à noter que le 2e après-midi, Fabienne étant un peu plus délurée avait trouvé une adresse rose et on constata que petit à petit ces dames abandonnaient les 3 Suisses et rigolaient bien des commentaires échangés.

Enfin, solennellement, elles furent réunies pour leur annoncer que le mois suivant commencerait leur formation pour devenir à terme opératrice autonome de machine à commandes numériques.

Quelques-unes effrayées s'exclamèrent :
« Mais nous n'y arriverons jamais ! Moi j'ai 45 ans, j'ai toujours travaillé sur machine ça c'est trop compliqué pour moi ! »
Ce à quoi Hervé répondit :
« Mais non ! C'est comme le minitel et même en plus simple ! »

« Ah bon ! Si c'est comme le Minitel !... »

Ainsi démarra cette formation sur deux ans dans le respect des principes de la méthode Schwartz*, et toutes les dames sans exception réussirent leur qualification finale et par la suite aucun homme n'osa jamais considérer qu'il ne serait pas capable de suivre une telle formation.

EXPLICATION DE TEXTE :

La compétition entre sexes peut être un levier ludique important d'évolution sur la voie de la productivité.

* La méthode Schwartz consiste à partager un plan de formation avec un groupe hétérogène en culture (on peut mélanger des opérateurs et des ingénieurs) mais homogène en objectif.

Quand tout le groupe partage bien le désir d'atteindre le même objectif, on fixe, « en allant », jour après jour, le plan de formation de la journée suivante.
Chaque journée se termine par un compte-rendu de ce que l'on a appris, ce qui permet de fixer la suite du programme.
Pour que cela ne soit pas trop lourd, la formation est d'une demi-journée par semaine pendant 2 ans.

Pour la petite histoire, la Fonderie avait servi d'entreprise test pour ce nouveau type de formation, et s'était vu attribuer une subvention de 3 millions de francs en 1985 par le Ministère du Travail.

Quelques années plus tard, un contrôle effectué par des agents du même ministère, rejeta cette formation du plan de formation, parce que ces agents se référaient à une loi de 1978 qui stipulait que, pour être considérée dans le plan de formation, toute formation devait faire l'objet au préalable d'une définition de l'ensemble de la formation.

Ceci n'eut aucun effet pour la fonderie qui dépensait de 8 à 12 % de la masse salariale en formation (donc bien au-dessus des 2% obligatoires, objet du contrôle), mais ce qui permit aux agents de toucher une prime sur le redressement fictif ! ! !

Comment le petit patron, pragmatique gère l'information de sa tribu

ou Le mieux est souvent l'ennemi du bien

***D**e fait, l'information n'est pas trop gérée !*

Il s'est inspiré d'une réflexion de J.C. FAUVET à qui il posait la question, dans les années 80, au temps où il était vice-président du Cabinet Conseil BOSSART :

« On a essayé de la gérer au mieux avec force réunions, notes, pense-bêtes, et, en réalité, elle passait à 98 %, et les 2 % restants ne passaient jamais. Bien entendu, ce sont ces 2% qui généralement représentaient les informations les plus importantes ! ! !

Alors, on a tout déstructuré : veillé à l'emplacement des distributeurs de boissons par rapport à certaines portes, par exemple... et, depuis, il y a un miracle permanent. Chacun sachant que l'information n'est plus gérée veille à la transmettre en temps utile à qui de droit, parfois cela passe de justesse aux pissotières, mais ça passe ! »

Donc, dans la Fonderie Picarde, pas de réunion Cadres hebdomadaire, pas d'ouverture du courrier collégiale, pas de « chef » qui ouvre ou qui vise le courrier départ.... mais il veille à l'emplacement du distributeur de boissons dans les bureaux, à avoir une vue sur la porte des toilettes, et, voyant passer X, il l'apostrophe depuis son bureau *« Tiens, au fait..... »*

Son tour d'usine deux fois, voire trois fois chaque jour, est aussi un moyen de cueillir comme de diffuser l'information à la source.

Un des principes est que l'information est « QUÉRABLE », qu'il ne faut pas l'imposer, mais la mettre à disposition DE TOUS.

Qu'ont-ils fait au cours du temps ?

Au début, comme tout le monde, Le petit Patron animait LA réunion Chefs de services du lundi matin, et très vite, il a réalisé que cela ne servait à rien, sauf à le sécuriser, à flatter son ego de chef de tribu !
Chacun riait de ses bons mots, il était fier de ses belles formules, bref tout le monde perdait son temps.

Il a donc supprimé cette mascarade, à la grande déception de certains, car ils tiraient eux-mêmes gloire de cette réunion vis-à-vis de leurs collaborateurs !

L'ouverture du courrier a été aussi désacralisée : le Patron prédécesseur ouvrait personnellement le courrier en présence de cadres « choisis ».

S'il était absent, le courrier attendait.

Le petit Patron lui, supprima la cérémonie, mais il constata que le pouvoir ainsi libéré était récupéré par Hervé, avec la complicité des cadres « choisis » qui se sentaient flattés d'y participer. Il lui fallut pas mal de persuasion, et même montrer un peu les dents, pour qu'enfin la standardiste puisse SEULE ouvrir le courrier et le ventiler au mieux !

Il y eut pendant quelques années, un journal interne qui s'est appelé « LA FONDERIE INFO » puis « LE PETIT PLUS », au gré des comités de rédaction qui étaient toujours **uniquement** constitués d'opérateurs et surtout d'opératrices.

Les rubriques étaient classiques, on y mettait en valeur un opérateur, une mini-usine, on y réglait ses comptes gentiment mais de façon parfois carrée en attribuant un « carton rouge à... » (à tout niveau, leader comme cadre)
Il y avait les classiques « nos joies » les naissances, « nos peines » .....

Mais toujours, toujours, ce journal était rédigé en toute liberté, sans aucun contrôle, et le petit Patron découvrait son contenu comme les autres, à sa parution. Tout au plus, parfois, lui demandait-on un édito, mais en lui suggérant le sujet !

Depuis quelques années, le journal n'existe plus, mais régulièrement le CE parle de relancer un comité de rédaction...

Il y a un truc qu'il mit en place en arrivant en 1983, c'est le fichier **FAVI INFO**.

A l'époque, il était basé sur un réseau de minitels installés dans les bureaux et ateliers en libre accès : depuis il a été repris par le réseau de PC
N'importe qui peut y accéder pour consulter les infos comme pour **en diffuser.**
Il est à noter qu'il n'y a jamais eu de dérive ni de règlement de compte !

Les rubriques habituelles :

DÉPLACEMENTS			
(Dates	Sociétés visitées	Lieux	Personnes concernées)
VISITES			
(Dates	Heures	Société	Nom des Visiteurs	Objet de la visite)

RÉUNIONS   (Dates   Heures   Objet   Personnes concernées)
DIVERS
BESOINS DE PERSONNEL   (Secteur   Leader)
INFORMATIONS CLIENTS
PETITES ANNONCES PERSO
FÉLICITATIONS A   (Nom   Action)
Et le :   **DOSSIER DU DRAGON**   (Problème   Réglé par...)

VISITES

Cette rubrique permet à tout le monde de connaître le nom des visiteurs, ne serait-ce que pour les *reconnaître* si besoin est, et faire un effort supplémentaire de rangement et de propreté.

Cela d'autant plus que, régulièrement, les commerciaux (parrains productivité) rappellent à leurs opérateurs que, généralement, les visiteurs ne viennent qu'une fois et l'impression qu'ils auront de leur visite restera fixée dans leur esprit pour des années, et conditionnera leurs décisions d'achats pendant des années aussi.

On précise même parfois à quelle heure se fera la visite des ateliers pour que chacun soit à son poste et sécurise le client par son attitude.

RÉUNIONS

Le logiciel Lotus Note informe des participants précis, alors que cette rubrique invite tous ceux qui veulent participer :

– « **Bonne parole du chef** » où le petit Patron rappelle les valeurs fondamentales, sa perception de certains outils, où il philosophe sur la réussite ou le succès, sur le compliqué et le complexe...

– « **Au secours tout va bien !** » que le petit Patron provoque quand tout va trop bien et qu'il n'entend plus de signaux faibles inquiétants ni à l'intérieur, ni à l'extérieur.

– « **Comité de pilotage** » qui, tous les mois, (parfois moins quand tout le monde a le nez dans le guidon et sait ce qu'il a à faire) regroupe les leaders et les parrains commerciaux et où ils font ensemble un tour d'horizon de l'activité des résultats, des projets, des rêves...

– **Réunion mensuelle mini-usine** pour que n'importe qui puisse s'inviter (compta, entretien général, qualité centrale...) pour recueillir comme pour dispenser de l'information.

– Bien entendu les réunions **C.E.** et **CHSCT**.

Ayant remarqué que parfois les délégués attendaient la réunion trimestrielle CHST pour évoquer des situations qui pouvaient se révéler dangereuses, une réunion mensuelle informelle était organisée afin d'anticiper tout danger potentiel.

Bref, toute réunion à caractère général qui concerne tout le monde et personne.

DIVERS

Cette rubrique permet à n'importe qui de s'exprimer, de poser des questions, de donner des infos, de préciser ses absences ou de passer des messages de renforcement de l'instinct de conservation, ou de reconnaissance.

EX : TRANCHE DE VIE :

CE JOUR, LE LUNDI 5 AVRIL À 14H15, JE CROISE SUR LE PARKING UN BRAVE HOMME, LA QUARANTAINE, QUI VISIBLEMENT SORTAIT DE L'ACCUEIL ET QUI ME DIT :
« C'EST VRAIMENT DUR DE TROUVER DU BOULOT,
J'EN SUIS À MA 77 ÈME USINE OÙ JE ME PRÉSENTE ! J'Y ARRIVERAI JAMAIS ! »
POUR LE RÉCONFORTER JE LUI DIS :

« NE VOUS DÉCOURAGEZ PAS, CONTINUEZ, A FAVI,
POUR L'INSTANT ON A FAIT LE PLEIN, MAIS PEUT-ÊTRE QUE DANS QUELQUES TEMPS... »

« OH, JE N'Y CROIS PLUS MONSIEUR ! JE N'Y CROIS PLUS ! ! » ME DIT-IL L'AIR ABATTU

QUE CETTE HISTOIRE NOUS ENCOURAGE LES UNS ET LES AUTRES A FAIRE CHAQUE JOUR DE NOTRE MIEUX POUR CONTINUER TOUS ENSEMBLE A CRÉER DU TRAVAIL POUR TOUS, POUR LES AUTRES.
JFZ
LE FESTIVAL DE L'OISEAU A LIEU DU 17 AU 25 AVRIL
LES ENTRÉES GRATUITES SONT A VOTRE DISPOSITION POUR LE CINÉMA ET LES EXPOSITIONS. CONTACTEZ CAROLE POSTE 202 OU 375
BESOIN DE PERSONNEL
Cette rubrique permet à chacun de prendre conscience de **l'endroit où est le ballon** !
Cela permet de plus à chacun de proposer son sureffectif éventuel

Il est à noter que ce fichier est rarement utilisé car l'équilibrage du personnel entre mini-usines en fonction de l'activité au quotidien se fait verbalement de façon informelle directement entre leaders. Tout au plus tous les 15 jours, ou tous les mois, en fonction de l'activité, Hervé fait une réunion effectif avec les leaders pour gérer ses plannings de formation, puisque c'est grâce à cela que nous gardons une réactivité malgré la loi stupide de Madame AUBRY.

INFORMATIONS CLIENTS

Comme son nom l'indique, les commerciaux veillent à informer la collectivité des bonnes et des mauvaises nouvelles concernant nos clients et marchés, ainsi que de l'état de la concurrence.

PETITES ANNONCES PERSO

Rubrique classique de vente de voitures, d'aquarium, de chiots... complétée par des panneaux d'affichage spécifiques dans l'accès aux vestiaires.

DOSSIER DU DRAGON

C'est un levier important de la démarche de progrès.
Dossier du DRAGON parce que, à l'origine, avant les minitels et autres PC, il s'agissait d'un dossier cartonné positionné à côté d'un dragon en laiton sur le bureau de Jeannine, alors dame GPAO.
Dans ce dossier étaient affichés **au quotidien** les problèmes rencontrés en fabrication, et, conformément à la règle du **un dodo**, les problèmes de **la veille** ! ! !

Cela pouvait être une rupture de flux, une attente pièces, un problème qualité, un défaut d'emballage...

Généralement ils ont entre 0 et 5 problèmes par jour !
La règle était que face à un problème, qui voulait le prenait en charge en indiquant son sigle JPW pour Jean-Pierre, CB pour Claude, JFZ pour le petit Patron.

Alors Isabelle, « Madame ACTION », appelait chacun pour demander ce qu'il allait faire, avec qui, comment et quand.

Ce faisant, elle ouvrait un document plan d'action classique, ce qui lui permettait en temps utile de nous rappeler pour nous demander où nous en étions, si le plan continuait ou était abandonné et pourquoi.

Ainsi toutes les actions étaient menées à leur terme. Isabelle, au courant de tout ce qui se faisait, pouvait ainsi dupliquer, anticiper. Trois mois après, elle s'enquérait de la bonne mise en place de l'action, puis de sa longévité.

La règle reposait sur du volontariat : chacun pouvait prendre en charge le problème qu'il voulait et si un problème n'était pas pris en charge, eh bien il était tout simplement effacé, le jour suivant sans laisser de trace, pas de fichier des problèmes non réglés pas d'informations superflues.

Si le problème était récurent, à force de le voir revenir, il avait toujours quelqu'un pour le prendre en charge.

Dans la plupart des entreprises on transforme le problème non résolu en information.

Et sur 1.000 informations, on en traite 100, qui débouchent sur 10 ACTIONS dont UNE SEULE est pérennisée ! !

Or le profit résulte d'actions pérennisées ! ! !

Le but de cette démarche est d'augmenter les actions pérennisées aux dépens des informations superflues.

Tout ce paragraphe est écrit au passé car ces dernières années Madame GPAO a disparu, les leaders saisissent CHAQUE SOIR les bons de travail de la journée, et ce faisant, réalisent **directement sur le terrain** l'analyse et souvent l'action corrective.

Le dossier du DRAGON existe toujours mais ne reprend que les gros problèmes, notamment en clientèle, pour l'information de tous et non plus pour l'action.

FELICITATIONS À :

Ce chapitre est réservé aux félicitations décernées dans le cadre des différentes démarches de reconnaissance collective ou individuelle ; cela peut être le prix des Parrains Productivité, le Trophée Kaizen, le prix des Cadres ou un coup de cœur spontané des uns ou des autres pour une action remarquée.

Telles sont les rubriques de FAVI INFO, qui sont donc consultables et mises à jour en libre-service, et qui ont été au cours du temps reprises soit sur des tableaux spécifiques installés dans les mini-usines et les services, soit imprimées et affichées sur les panneaux d'informations.

Tous les mois, en début de mois, le petit Patron écrit, une page recto verso donnant des nouvelles de la vie de la société, il y traite des clients, des travaux d'agrandissement, des problèmes qualités, des études de diversifications, systématiquement du prix des Parrains et du trophée KAIZEN. De temps en temps il passe un message fort rappelant nos basiques.

Cette note était tirée en autant d'exemplaires que de membres de la collectivité et mise à disposition dans chaque mini-usine, pour que chacun puisse éventuellement la montrer « à la maison ».

Récemment sur proposition d'un comité anti-gaspi, il a été décidé de l'afficher sur le panneau d'information de chaque mini-usine. Sans doute faudra-t-il changer à nouveau dans quelques temps pour rompre la routine.

EX : LA BONNE FOI

« EN 33 ANS DE CARRIÈRE, JE N'AI PROCÉDÉ QU'À 3 LICENCIEMENTS :
UN CADRE EN 1985 QUI AVAIT ÉTÉ DE MAUVAISE FOI,
UN AGENT QUALITÉ EN 1990 QUI AVAIT FALSIFIÉ DES DOCUMENTS DE CONTRÔLE

LE MOIS DERNIER UN OPÉRATEUR, QUI AVAIT MODIFIÉ LES PROGRAMMES D'UN COLLÈGUE, AU RISQUE DE FAIRE DES PIÈCES MAUVAISES POUR VW, ET CELA POUR GRATTER 1/2 H PAR POSTE AFIN DE POUVOIR BULLER.

EN REVANCHE, JE N'AI JAMAIS ET JE NE SANCTIONNERAI JAMAIS QUELQU'UN QUI FAIT UNE ERREUR, QUOI QU'ELLE PUISSE COÛTER, CAR SEULS CEUX QUI NE FONT RIEN, NE TENTENT RIEN, NE FONT PAS D'ERREUR ! »

Ex : LE BON SENS ou LE SYNDROME DE CELUI QUI RAJOUTE DU SEL !

Vous avez des gens qui rajoutent systématiquement du sel dans tous les plats, avant même d'y avoir goûté. C'est devenu un réflexe !

De même, il y a des opérateurs qui systématiquement, dès qu'ils arrivent, avant toute chose, touchent au réglage de leur machine, comme ça, par réflexe ! Cela conduit à des excès ridicules, coûteux et surtout parfois dangereux.

Ainsi en partant de l'analyse du nombre élevé de projections dans les yeux sur certains postes d'usinage, malgré le port des lunettes de sécurité, on a découvert que certains opérateurs augmentaient régulièrement très légèrement le débit d'huile de coupe végétale, et que l'on arrivait parfois à relever un débit 10 FOIS supérieur à la norme ! Ceci provoque un collage des copeaux sur les pièces, donc un déréglage de la pression d'air comprimé d'alimentation des soufflettes de 4 à 7 bars d'où DEUX FOIS plus de BRUIT, et **des projections dans les yeux !**

Les informations les plus importantes sont imprimées et reprises sur les panneaux d'informations de chaque mini-usine, pour que les gens les plus importants de l'entreprise, les opératrices et opérateurs, soient informés.

De plus et enfin, les commerciaux, garants du fait que l'intérieur s'efface complètement devant l'extérieur, ont leur bureau situé DANS leur mini-usine, **sur le terrain, au milieu de l'atelier**; ainsi eux qui sont en contact permanent avec l'extérieur, diffusent l'information client en temps réel, directement, quotidiennement en disant bonjour aux uns et aux autres chaque matin, sans réunion formelle.

Par les nouvelles inquiétantes de la concurrence ils renforcent l'instinct de conservation.

Par la transmission des messages de satisfaction de nos clients, ils satisfont le besoin légitime de reconnaissance.

Leur but est de créer un LIEN avec l'extérieur, ce qui est tout autre chose que communiquer !

Comment sont gérés les déplacements, dans le respect de la croyance que "l'homme est bon"

ou **Comment mettre en place un système d'autocensure**

Puisque l'homme est bon, dans ce domaine comme dans bien d'autres, Il n'y a donc pas lieu de le contrôler ni de contrôler ses déplacements ; bien au contraire, il faut pousser les gens, TOUS les gens, à sortir voir DEHORS !

Il y a au standard un casier avec des papiers de voiture et les clés : chacun se sert en s'autocensurant naturellement : pour aller à la gare, je prends la 205 (on en a toujours une qui marche) ou la Kangoo. Si on va plus loin, on prend une 406. Si on est nombreux, on prend une des EVASION, et si on va encore plus loin, on prend l'AUDI A8, sans distinction de hiérarchie, dans le respect des besoins de chacun pour assumer sa mission.

On se souvient de l'impact que cela eut chez un client, où des pièces étaient à trier, et qui a vu arriver un commando d'opérateurs en AUDI pour le dépanner plus rapidement ! !
Pourquoi une voiture aussi prestigieuse un peu tape à l'œil ?

Tout simplement parce que le BOSS, fana de belles voitures, a voulu NOUS récompenser et naturellement le petit Patron a mis l'AUDI dans le pool des voitures de sociétés avec comme règle : "À utiliser quand on fait plus de 400 km."

François et Claude l'utilisaient souvent pour aller en Allemagne, en partie pour flatter le client Volkswagen, mais AUSSI pour profiter des 300 CV et se défouler sur les parties d'autoroute sans limitation de vitesse !

Le petit Patron gardait donc sa R25 et quelques temps après, descendit à Reims pour rencontrer le Grand Patron qui, le voyant toujours avec la R25, lui demanda "Elle est où l'A8 ?"

Il lui expliqua qu'elle était en Allemagne pour visiter Volkswagen.

Le grand Patron ne dit rien, mais un mois après, alors que le petit Patron avait pris la Kangoo, car sa R25 avait été réquisitionnée par quelqu'un de la qualité, (ce qui est pratique courante quand toutes les voitures sont utilisées), au restaurant devant un parterre, lui remit solennellement les clés d'une magnifique Audi S8 ! !

Le petit Patron joua le jeu devant les spectateurs, s'amusa 15 jours avec le monstre, car c'était un monstre de 350 CV sans humour ! Autant l'A8 pouvait être docile, autant la S8 manquait d'humour ; à la moindre accélération, elle montait à 7.000 tours avec des reprises qui donnaient l'impression que le volant vous échappait des mains ou que les véhicules que l'on doublait freinaient ! !

Donc au bout de 15 jours (et 3 points en moins sur son permis) il prit rendez-vous avec le Patron pour lui rendre la voiture en lui disant :

"On ne peut pas garder ce truc, les gamins vont se tuer avec ça ! !"

Sa réponse :

"Si je t'ai donné cette voiture, c'était pour toi, pas pour toute l'usine !"

Le petit Patron argumenta que nous étions dans un village, que déjà une A8 sur le parking, c'était beaucoup, et que plus pouvait choquer, d'autant que cela ne correspondait pas à son style de management.

Sa réponse fut grandiose :

"De mon temps quand le patron changeait de voiture, l'ouvrier était fier ! !"

Celle du petit Patron manqua certes de panache :

"Peut-être Monsieur, peut-être, mais au temps d'aujourd'hui, je ne crois pas que cela soit encore vrai et je ne veux pas faire de provoc !"

Pour la petite histoire, cette voiture fit exception à la règle qui veut que l'on donne par tirage au sort les vieilles voitures de sociétés, celle-là personne n'en voulait. Ils finirent, avec bien du mal, à la vendre à vil prix à un collectionneur qui la fait tourner de temps en temps le week-end aux beaux jours.

N'importe qui peut se déplacer mais DOIT IMPÉRATIVEMENT en informer la collectivité, non pas pour un contrôle quelconque, mais que pour chacun puisse s'inviter au voyage en tant que de besoin.

De fait il y a une forme de contrôle informel mais efficace de la collectivité, la régulation se fait par des petites remarques telles que celle que le petit Patron surprit un jour, à leur insu, entre Elise et Dany :

"Dis donc l'A8, c'est pas ta voiture de fonction ! !"

L'intérêt de la chose est que cette mise en libre service des véhicules de société sans préalable, sans contrainte, est un des moteurs de la réactivité du système à tous niveaux. Nous connaissons bien de nobles et grandes structures où des chefs de services de haut niveau doivent attendre 48 h pour décider de leurs déplacements, étant à la merci d'une planification rigoureuse et parfois mesquine.

Histoire de Christine, la femme de ménage commerciale
ou **Cas concret d'holomorphisme**

Au début des contacts avec Fiat, un Ingénieur Qualité devait venir nous auditer. Il avait été convenu d'aller le chercher à Roissy dans l'après-midi, veille de sa visite.

Il devait confirmer l'heure d'arrivée de son avion, chose qui ne fut pas faite, et le petit Patron attendit jusqu'à 19 h de ses nouvelles.

N'en n'ayant pas, il abandonna la veille, et, le lendemain matin vers 8 h 30 vit arriver cet ingénieur parlant le français qui lui raconta que, son avion ayant pris du retard, il s'était posé à Roissy à 20 h 30 et à tout hasard avait appelé l'usine.

Une voix féminine avait répondu en lui demandant où il était et où on pouvait le retrouver. Il avait donc fixé à cette voix un point de rendez-vous à Roissy et vit arriver 1 h 1/2 plus tard une dame qu'il décrivit comme quelqu'un de très sympathique, courtois mais visiblement pas au courant du tout de sa visite.
Le petit Patron interloqué et curieux, mena une rapide enquête pour découvrir qu'en fait c'était Christine la femme de ménage qui, en nettoyant les bureaux, avait entendu le téléphone sonner, avait naturellement décroché, répondu à la personne, et pris en charge le problème en prenant les papiers et les clés d'une voiture de société librement disponible au standard.

Christine s'était comportée de façon tout à fait _holomorphe_. Elle n'était plus femme de ménage, elle était l'Entreprise et donc avait « pris le ballon » (Le propre de l'entreprise holomorphe est en effet que "le chef est celui qui a le ballon.")

Cette histoire valut d'emblée au moins 10 % de plus en notation par l'auditeur, cela d'autant plus que l'anecdote se déroule en 1985 époque où tout le monde était profondément **"X"**.

Explication de texte :
La chose a été possible bien sûr grâce aux conditions immatérielles et morales de responsabilisation de chacun mises en place, mais aussi grâce à une condition matérielle aussi simple que la libre disponibilité des véhicules de société.

C'est là une des forces de ce système :
Sa cohérence entre les mesures immatérielles et matérielles.

Là est un des grands problèmes du management : **sa cohérence !**
La plupart des systèmes tient plus du "zapping management" au gré des modes, et est totalement incohérente ! Or chacun le sent inconsciemment et finit par ne plus adhérer au système.

Qui plus est, les fondamentaux sont les mêmes dans la tribu depuis plus de 25 ans :
Toujours la même devise : **Par et pour le client**
Les mêmes croyances : **L'homme est bon / Chacun doit chercher l'amour de son client (interne comme externe) / La performance vient des opérateurs / Il n'y a pas de performance sans bonheur / Pour être heureux il faut être responsable...**
La même politique : **Toujours plus et mieux pour moins cher, dans le respect de la terre de nos enfants.**
Le même essentiel : **Vivre à Hallencourt et faire vivre Hallencourt,** notre village.
Etc...

Quand le "chef" change, il peut changer l'organisation, mais ne pas toucher aux valeurs de base, car alors tout s'effondre, mais comme la plupart des entreprises n'en n'ont pas...
Ou bien ces valeurs de base se sont dénaturées au cours du temps, comme la SNCF qui est passé de la défense sincère du service public à la défense de ses avantages aux dépens du public !!

En revanche, cela demeure la force des groupes familiaux ; chez MICHELIN, les trois valeurs de base n'ont pas changé depuis l'aïeul fondateur :
– Respect du client
– Respect des hommes
– Respect des faits.

Comment le petit patron pragmatique transforme le "5 s" japonais en "être dans la fonderie comme à la maison" picardisant

ou Comment cultiver nos racines judéo-chrétiennes picardes

De temps en temps, mais rarement pour ne pas galvauder la chose, le petit Patron fait appel au civisme collectif !

Voici l'exemple d'une démarche collective initiée par le document ci-dessous, envoyé à chacun et chacune le samedi matin à la maison, pour que le récipiendaire puisse y réfléchir tranquillement tout le week-end, et partager éventuellement avec son conjoint :

SPECIAL INFOS DU 15 AVRIL 2000

RÊVES :

Le 15 avril est une date un peu particulière pour moi, c'est un peu le jour du bilan :
C'est le 15 avril 1967 que j'ai commencé à travailler.
C'est le 15 avril 1983 que le Grand Patron m'a confié la direction de la Fonderie.
Quand je suis arrivé ici, cela faisait déjà seize ans que je travaillais pour le Grand Patron ; je savais qu'il me laisserait toute liberté pour gérer l'entreprise, du moment que je la développe.
Quand on sait qu'on a toutes les libertés, on peut RÊVER !

Alors, j'ai rêvé !

J'ai rêvé
d'une entreprise où l'ouvrier deviendrait **un opérateur**, qui pourrait s'organiser, régler lui-même sa machine, et s'auto contrôler !
(A l'époque, l'ouvrier travaillait, le régleur réglait, le contrôleur contrôlait, et le "chef" organisait.)

J'ai rêvé

d'une entreprise où chacun serait conscient qu'il travaille pour un CLIENT et non pour une pointeuse.

J'ai rêvé

d'une entreprise, où plutôt que de sanctionner, on se renseignerait sur le pourquoi du retard, car personne ne fait exprès d'être en retard ; et, si besoin, on décalerait d'équipe le jeune papa dont la petite fille pleure la nuit, ou le service entretien dépannerait la mobylette en panne, cause du retard !

(A l'époque, les ouvriers pointaient, et étaient sanctionnés pour tout retard (5' de retard = 5' de salaire en moins, 10' = -15' sur le salaire, 15' = -30', etc...).

J'ai rêvé

d'une entreprise où toutes les primes seraient dans le salaire, pour que la mère de famille soit assurée chaque mois des mêmes revenus.

(A l'époque, jusqu'à 25% du salaire était constitué d'une prime (dont une grande partie dépendait de "l'humeur" du chef) qui était accordée ou non, chaque mois).

J'ai rêvé

d'un système de partage des résultats, juste et équitable. Je dois avouer que je n'aurais jamais rêvé que ce "bonus" puisse atteindre (en référence au salaire moyen de la métallurgie) l'équivalent de 18 mois de salaire !

J'ai rêvé

d'une entreprise où il n'y aurait plus jamais de chômage, et où, si un jour ce malheur arrivait, il serait supporté par tous, et non que par les ouvriers !

(A l'époque, il y avait systématiquement du chômage partiel tournant par atelier, pour maintenir une "pression salutaire" sur les ouvriers).

J'ai rêvé

d'une usine où tout serait ouvert, même les bureaux, où chacun pourrait librement disposer de tous les outils qu'il juge utile d'avoir !

(A l'époque, tout était fermé à clé dans des magasins, même le matériel de sécurité et les consommables).

J'ai rêvé

d'une entreprise qui ferait beaucoup plus pour le client, en faisant des pièces optimisées, testées, usinées, assemblées, en fonctions complètes !

(A l'époque, nous ne faisions que des pièces brutes de fonderie, sans grande valeur ajoutée).

J'ai rêvé

d'une entreprise où tout le monde utiliserait son CERVEAU pour être **l'auteur** de son propre progrès, et son CŒUR pour rechercher l'estime, le respect, une forme d'amour de son CLIENT !

(A l'époque, on ne demandait à l'ouvrier que ses MAINS et ses MUSCLES).

J'ai rêvé

d'une entreprise où chacun connaîtrait son CLIENT, pourrait le visiter, le rencontrer !
(A l'époque, seul le patron et LE commercial connaissaient les clients.)

J'ai rêvé

d'une entreprise modèle que l'on visite, qui soit une référence !

Après 38 ans de carrière, et près de sa fin (si Dieu et les lois le permettent), quel est mon rêve ?

Oh, mon dernier rêve est tout **simple**, mais très difficile à réaliser, parce que simple :
Je rêve que dans la Fonderie, tout le monde se comporte comme à LA MAISON, ni plus, ni moins ! !
À la maison, on ne jette pas ses mégots par terre !
À la maison, on se baisse pour ramasser un papier ou un chiffon !
À la maison, on nettoie son lavabo ou son évier après s'être lavé les mains !
À la maison, on économise l'eau, l'électricité, le chauffage !
Dans son garage ou atelier, on range et entretient ses outils !
Dans son garage, on ne gaspille ni la graisse, ni les boulons, ni les chiffons !
Dans son jardin, on respecte les plates-bandes et les fleurs !
Dans son allée, on ne vide pas le cendrier de sa voiture !
Dans sa voiture, on ramasse et jette les papiers inutiles, on vide le cendrier, on évite de souiller les moquettes avec de la boue, ou de tacher les sièges avec de la graisse !
Dans son village, les jeunes disent bonjour, et respectent les anciens !

Pourquoi chacun d'entre nous ne fait-il pas de même à la Fonderie ???

Ce serait tellement facile, tellement simple, et d'autant plus raisonnable que, quand on ne respecte pas les outils, la propreté, les pelouses, les voitures, CHACUN de nous paie par SON TRAVAIL (la société Langlet pour les outils, Trancart pour les plantations, Sinka pour la propreté, S.G. pour le gardiennage...). Je dis bien NOUS payons, et non pas la Fonderie, car la Société n'existe pas physiquement. **L'entreprise, c'est nous, notre travail, notre intelligence, notre courage, notre sueur !**

Vous voyez, mon rêve est simple, raisonnable :

QUE CHACUN SE COMPORTE À LA FONDERIE COMME CHEZ LUI !

C'est simple, mais ça, je ne peux pas le faire tout seul ! ! ! !

JFZ

Le message étant simple, à la grande surprise du petit Patron, il fut suivi au-delà de toutes ses espérances. Bien sûr, on a initié et accompagné le mouvement en mettant sur chaque lavabo une éponge pour que chacun puisse nettoyer après son passage, en multipliant les poubelles, les kits de nettoyage avec balais, balayettes et pelles, en mettant en place des comités "ordre et nettoyage".

Et régulièrement dans les notes mensuelles, il faisait un état des progrès réalisés. Certains dirons que ce n'est qu'une forme du 5 S ! Bien sûr, mais il semble qu'en Picardie *"Faire à la FONDERIE comme à la maison"* passe mieux que *"On redémarre le 5S"*.

EXPLICATION DE TEXTE :
Pour être compris de tous, il faut toujours passer des messages SIMPLES, et PLAISANTS qui reposent sur DES VALEURS SOLIDES !

Se comporter **"comme à la maison"** intègre bien ces trois composantes.

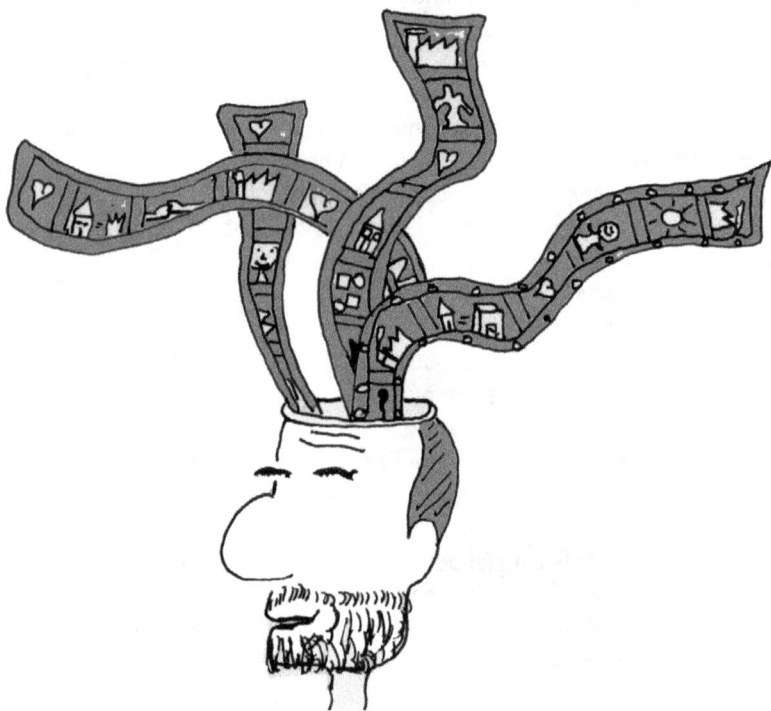

Histoire des réunions :
"au secours, tout va bien !"
ou **Comment rechercher les signaux faibles**

Le rôle de "chef", tel que le concevait le petit Patron en s'inspirant du témoignage d'un commandant de sous-marin nucléaire, était **de ne rien faire**, pour éviter de générer un bruit de fond qui masquerait les signaux faibles, internes et externes, porteurs des profondes mutations.

En effet, ce commandant lui avait expliqué qu'en plongée, il ne faisait rien, il dormait, il lisait...
C'était le second qui faisait tout, et même si le sous-marin avait été attaqué par le plus gros navire ennemi, on ne le dérangeait pas !

On ne le faisait sortir de son oisiveté que si un banc de thon faisait tellement un bruit de banc de thon, que le second se demandait si c'était vraiment un banc de thon ! ! !

Bref, il restait en réserve, l'esprit libre pour analyser et exploiter **les signaux faibles !**

Il était parfois arrivé au petit Patron de ne rien entendre pendant un certain temps. Tout allait bien, tout allait trop bien.

Alors, il organisait des réunions : *« Au secours, tout va bien ! »* avec des anciens mais surtout avec des jeunes embauchés car, comme disait Saint-Benoît : *"Si tu n'as à régler que des problèmes courants, ne consulte que les anciens; si tu as à régler des problèmes nouveaux, consulte les jeunes car eux t'apporteront des solutions nouvelles."*

Au cours de ces réunions, ils analysaient pourquoi ils avaient pris des affaires à leurs concurrents, pourquoi leurs concurrents avaient perdu ces affaires, pour voir s'ils ne portaient pas en germe leurs défauts !

Ils analysaient ainsi les dangers potentiels qui pouvaient se cacher derrière la tranquillité apparente des choses, et mettaient en place des plans d'actions préventifs.

Des années plus tard, un navigateur solitaire lui apprit que les quelques fois où il avait rencontré de très grandes difficultés, allant même jusqu'à échouer, ce n'était pas au milieu des tempêtes et des récifs, mais quand tout allait bien, quand le ciel était bleu, la mer calme et le vent modéré.

L'écoute des signaux faibles, porteurs d'évolutions à venir, est un des rôles essentiels du chef !

Pour ce faire, il faut qu'il ait un bureau, des tiroirs et l'esprit vides, et surtout, surtout, qu'il se garde bien de faire le travail de ses collaborateurs, car si ceux-ci se mêlent de faire le sien, ils risquent de découvrir que c'est facile et très bien payé ! !

Histoire du Père Noël
qui passe deux fois

ou Comment le petit patron cherche à faire régulièrement des "surprises"

Il est un dessin de Brétécher qui l'avait frappé :

La scène se passe sur un divan, un homme fume sagement sa pipe tout en lisant, et sa compagne avachie à l'autre bout du divan, l'agresse dans sa quiétude :

– Je veux un cadeau ! lui dit-elle
– Pardon ?
– Je veux un cadeau !
– Tu ne vas pas recommencer ! Tu as tout ce qu'il te faut !
– Peut-être mais je veux un cadeau !
– Je refuse le chantage aux sentiments.
– Tes raisonnements je m'en fous, je veux un cadeau !
– Mais enfin ne sois pas infantile !
– Je veux un cadeau !
– etc..
Enfin, lassé, l'homme s'effondre :
– D'accord ! D'accord ! Tu m'auras eu à l'usure comme d'habitude ! Dis-moi ce que tu veux, qu'on en finisse !
– **Je veux une SURPRISE** ! ! ! ! !

Fort de ce constat, c'est-à-dire que les uns et les autres aimons bien de temps en temps avoir une surprise, le petit Patron chercha à en faire une qui toucherait non seulement les salariés, mais aussi leurs familles.

La fête de Noël dans nos campagnes est quelque chose d'important : un après-midi complet est occupé par la Fête de Noël de la Fonderie.

Il y a un spectacle, des clowns, des animaux dressés, le goûter, l'arrivée du Père Noël, la distribution des jouets et traditionnellement, il revenait, au petit Patron, en tant que « patron-pater » de dire un mot d'introduction toujours très bref, où essentiellement, il présentait ses vœux à l'ensemble de la famille assemblée.

Cette année-là donc, il décida, sans en avoir parlé à quiconque, de leur faire une surprise :

– « *Cette année,* » dit-il, « *est une année exceptionnelle car nous avons rencontré le Père Noël. Avec les membres du CE, nous avons pris rendez-vous pour dire au Père Noël que ce n'était pas juste !* »

A ce moment du discours, il constata du haut de la scène que les quelques membres du CE qu'il avait sous les yeux le regardaient étonnés, consternés et inquiets, pensant sans doute : « *Qu'est-ce qu'il va encore nous faire ??* »

Il continua :

– « *Fabienne notamment a argumenté, aidée par Vincent, disant que ce n'était vraiment pas juste parce que tous les petits enfants de Favi étaient très très gentils toute l'année, et que parfois ils demandaient au Père Noël plusieurs joujoux mais qu'il ne mettait pas tout ce qu'ils avaient demandé dans la cheminée. Après des heures de discussion, le Père Noël nous a dit :* « *Vous êtes marrants avec votre Kanban, votre flux tendu ; moi, c'est beaucoup plus compliqué, parce que tous les petits enfants du monde entier me demandent leurs joujoux en même temps. Et j'ai beau me faire aider par St-Nicolas dans certains pays, il m'arrive d'oublier ce que m'ont demandé les petits enfants. Je fais déjà très attention de n'oublier aucun petit enfant, c'est déjà beaucoup !* »
Mais comme on a beaucoup insisté, le Père Noël a accepté quand même quelque chose d'exceptionnel :

Les petits enfants de la FAVI qui n'ont pas eu tout ce qu'ils désiraient peuvent écrire au Père Noël ; s'ils sont trop petits, ils peuvent faire un dessin, ou faire écrire par leur grande sœur ou leur grand frère, pour lui demander le cadeau qu'il avait oublié, mais cela à deux conditions :

– la première est qu'il ne pourra satisfaire qu'un petit enfant et pas plus,
– la seconde est qu'il faut surtout n'en parler à personne, que c'était un secret entre les petits enfants de Favi et lui-même, car si d'autres petits enfants le savaient, il ne pourrait pas satisfaire tout le monde...

Ainsi fut fait.

Une boîte à lettres fut installée à l'entrée du personnel intitulée « Courrier pour le Père Noël », et les membres du CE, seuls, sans la présence du petit Patron, décidaient de l'enfant à récompenser. Bien entendu, tous les enfants qui avaient écrit recevaient un petit mot du Père Noël expliquant qui il avait retenu et pourquoi, plus un petit présent qui était généralement un livre adapté à son âge.

Le système fonctionna pendant des années. Cela allait de la petite fille qui rêvait de faire du cheval, que le Père Noël abonna pendant un an à un club hippique local, à l'enfant qui n'avait jamais pris l'avion et qui rêvait d'aller voir son Tonton à Lyon, jusqu'à des choses grandioses comme une petite fille qui s'était faite opérer d'une jambe et qui voulait aller prier la Sainte Vierge à Lourdes avec sa Mamie, pour que son autre jambe ne pousse pas trop vite afin d'éviter une opération complémentaire.

Et puis petit à petit, année après année, la chose déclina, les demandes se raréfièrent et furent du genre : « Père Noël, je voudrais un Karcher pour aider mon papa à laver sa voiture ! » Alors que chaque année il faisait monter sur scène l'enfant que le Père Noël avait récompensé pour qu'il raconte ce qui s'était passé (le témoignage de la petite fille qui était allée à Lourdes avec sa Maman et sa Mamie avait été extraordinaire car de fait, une opération avait pu être évitée), une année, il présenta tout simplement ses vœux, sans plus parler du Père Noël qui passait deux fois, et personne ne lui en fit la remarque.

EXPLICATION DE TEXTE :
Nous continuons régulièrement et collectivement à chercher à faire des surprises.

En revanche, il est une chose que le petit Patron a remarquée : il n'est pas bon qu'une surprise s'installe dans la routine et que, comme ce fut le cas par ailleurs pour les bons d'achat (voir chapitre suivant), il ne faut pas hésiter à arrêter certaines opérations qui, s'installant dans la routine, risqueraient de finir par être considérées comme un dû.

Histoire des bons d'achat
ou **Comment sensibiliser les uns et les autres au coût des choses !**

Au début des années 80, quand ils eurent commencé à travailler "autrement", le petit Patron voulut sensibiliser les opératrices et les opérateurs au coût des choses.

Dans un premier temps, il avait réuni l'ensemble de l'entreprise par groupes, en leur présentant une matrice "**Moi et les autres**" (voir document joint) afin qu'ils prennent bien conscience que c'était toujours leur argent et leur travail qui étaient en cause, car l'entreprise est une entité immatérielle qui ne possède rien.

À la suite de quoi, l'idée lui était venue d'accorder au 1er janvier de chaque année, à chacune et chacun, un "chèque" de 1000 Francs pour acheter absolument tout ce qu'ils voulaient, du moment que l'objet **reste dans l'entreprise**. On pouvait se grouper à plusieurs pour financer un achat important, mais par souci de simplicité de gestion, les chèques n'étaient pas cumulables d'une année sur l'autre.

Le mode de fonctionnement était le suivant : lorsque quelqu'un voulait quelque chose, il allait voir Marie-Anne, se faisait remettre la documentation ou le catalogue, pour choisir lui-même l'objet dont la valeur était déduite du chèque.

Il y eut des plantes, des aquariums dans les ateliers (dont un subsiste toujours, 25 ans après, au Service Outillage), quelques PC, des postes à souder et des outillages.

Concernant les outillages, les opératrices et les opérateurs, stupéfaits par les coûts de ceux-ci dans les catalogues fournisseurs, bien souvent allaient les acheter au *"camion qui passe"* dans nos villages, et il est à noter que ces outils de moindre qualité n'étaient jamais cassés, ni ne disparaissaient.

Quant aux postes à souder, compte tenu de leur nombre, avaient nécessité la venue d'un professeur technique qui apprit, même aux opératrices, à plier de la tôle et à la souder, car 80% des aménagements de postes sur le terrain étaient alors constitués par des goulottes et autres carters.

À ce sujet, on se souvient encore de la visite d'un esprit cartésien qui, constatant le nombre élevé de postes à souder dans l'entreprise, considéra que cela était du gâchis !

Ce grand esprit ne pouvait percevoir que quasiment chaque mini-usine ayant son propre poste, toujours en parfait état de fonctionnement et surtout en libre-service, cela permettait des améliorations productives immédiates sans s'encombrer des circuits parasites basés sur des demandes de travail classiques au service entretien !

Comme pour bien d'autres choses, le système marcha pendant cinq ou six ans, puis en septembre, ayant constaté que peu de chèques avaient été exploités, en accord avec Marie-Anne, le principe fut abandonné sans en parler, et personne ne le remarqua.

Cette mesure faisait partie de celles qui vivent et qu'il faut laisser mourir pour qu'elles ne deviennent par un droit et un dû.

EXPLICATION DE TEXTE :

Hormis le sens de l'économie et du coût des choses que le petit Patron voulait développer dans l'entreprise, cette expérience, et notamment les achats des postes à souder, lui fit prendre conscience d'une chose :
– Qu'est-ce qu'une bonne opératrice ou un bon opérateur ?

– Quelqu'un **qui prend des initiatives en temps réel** pour pallier un arrêt de chaîne ou pour améliorer son poste de travail ; et il est intéressant de constater que 80% de l'investissement spontané étaient consacrés à du matériel permettant d'œuvrer en ce sens !

Or qui est censé prendre des initiatives ? la **structure !**
Cela est sûrement là son plus gros défaut !
Car les gens payés pour prendre des décisions ont une tendance naturelle à interdire toute prise d'initiative par les opérateurs par simple instinct de conservation !

D'où le grand intérêt à ne pas avoir de structure en fabrication !

Car ce qu'elle coûte, ce n'est pas tant son salaire que :
– ce qu'elle fait pour s'occuper (réunions, papiers inutiles....)
– surtout la confiscation de la prise d'initiatives, sur et par le terrain,
sans compter que souvent elle déforme l'information issue du terrain !
L'information qui remonte au patron par la structure n'est jamais aussi bien, ni jamais aussi mal qu'on le prétend !

MOI et les AUTRES

Dans la vie, il y a MOI avec MON argent,
MOI avec l'argent des AUTRES
Les AUTRES avec MON argent,
Les AUTRES avec l'argent des AUTRES.

Ceci peut se résumer par la petite matrice suivante :

	MON argent	L'argent des AUTRES
MOI	1	2
Les autres	3	4

Cas N° 1 : MOI avec MON argent !

J'en veux pour mon argent, et je vais considérer tant le *prix* que la *qualité* et la *quantité* de ce que je veux avoir ; et quand j'aurai l'objet de mes désirs, je l'apprécierai à l'once des efforts qu'il m'a fallu faire pour l'obtenir, et je ferai ce qu'il faut pour qu'il dure !

Par exemple, si je vais au restaurant avec MON argent, j'exige le maximum de service, de qualité et de quantité de nourriture, pour le moins cher possible, en choisissant bien entendu les plats et le vin dans la limite de mes moyens financiers.

Cas N° 2 : MOI avec l'argent des AUTRES !

L'objet de mes désirs a déjà moins de valeur, puisque je n'ai fait aucun effort pour l'obtenir. J'ai donc une approche beaucoup plus décontractée quant à sa valeur, sa durée et sa pérennité !
Au restaurant, je prendrai ce qu'il y a de plus cher, les meilleurs vins sans m'occuper de leur prix, et j'en laisserai sûrement dans l'assiette et dans la bouteille !
Seules m'importent la quantité et la qualité !

Cas N° 3 : Les AUTRES avec MON argent !

Conscient de la valeur de cet argent, puisque c'est le mien, je contrôle tout : est-ce bien justifié ?
N'est-ce pas trop cher ?
Est-ce que l'AUTRE en prendra soin ?

Si je donne de l'argent à un ami pour aller au restaurant, peu m'importe ce qu'il prendra, du moment que cela ne me coûte pas plus cher que prévu ! Donc seul m'importe le prix !

Cas N° 4 : Les AUTRES avec l'argent des AUTRES !

C'est le cas de la fonction publique : je ne suis concerné ni par l'objet, ni par l'effort effectué pour l'obtenir, donc rien ne m'importe !
Nous ne nous étendrons pas sur ce cas qui n'est en aucun celui que nous rencontrons dans nos entreprises.

Le problème, dans nos entreprises, c'est que nous avons trop tendance à considérer que nous sommes dans le cas n° 2 : MOI et l'argent des AUTRES !

Chacun a l'impression que les outils, les machines, les gobelets, les consommables, les frais de déplacement, les photocopies "sont payés par l'entreprise" et que donc on peut se comporter comme s'ils étaient payés par un autre !

C'est idiot ! L'entreprise ne gagne rien, ne peut rien payer, c'est le travail de tous et de chacun qui crée l'argent pour acheter, entretenir, réparer.
Vous imaginez une entreprise sans aucun salarié qui générerait de l'argent ? Si c'était possible cela se saurait !

Il appartient donc aux anciens, qui connaissent l'histoire de la collectivité, qui savent que dans son histoire (parce qu'à certains moments, on a tout mélangé), elle a connu des périodes difficiles où elle a failli disparaître, et où chacun a failli tout perdre. Il appartient aux anciens d'expliquer pourquoi un de nos confrères, actuellement, va licencier la moitié de son effectif. Il appartient aux anciens de rappeler aux plus jeunes que nous sommes toujours dans les deux premiers cas : MOI avec MON argent ou les AUTRES avec MON argent, mais dans tous les cas c'est de MON argent qu'il s'agit !

– C'est MON travail qui permet d'acheter les outils

– C'est MON travail qui permet d'acheter les gobelets, le papier essuie-mains, les forets, les gants, les lunettes de sécurité, le café..

– C'est MON travail qui permet de payer les impôts sur les sociétés, la taxe profession- nelle, bref, TOUTES les charges de l'entreprise

Prenons l'exemple de la part dite « patronale » :
Pour les salariés il y a ce qui est à eux : leur salaire brut, sur lequel ON leur prélève une part (les charges diverses dites sociales, plus éventuellement les impôts), et ce qui est à "l'entreprise" ou au "patron": la part qui est prélevée sur leur salaire, mais à la source. La majorité des salariés, même les cadres, ne se sentent pas concernés par cette part dite patronale, (comme si le patron générait de l'argent comme ça, tout seul dans son coin), parce que ce n'est pas LEUR argent, c'est l'argent des AUTRES (l'argent de l'entre- prise, du patron ou on ne sait pas trop qui d'ailleurs).

On en est réduit à raisonner par l'absurde :

« Si vous n'existiez pas, si votre fonction n'existait pas, personne ne paierait rien, ni vous, ni l'entreprise, c'est donc bien VOTRE travail et lui seul qui permet de tout payer. » Cela est d'autant plus vrai dans le système FAVI où les seules primes sont :

– l'intéressement égalitaire entre tous sans considération salariale hiérarchique ou d'an- cienneté, basé sur le résultat courant avant provision,

– la participation légale basée sur les résultats de l'entreprise.

Donc si je gaspille, si je perds, si je détériore, si je voyage en première classe, si je photocopie pour rien, si j'établis des états qui ne servent à rien, bref, si je ne suis pas raisonnable, c'est bien MON argent que je dilapide, et c'est autant que je n'aurai pas à partager avec mes compagnons en fin d'année.

N'oublions jamais que dans tous les cas, c'est de MON ARGENT qu'il s'agit ! C'est par MON TRAVAIL que je compenserai les gaspillages, mes gaspillages, mais aussi celui des autres !

Histoire de clopes
ou **Comment il faut parfois laisser du temps au temps**

A la fin des années 80, tout le monde fumait dans l'entreprise : dans les bureaux, sur les machines, en métrologie, bref partout, sauf peut-être en réunion, et encore...

La loi Evin avait bien proposé des solutions pour lutter contre le tabagisme mais elles étaient compliquées : il fallait des salles spécifiques avec des aérations spécifiques...

Bref, tout le monde fumait, jusqu'au jour où le médecin du travail attira l'attention du petit Patron sur un fait qui était une conséquence indirecte du tabagisme : tous les produits utilisés étaient certes certifiés et homologués, mais certains d'entre eux, en contact permanent avec les lèvres ou les muqueuses digestives, pouvaient se révéler néfastes à long terme ; et comme les opérateurs ne se lavaient pas les mains avant de fumer, ils avaient leurs mégots imbibés de ces produits ; de plus, comme ils gardaient souvent le mégot en permanence aux lèvres, on pouvait craindre à très long terme des accidents de santé.

On fit donc avec le CHSCT des groupes de réflexion pour trouver des solutions. Cela allait du fait d'aller se laver les mains entre chaque cigarette (ce qui ne résolvait pas le problème puisque dès le retour sur machine les mains étaient en contact avec l'huile de coupe par exemple), à l'usage de porte-cigarettes...

On essaya différentes solutions qui ne donnèrent satisfaction à personne jusqu'au jour où, en accord avec le CE et le CHSCT, il fut collectivement décidé d'accorder six mois à chacun pour arrêter de fumer dès la prochaine rentrée des vacances, en septembre.

Étant entendu que l'entreprise mettrait à disposition de ceux qui le souhaitaient des patchs de nicotine ou des chewing-gums adaptés, et que l'infirmière et le médecin du travail feraient une campagne de communication et de sensibilisation.

Etant aussi entendu que ceux qui avaient bénéficié des patchs gratuits s'engageaient à les rembourser s'ils rechutaient

Comme l'échéance était lointaine, personne ne réagit et on fit faire des concours de dessins aux enfants du personnel, dont les plus beaux furent récompensés d'un VTT ; on afficha ces dessins dans les mini-usines, bref on se prépara tous intellectuellement et tranquillement à cette échéance lointaine.

Et de fait au 1er septembre 2001, plus personne ne fuma sur les lieux de travail, même dans les bureaux, par solidarité logique avec les opératrices et opérateurs sur machines.

Ce fut dur pour certains, d'autres en profitèrent pour arrêter complètement de fumer, mais tout le monde respecta la règle, si ce n'est que trois semaines après la rentrée, en faisant son tour, le petit Patron tomba totalement par hasard, (car pas plus sot que la moyenne, il évitait les recoins de peur de tomber sur un fumeur intempestif) sur un agent qualité qui fumait, planqué derrière des bennes.

Il le remercia vivement (car cela l'aurait embêté d'avoir à mettre une opératrice ou un opérateur à pied, par principe pendant 3 jours), et lui annonça que pour l'exemple, il allait le mettre à pied pour bien montrer que quand une règle est acceptée par tous, la hiérarchie, même de terrain, se doit de la respecter plus que tout autre.

La morale est que s'ils sont arrivés à respecter cette consigne très dure, c'est d'une part, parce qu'ils ont pris le temps pour avoir un consensus tacite dans la prise de décision, et d'autre part, parce que l'échéance ayant été fixée à une date lointaine, personne ne paniqua.

De plus, la date d'application étant après les congés, chacun à profité de cette période où on se retrouve isolé par rapport à la collectivité, pour prendre une forme d'engagement personnel.

En un mot, cela a marché parce qu'on a laissé du temps au temps !

Et cela fut respecté car la première dérive fut sanctionnée !

Histoire de déprimes
ou À défaut de rendre les gens heureux, comment tenter de leur éviter d'être trop malheureux

Dans une collectivité de quelques centaines de personnes, il y a malheureusement, de temps en temps, des gens qui dépriment. Curieusement, ce n'est jamais pour de grandes douleurs comme la perte du conjoint, ou pire, la perte d'un enfant, c'est essentiellement pour des histoires de couple.

Il y eut même un cas de déprime lié à une perte de reconnaissance :
Lorsque les machines d'outillage à commandes numériques sont apparues, pour dédramatiser cette évolution, il avait été embauché Véronique, une jeune femme moitié punk, moitié gothique, qui, forte de son BTS, pilotait la première fraiseuse numérisée. De fait cela avait banalisé cette évolution pour tous sauf Guy, un outilleur dont on disait qu'il avait le 1/100ᵉ au bout des doigts. Le constat qu'une toute jeune fille détenait le micron, le perturba au point qu'il en déprima.

Pour lui comme pour les autres le petit Patron proposa, comme toujours, trois choses :

– La première : de **ne pas rompre avec le monde du travail** pour éviter de ressasser son problèmes jour et nuit.

– La deuxième : **de dormir**. De dormir avec le minimum de médicaments et si possible sans médicaments ; c'est-à-dire que s'il s'endormait à 5h du matin, il lui recommandait de ne pas mettre de réveil et de dormir le temps qu'il voulait, et s'il ne s'éveillait qu'à 15h, il ne venait que quelques heures l'après-midi, sur un poste de travail adapté.

– La troisième enfin : il envoyait les dépressifs en cours d'une journée pour apprendre à dormir, ou du moins à s'endormir, et si la chose urgeait, il donnait lui-même les rudiments du cours : le sommeil est comme un train qui passe, si on n'est pas monté dedans au bon moment, il faut attendre, sans s'énerver, le passage suivant ! Pour ce faire il faut savoir quand le suivant va passer, donc connaître son cycle, etc...

Parfois il proposait à certains de travailler ailleurs dans l'entreprise pour apprendre quelque chose de nouveau et ainsi s'occuper l'esprit.

Ce fut le cas de Guy qui demanda à travailler au BE et ce faisant, lui qui connaissait parfaitement les trajets d'outils en fraisage, forma les jeunes dessinateurs sur ordinateur aux parcours d'outils les plus performants.

Pour intégrer le traumatisme subi par Guy, le petit Patron décida qu'en aucun cas les programmes ne seraient faits directement au BE comme les logiciels le permettaient déjà à l'époque, mais que ce seraient les outilleurs eux-mêmes qui feraient leurs programmes en temps masqué.

Pour ce faire, Véronique, après quelques mois de travail sur fraiseuse fut responsable d'une antenne du BE dans l'atelier d'outillage où, avec un terminal relié au BE, elle forma ses camarades outilleurs à la programmation, ce qui prit quelques années et maintenant elle est affectée à plein temps au BE, forte de son expérience de terrain.

Fort de ces expériences, le petit Patron qui eut lui aussi, sur le tard, des revers de fortune conjugale (son épouse lui reprochant, entre autres, d'écouter davantage ses ouvriers qu'elle-même) s'appliqua à lui-même la méthode et put ainsi constater qu'elle marchait !

Le petit bonhomme et la souris

ou Comment le petit patron, pas si naïf, fait prendre conscience à tous qu'aucun produit "vache à lait" n'est éternel, qu'il ne faut pas s'endormir, car le Prince Charmant réveille la Belle d'un baiser seulement dans les fables, dans l'industrie, le sommeil est l'antichambre de la mort ! ! !

Il était une fois un petit bonhomme, petit, petit, petit comme une souris. Et comme une souris, il ne se nourrissait que de fromage.

Ce petit bonhomme se promenait dans la campagne, quand soudain, il perçut comme une odeur de fromage portée par la brise ! Intrigué, il se laissa guider par ce délicieux fumet et, chemin faisant, il rencontra une souris qui, elle aussi, avait perçu ce merveilleux signal olfactif.

De concert ils suivirent le subtil message.

Le bout de la piste était une grotte sombre, inquiétante comme toutes les entrées de grottes, mais le parfum était tellement enivrant qu'ils entrèrent dans la caverne sans la moindre hésitation. Dans le noir ils avancèrent et découvrirent de-ci de-là, des galeries qui partaient à droite, à gauche, car ce n'était pas une simple grotte, mais un labyrinthe !

Ils n'eurent néanmoins aucun mal à se diriger tant l'odeur sublime était nette et forte, et finirent par arriver sur un filon, un gisement, une mine de fromage, une mine *kolossale*, tant par la quantité que par la qualité du fromage, qui présentait toutes les palettes imaginables de goûts et saveurs, de l'emmental au comté, en passant par les gruyères et autres mimolettes.

Ils se régalèrent et, considérant le gisement comme inépuisable, s'installèrent confortablement !

Le petit bonhomme avait bien parfois la nostalgie du dehors, des arbres, du ciel, des nuages et du soleil, mais il se consolait en reprenant une part de fromage et puis, à quoi bon risquer de se perdre dans le labyrinthe, risquer de perdre le chemin de SA mine de fromage !

Pendant ce temps-là, la souris, parce que c'était une souris et que les souris sont toujours curieuses, explorait régulièrement les autres galeries, comme ça, pour voir, parce que c'est dans ses gènes de souris que de toujours chercher « autre chose » !

Elle revenait régulièrement dans la galerie nourricière guidée par l'odeur, mais ainsi jour après jour elle se fit une carte mentale des parties du labyrinthe qu'elle avait explorées.

Les jours, les semaines, les mois les années passèrent ainsi, le petit bonhomme tranquillement installé et la souris explorant.

Quand un matin à l'heure du petit déjeuner, le petit bonhomme en prélevant sa ration sentit qu'il touchait de la pierre, du roc !

Paniqué il gratta alentour et se rendit compte avec effroi qu'il ne restait plus qu'une pellicule de fromage au fond de la galerie ! Il appela la souris qui, elle aussi, constata le fait.

Alors le petit bonhomme se lamenta, cria à l'injustice, considérant que ce n'était pas possible et que forcément *quelqu'un lui avait volé SON fromage*, il voulut prendre la souris à témoin, mais celle-ci avait disparu ! Alors il se lamenta de plus belle, faisant comme s'il s'agissait d'un mauvais rêve, en voulant, exigeant même que tout redevint comme avant !

Les jours passèrent, il se rationna dans l'attente d'un miracle, puis les réserves baissant, il envisagea bien de tenter quelque chose, de sortir du labyrinthe, de chercher un autre gisement, mais les années de confort l'avaient rendu craintif, et tout doucement en pleurant sur le temps passé, ses forces déclinèrent et il mourut sur place !

Pendant ce temps-là, la souris, connaissant déjà un peu le labyrinthe, alla directement vers les galeries encore inexplorées ; après quelques recherches, se révéla une bonne odeur de fromage et la souris découvrit rapidement une nouvelle mine !

Elle profita de cette nouvelle base nourricière, mais continua son exploration, tant et si bien qu'elle finit par trouver et apprendre le chemin de la sortie de la grotte et eut ainsi tous les avantages : le ciel, les nuages, le soleil, les arbres, *ET* le fromage !

MORALITÉ :
– 1) Aucun fromage n'est éternel
– 2) C'est quand il y a beaucoup de fromage qu'il faut se remettre en cause
– 3) Quand le fromage diminue rien ne sert de se lamenter sur le temps passé
– 4) Quand le fromage disparaît, personne ne l'a volé, tout fromage est appelé à disparaître.
– 5) Rares, très rares sont les fromages qui durent plus de vingt ans
– 6) Chaque disparition de mine de fromage est une opportunité pour en découvrir de plus belles
– 7) Quel que soit l'âge, il faut toujours garder une âme de souris, car :
– 8) En tout homme, il y a un petit bonhomme qui sommeille.

Histoire de feux rouges
ou Cela n'arrive pas qu'aux autres !

Un soir après avoir été dîner avec un client à Amiens, le petit Patron rentrait nuitamment quand il fut arrêté à un croisement par un bête feu rouge.

Il regarda devant : personne.
Il regarda derrière : personne.
Il regarda à droite : personne.
Il regarda à gauche : personne non plus, ce qui était logique, vu l'heure tardive.

Il tourna donc à droite quand, vingt mètres plus loin, surgissant de derrière un arbre, un agent de la Police Municipale lui fit signe de s'arrêter. Il se gara donc quelques mètres plus loin et, conformément à ce que lui avait appris un oncle gendarme, il descendit de son véhicule.

Son oncle lui avait en effet enseigné qu'il y avait deux sortes de gendarmes : ceux qui tiraient avantage de leur position debout par rapport au chauffeur assis, et ceux que cela gênait d'avoir à se baisser pour parler au conducteur à travers la fenêtre et que donc, dans les deux cas, on avait intérêt à descendre.

Il se dirigea donc vers le policier qui, surpris de le voir avancer vers lui, remonta sur le trottoir pour, sans doute inconsciemment, garder une position dominante; ce que voyant, il monta lui aussi sur le trottoir pour rétablir l'égalité dans le dialogue :
– « *Vous êtes passé au rouge !* »
– « *Oui, je suis passé au rouge.* »
– « *Vous reconnaissez les faits ?* »
– « *Bien sûr mais j'ai regardé devant, derrière, à droite, à gauche, il n'y avait personne et d'ailleurs vous pouvez constater que depuis que l'on parle tous les deux, personne n'est passé.* »
– « *Oui, mais quand même, il faut s'arrêter au feu rouge.* »
– « *Non, Monsieur l'Agent. Il faut que je vous explique : les hommes, êtres doués de raison, ont inventé un système pour établir une priorité entre eux quand ils sont plusieurs, mais, quand il n'y a personne ce n'est plus un feu rouge, c'est une bête ampoule, et je trouve aberrant que des être comme vous et moi, doués d'intelligence et d'une capacité de réflexion, obéissent à une bête ampoule qui n'est qu'un objet.* »

Là, le petit Patron sentit que son interlocuteur lâchait un peu prise. Il se ressaisit en lui disant :
« *Oui, mais vous n'avez pas mis le clignotant !* »

« Ben non puisque le clignotant, c'est fait pour prévenir les autres usagers de ses intentions. Or, il n'y avait pas d'autre usager à prévenir, et donc ce n'était plus un clignotant mais aussi une bête ampoule ! »

Un peu dépassé par les événements, ou peut-être tout simplement était-il tombé sur un homme de bon sens, le policier lui fit un signe de la main de lassitude en disant : *« Fichez le camp ! »*.

Bien entendu il n'insista pas et après lui avoir souhaité le bonsoir, remonta dans son véhicule et repartit.

Le hasard voulut que le lendemain matin, il croise Marie-Anne qui, comme chaque mois, collectait les clés des voitures de société pour aller relever leur kilométrage.

D'un coup il percute et demande à Marie-Anne :
– *« Au fait, pourquoi relève-t-on tous les mois le kilométrage des voitures de société ? »*
– *« Je ne sais pas mais c'est comme ça depuis plus de vingt ans que je suis à la Compta. Dans le temps, je mettais ça sur un cahier, maintenant c'est un état informatisé. Ce n'est pas vous qui le regardez ? »*
– *« Ben non, j'en ai rien à faire. Renseignez-vous pour savoir à quoi ça sert. »*

Dans la matinée, Marie-Anne vint le voir pour lui avouer qu'après enquête, personne ne regardait cet état. Après discussion et réflexion, ils découvrirent que cet état remontait à plus de 23 ans, parce qu'à l'époque ils louaient des voitures de société, et tous les mois on faisait parvenir à la Société locatrice cet état pour savoir quand arrêter ou renouveler les contrats.
Or il y a 23 ans, ayant fait un prix de revient comparatif, il avait été décidé d'acheter les véhicules et de les faire durer 250 000 km minimum, ce qui était plus rentable, avant de les donner par tirage au sort au personnel.

Ainsi pendant 23 ans, il y avait eu un feu rouge qui clignotait tout seul avec un policier (Marie-Anne) pour surveiller qu'il clignotait bien.
Ce constat le poussa à vérifier s'il n'y avait pas d'autres feux rouges inutiles en fabrication.

Il alla en Fonderie, et croisant un Agent Qualité de terrain lui demanda comment il faisait pour être sûr qu'il n'y avait pas de procédure périmée ou des états inutiles qu'on faisait remplir aux fondeurs. Celui-ci étonné et un peu offusqué lui certifia que ce n'était pas possible, quand, un fondeur qui avait assisté à leur conversation s'en mêla en disant :

– *« Si vous voulez un truc qui sert à rien, je vais vous en montrer un, moi ! »*
Et il les entraîna vers son pupitre où il leur montra deux états en disant :
– *« Ça fait des mois que je dis à la Qualité que le 2ᵉ état ne sert à rien parce qu'avant quand on réglait la pression, il fallait aussi régler la vitesse ; et là, il était normal de vérifier qu'on ne s'était pas trompé pour l'un comme pour l'autre des réglages. Mais depuis 4 à 5 ans qu'on a des machines à commandes numériques, quand on règle la pression, la vitesse se règle automatiquement. Donc on perd son temps à relever la vitesse ! »*

L'Agent Qualité mal à l'aise se dandinait d'un pied sur l'autre et s'en sortit en disant : - « *Oui mais si la machine déconne ?* »

Ce à quoi le fondeur répondit :
– « *Si elle déconne, tu peux pas régler la pression, donc tu le vois tout de suite.* »

Bref il s'agissait encore d'un feu rouge inutile avec un policier qui justifiait une partie de sa fonction par le contrôle de ce feu.

Dans la foulée, le petit Patron réunit tous les leaders et parrains productivité, leur raconta l'anecdote et leur demanda de regarder s'il n'y avait pas d'autres feux rouges stupides qui freineraient le système dans leur mini-usine.

Comme ils sont gens de bon sens, de bonne foi et de bonne volonté, on en trouva peu, mais on en trouva qui, essentiellement, résultaient de demandes de nos clients gros donneurs d'ordres dont la structure pléthorique se justifie par le nombre de feux rouges qu'ils surveillent.

1er PS : Cela est sûrement une coïncidence mais, quelques mois après cette aventure, on constata que la ville d'Amiens avait supprimé les feux rouges la nuit et mettait tous les feux oranges clignotants.

2nd PS : il y a deux choses qui ont toujours frappé le petit Patron, aux Etats-Unis :
– La 1ère est qu'à tous les feux rouges on peut tourner à droite en n'ayant certes pas la priorité, mais on peut tourner, sauf si c'est formellement spécifié ce qui est très rare, ce qui contribue à fluidifier la circulation.
– La 2e est que là où nous mettons des feux, les Américains mettent 4 stops. C'est-à-dire que tout le monde s'arrête et laisse passer ceux qui étaient là avant.
Cela se fait de façon simple, quasi conviviale.

Ces deux mesures sont le reflet de cette société où l'on laisse les gens responsables. On les considère Y alors que nous nous préférons les considérer X pour justifier nos structures de contrôle et répression pléthoriques.

Histoire de syndicats
ou **Comment se fait-il que jamais les collaborateurs n'ont estimé nécessaire de bénéficier d'une assistance extérieure ?**

Pourquoi, depuis 40 que le petit Patron travaille, n'a-t-il jamais eu de syndicats ?

Pour certains pays et certaines cultures, comme les entreprises allemandes et américaines, ne pas avoir de syndicats a un caractère négatif, car il semble signifier une absence de discussion et de cohérence sociale.

En France, il en est tout autrement pour deux raisons :
1ᵉ) Un peu d'histoire :

À la fin des années 30, Hitler conclut un pacte de non-agression avec Staline ; et tranquillement, il annexa entre autres la Pologne et la moitié de la France.

Il est évident que dans cette période, les Communistes français, totalement aliénés à Moscou, restèrent au mieux neutres vis-à-vis de l'envahisseur, et que celui-ci a un eu un comportement bienveillant à leur égard.

Les succès trop faciles renforcèrent la mégalomanie d'Hitler, qui oublia la puissance de l'hiver russe, précédemment fatal à Napoléon, et lança l'Opération Barbarossa de conquête des pays de l'Est et de leurs richesses, en pétrole notamment.

Du jour au lendemain, tout ce qui était bolchévique et communiste devint l'ennemi non seulement de l'Allemagne, mais de l'Europe occupée, puisque les Nazis constituèrent les régiments Charlemagne avec des volontaires anti-bolchéviques de tous pays.

La chasse aux communistes s'instaura dans tous les pays occupés et ceux-ci n'eurent d'autre choix que de fuir la zone libre, renier leurs croyances, ou passer dans la clandestinité !
C'est ainsi que la gauche et l'extrême gauche devinrent un des noyaux fondateurs de la Résistance Française contre l'envahisseur.

À titre de reconnaissance, De Gaulle leur accorda l'avantage d'avoir un monopole sur les syndicats dits « *représentatifs* » :

Cinq syndicats d'obédience de gauche et d'extrême gauche, et seulement eux cinq, pouvaient présenter des candidats au premier tour des élections des représentants du personnel dans toutes les entreprises !

Trois générations plus tard, rien n'a changé !

Dans le pays des droits de l'homme qui a « Liberté, Égalité, Fraternité, » comme devise, seuls ces cinq syndicats, et eux seuls, peuvent se présenter au 1er tour des élections des représentants du personnel.

2e) La France se caractérise par le fait d'avoir une des plus importantes fonction publique au monde.
Nous avons effectivement 34% de la population active qui dépend de l'Etat, contre 13% en Allemagne, et si on y ajoute les paysans qui vivent à plus de 77% de subventions, les chômeurs, les RMIstes, etc... on avoisine les 50 % de salariés pris en charge par la collectivité !

Ceci explique d'ailleurs le refus de l'Europe lors des élections 2004 car la majorité des français veut surtout que rien ne change.

Ces fonctionnaires pas bêtes ont compris que s'ils tenaient les politiques, l'information et les syndicats, ils tiendraient le pays !

Ainsi la grande majorité des Députés et Sénateurs sont issus de la fonction publique, les représentants du privé doivent se compter sur les doigts d'une main.
La plupart des comités de rédaction sont de philosophie gauchisante, et surtout, **80 % des cotisants des syndicats dits représentatifs, sont constitués de fonctionnaires.**

Ce qui explique que l'on repousse de 2 ans et demi l'âge de la retraite des ouvriers, sans que ni la presse, ni les syndicats ne bougent ; que l'on réduise la couverture chômage de 5 ans à 3 ans en toute discrétion, alors que la SNCF, qui ne représente que 1% des actifs en France, bloque régulièrement le pays pour une histoire d'un quart d'heure de travail. Ce qui explique aussi que l'on ait des inégalités inconcevables dans d'autres pays : la retraite des ouvriers se calcule sur la moyenne des 25 dernières années alors que celle de certains fonctionnaires sur les 6 derniers mois (voire sur le dernier mois), qui ont bien entendu fait l'objet d'une promotion exceptionnelle...

Donc au premier tour des élections, ne peuvent se présenter que des syndicats qui ne représentent en aucun cas les intérêts des ouvriers, mais ceux d'une fonction publique qui depuis très longtemps n'est plus au service du public mais l'exploite à son profit.

Il s'avère que depuis 40 ans, tous les 2 ans, conformément à la loi, la Fonderie fait appel aux syndicats dits représentatifs, en envoyant une lettre à la Bourse du Travail pour les inviter à présenter des candidats au 1er tour des élections des représentants du personnel.

Depuis 40 ans, on constate une absence de candidats et, passé le délai légal, on fait parvenir à l'Inspecteur du Travail un certificat de carence constaté par les représentants sortants du personnel et on procède à de nouvelles élections où peuvent se présenter des candidats isolés qui constituent un Comité d'Entreprise puis un CHSCT, puis les Commissions classiques qui gèrent les formations, la taxe d'apprentissage, le contrat d'intéressement, le 1% logement, le contrôle d'application des 35 heures ou la démarche développement durable.

Pourquoi cette carence systématique au 1er tour ?

Un certain François INTROVIGNE qui fut un syndicaliste efficace et qui, depuis de nombreuses années, fait du conseil auprès des entreprises, non pas pour lutter contre les syndicats, mais pour apprendre aux patrons à œuvrer avec eux dans le sens de l'intérêt collectif, explique comment un syndicat s'impose :

Le délégué syndical fait son tour d'usine régulièrement, passe par exemple aux Expéditions, entre dans le bureau et va constater qu'il y fait très chaud, ce à quoi il lui est répondu que cela fait six mois que l'on a demandé un climatiseur, qu'on n'a pas de nouvelles, ce qui n'est pas étonnant dans cette boîte de … !

Le délégué va donc immédiatement au Service Entretien et demande si par hasard le climatiseur en question n'est pas arrivé. Généralement on lui répond qu'il est là depuis trois mois, qu'il traîne dans un coin car on n'a même pas eu le temps de le déballer. Face à quoi il va convaincre ses interlocuteurs d'être sympa, que c'est pour leurs copains de l'Expédition qui crèvent de chaud, et ainsi le climatiseur est installé dans les 24 heures suivantes.
Moyennant quoi, le lendemain, quand il va repasser au service Expéditions, tout le monde va le féliciter de son efficacité, ce qui renforcera son rôle de contre-pouvoir, ou de pouvoir efficace, car il aura créé un réseau d'actions immédiates parallèle au réseau officiel.

François INTROVIGNE qui est devenu un ami du petit Patron, a visité plusieurs fois la Fonderie, et a fait prendre conscience qu'en fait c'est « le petit Patron » qui ne tient pas son rôle de patron classique ; par ses tours d'usine quotidiens, il assure inconsciemment ce contre-pouvoir créateur de réseau parallèle avec une efficacité d'autant plus grande que la petite structure de la Fonderie lui obéit naturellement et avec diligence, alors que les délégués syndicaux ne peuvent faire que des incitations de réseaux clandestins.

C'est sans doute là une des raisons qui font que les salariés n'ont jamais estimé nécessaire de se syndiquer.

L'autre raison est que le petit Patron a sa définition de la justice qu'il doit aussi à Jean-Christian Fauvet :

« Est juste ce que je cèderais sous la menace »

Il n'a donc toujours été demandé que des **choses justes !**
Parfois ses tours d'usine lui ont révélé des choses qui étaient profondément injustes et dont personne ne lui avait parlé, comme le lavage des bleus par exemple : chacun lavait ses bleus à la maison, ce qui lui sembla profondément injuste !

C'est pourquoi, quand il prit conscience de la chose, il proposa spontanément au Comité d'Entreprise, que l'entreprise prenne à sa charge le lavage, mais que ce soit le CE qui choisisse et gère le fournisseur.

Cela fait partie du management de bon sens et bonne foi que d'anticiper la demande, mais on ne peut le faire si l'on ne sort pas de son bureau.

En fait le vrai management des hommes est de faire ce qui est juste avant toute demande !

Autre analyse, elle aussi venant de l'extérieur :
Elle vient d'un jeune Inspecteur du Travail qui, dans les années 80 assistait à toutes les réunions, tant du C.E. que du C.H.S.C.T.

Comme il était brillant, au bout de quelques années il prit du galon, et vint nous présenter son successeur en lui commentant :

« Tu verras, ce sont des gens marrants ! Quand quelqu'un expose un problème, il se trouve immédiatement un volontaire parmi les élus du personnel pour gérer le problème.

Les responsables internes compétents sont appelés en réunion pour définir le plan d'action à mettre en place.

Ainsi parfois, des cadres (le responsable du B.E., de l'entretien, ou de la qualité) rendent compte à un ouvrier sans que cela ne pose aucun problème. J'ai même maintes fois vu le patron appeler un fournisseur au téléphone et passer commande en temps réel de nouveaux gants de sécurité !

Alors qu'ailleurs, quand les délégués soulèvent un problème, même grave, cela se termine toujours par : « On va voir », ou « On va faire une étude ! », « On en reparle... », mais on ne va jamais immédiatement du problème à la solution, comme ici ».
Il est de fait profondément anormal, alors que l'on attend une réaction immédiate des opérateurs aux instructions, que l'on n'ait pas la même réactivité face à des problèmes quotidiens comme l'eau chaude des douches, les mauvaises odeurs dans les toilettes et autres chaussures de sécurité inconfortables.

La **Métaction** doit être partout et surtout pour la résolution de ces problèmes concrets d'inconfort dans le travail, qui constituent 80% des demandes des représentants du personnel.

Dernière raison possible : il n'existe dans la fonderie que ***des lois simples appliquées avec rigueur***, l'intéressement à égalité, les 35 heures résolues par la prise de deux semaines de congés supplémentaires pour tous, et d'autres règles intimes de fonctionnement tout aussi simples, ne créant ni tensions, ni points d'ombre qui nécessiteraient une assistance extérieure.

Voila peut-être quelques raisons qui expliquent pourquoi la fonderie n'a jamais eu de candidats syndiqués aux différentes élections.

En revanche, il est malheureusement certain que les évolutions sociales importantes qu'ils ont effectuées tous ensemble, comme l'intéressement à égalité sans considération hiérarchique, la suppression des pointages et des primes discriminatoires, l'autonomie totale des opérateurs sur leur poste de travail, etc... n'auraient sûrement pas été possibles avec un syndicat à la française dont la seule consigne est que rien ne change.

Ceci étant, la Fonderie a un syndicat, un vrai, un syndicat « maison » représenté par les élus libres de toutes attaches, influences et manipulations extérieures : le syndicat des élus du deuxième tour !

Le Comité d'Entreprise de la Fonderie est certainement le seul de France à avoir une Commission Développement Durable qui négocie pour le personnel des remises avec le quincaillier du coin pour l'achat de chasses d'eau ou d'ampoules économiques, qui récolte des jouets pour les enfants malades à l'hôpital, les vieilles lunettes pour l'Afrique, une Commission Gestion Prévisionnelle des Emplois, etc... bref, toutes choses qui concernent réellement les salariés de la Fonderie.

L'histoire d'Alain
ou De la nécessité d'avoir un "électron libre"

Comme vous le savez, l'entreprise n'a pas de structure, pas de comité de direction, pas de service du personnel, pas de planning, pas de GPAO ....mais elle a un *électron libre* : Alain !

Il débuta sa carrière à 20 ans, en 1966 au B.E. Il survécut au dépôt de bilan de 1967 et rebondit, suite à la reprise, en créant le magasin expédition.

Ce faisant, il constata les défauts des pièces en fin de production, et créa le principe d'un contrôle expédition.

Ce faisant, il pensa que l'on pouvait anticiper et créa le principe, novateur à l'époque, du réglage machines codifié.

Ce faisant, il considéra que tout irait mieux si les machines étaient mieux entretenues, et créa donc le service maintenance !

Ce faisant, il réalisa que l'anticipation de la maintenance était le cahier des charges des nouveaux équipements, et s'occupa donc des études des nouvelles machines de fusion, d'injection, de découpe...

Donc dès l'origine, Alain fut un électron libre qui défricha, laboura un peu et laissa à d'autres le soin de semer et récolter.

Dans les années 80 il aborda alors l'analyse du mode de fonctionnement de tous ces services qu'il avait créés *« en allant »* : magasin, contrôle, réglage, maintenance, en créant une G.P.A.O. maison !

Cette démarche lui révéla des dysfonctionnements monstrueux, mais que les gens ne voyaient pas, habitués qu'ils étaient à vivre en bonne harmonie avec eux !
Juste un exemple : à l'époque, le quart de l'usine était occupé par un stock de bennes sur 4 niveaux.

– La fonderie produisait et on stockait !
– Le traitement de surface venait chercher des bennes qu'elle ramenait dans le stock !
– La découpe prélevait des bennes qu'elle ramenait dans le stock !
– L'usinage prélevait, etc...

Il essaya bien de gérer tout cela mais comme il n'y arrivait pas, il convainquit le petit Patron de vendre toutes les bennes en un week-end ! ! !

Ce fut bien entendu la panique le lundi matin, les opérateurs furent obligés de travailler deux week-ends de suite pour assurer les livraisons, mais en quinze jours, les mœurs avaient, de fait et de force, évolué !

Cette expérience à la virile fut plusieurs fois répétée avec la même efficacité.

D'aucuns appellent cela procéder par **ruptures**, en Picardie, on appelle ça faire « en allant » sans s'occuper des conséquences. C'est ça la **METACTION** :
face à un problème que le bon sens dicte de supprimer, on passe à l'action et on gère les conséquences après.

Bien entendu, cette remise en cause permanente créait un besoin de « quelque chose » pour orchestrer, animer, bétonner !

C'est pourquoi, dès que les méthodes japonaises ont montré leur bout du nez en Europe, Alain s'est jeté dessus, les accaparant, les digérant et les régurgitant sur un mode « judéo-chrétien picard », pour les rendre assimilables par tous !

Et c'est ainsi que la Fonderie picarde a sans doute été parmi les premières entreprises à appliquer le 5S, l'esprit Kaizen et surtout le T.P.M., où Alain devint rapidement formateur de formateurs.

Dans les années 90 à cause, ou grâce à la tribo-finition, utilisatrice d'eau, il prit conscience de la notion de rejets d'effluents liquides, et cette prise de conscience lui permit d'anticiper l'évolution en guettant quelque chose au niveau de l'I.S.O. !

Et c'est tout naturellement que, dès que la 14001 sortit, il amena l'usine à niveau pour être **la première fonderie européenne certifiée**; puis, ayant compris en même temps l'intérêt de l'analyse prévisionnelle des risques par l'A.M.D.E.C. notamment, il inventa les A.M.D.E.C. sécurité et prépara l'entreprise à quelque chose qui devait être la 18001, et plus de six mois plus tard, profitant de la piqûre de rappel 14001, il fit qualifier FAVI S.E.

Ainsi, *naturellement*, FAVI était prête à être la première entreprise française à être certifiée Q.S.E. en 2002.

Toute sa vie Alain s'est comporté en électron libre qui avança, qui défricha, qui convainquit, car il a subi trois Directeurs et à chaque fois, il réussit à les convaincre de passer dans la **métaction**, en s'engageant non pas tant sur le résultat, que sur la gestion de la rupture qu'il proposait.

Maintenant Alain finit sa carrière comme expert reconnu du Ministère de l'Industrie et de grandes écoles qui l'utilisent comme intervenant et comme expert, pour aider certains pays du pourtour Méditerranéen à progresser.

Si cette histoire est contée, c'est pour témoigner qu'une entreprise qui marche est aussi une entreprise qui respecte les visionnaires dérangeants, et où le pouvoir **n'est pas en haut** !

Le pouvoir est en permanence entre les mains de *ceux qui ont le ballon*, comme dirait Fauvet !

Le pouvoir est d'abord et avant tout entre les mains de ceux qui servent le client bien sûr, mais aussi de temps en temps entre les mains **des marginaux qui dérangent** ! !

Cette notion d'électron libre est primordiale. Il ne faut pas de structure en fabrication certes, mais il faut de temps en temps un marginal, un éclaireur, qui bouscule, qui casse, qui refond !

Alain a quitté l'entreprise fin 2006 mais l'entreprise avait déjà en stock un électron libre en gestation, qui ignorait d'ailleurs sa future fonction !

Seul le petit Patron le savait ! (il faut bien que ça serve de temps en temps à quelque chose un chef !)

Tout est ainsi prêt pour éviter de tomber dans l'ANACTION chère aux grosses structures.

L'histoire de Pierre, le leader SDF

ou **Comment un système complexe s'autorégule là où un système compliqué se complexifierait**

A cette époque, la Fonderie approchait du cap des 300 personnes ; cette étape fit réaliser au petit Patron que la tribu commençait à être nombreuse et qu'il n'y avait aucun responsable pour assumer la sécurité de nuit.
Ils étaient en trois équipes et la nuit, il y avait des opérateurs tout seuls, sans aucune assistance, ni encadrement.

Il est à noter que dans la Fonderie, comme partout ailleurs, les équipes de nuit avaient, et ont toujours, une meilleure productivité et moins de problèmes qualité que leurs compagnons postés de jour, sans doute parce que, lorsqu'un opérateur dépanne sa machine avec un domino, s'il est de nuit, sans structure, on le félicite pour sa réactivité, alors que de jour, la structure censée réparer la machine (le régleur, le chef d'équipe, le gars de maintenance...) va mettre en avant de fausses vérités pour justifier sa fonction.

Tout allait donc bien, mais se posait le problème de la sécurité en cas d'accident et ils avaient « en stock » Pierre qui, avec son BTS maintenance, avait été un des acteurs de la mise en place du TPM, et qui présentait surtout l'avantage d'avoir fait son service militaire aux Pompiers de Paris, ce qui lui donnait les qualifications requises, tant sur le plan sécurité que premiers soins en cas d'accident.

Le petit Patron proposa donc à Pierre d'être le leader de nuit pour toute l'usine en assumant certes, ses deux fonctions principales de sécurité et de premiers secours, mais aussi une assistance « quérable » en terme de maintenance, pour les opérateurs qui le souhaiteraient.

Ainsi fut fait et pendant un an et demi, Pierre fut le leader de nuit.

Un jour, en faisant son tour d'usine, deux leaders, Vincent et Jean-Luc, lui dirent que leur vue était un peu étriquée car limitée à leur seule mini-usine, alors que Pierre avait la chance d'avoir une vue globale de tous les rouages de l'entreprise et qu'il serait sans doute intéressant pour eux d'assumer à tour de rôle pendant deux semaines ce rôle de leader de nuit, étant entendu que pendant ce temps-là, Pierre les remplacerait dans leur mini-usine.

Le petit Patron fut un peu stupéfait de leur demande car cela revenait à dire que, spontanément, ils proposaient qu'un « étranger » vienne s'installer à leur place, avec accès à leur bureau, leurs tiroirs, leurs papiers, leurs hommes, connaisse tous leurs problèmes pendant deux semaines, et surtout ils proposèrent même que Pierre, à l'issue de sa vacation, fasse une forme d'audit avec les points forts et les points faibles de chaque mini-usine.

Comme à l'accoutumée, le petit Patron les laissa libres de mettre en place leur système à leur guise en leur disant :
« *Voyez donc avec Pierre et les autres leaders comment organiser la chose !* »

Ainsi fut fait et pendant plus d'un an, Pierre devint « leader S.D.F. », migrant de mini-usine en mini-usine et pratiquant la critique constructive en comparant les mini-usines entre elles ; puis, quand tous les leaders eurent appréhendé et compris le mode de fonctionnement global de l'entreprise, chacun reprit sa place et tout rentra dans l'ordre, si ce n'est que Pierre fut affecté à un autre poste de jour parce qu'entre-temps, un nombre suffisant de secouristes avait été formé parmi le personnel, pour que les fonctions sécurité et premiers soins soient assumées directement par les opérateurs.

À ce jour, la Fonderie a près de 600 compagnons, il n'y a toujours aucune structure de nuit et on continue à constater que la productivité et la qualité sont meilleures quand les opérateurs sont livrés à eux-mêmes ; à telle enseigne que, récemment, le petit Patron demanda à Jacques, le patron de la qualité, de recenser le pourcentage de problèmes qualité, externes comme internes, générés la nuit. À sa grande surprise il constata que pendant les deux dernières années, il n'y en avait eu aucun ! ! ! Tous les problèmes avaient été générés le jour, en présence de toute la structure qualité.

Souvent, lors des conférences du petit Patron à d'autres Patrons il leur posait cette question ; TOUS, sans exception, reconnaissaient que leurs équipes de nuit étaient les plus performantes.

Grande leçon d'humilité ! ! !

Histoire de Gilles
ou **Comment on est, ou n'est plus dans la tribu**

À part deux ou trois cadres que le petit Patron connaissait avant son arrivée à la Fonderie, il vouvoyait tout le monde sans exception sauf un : Gilles.

Gilles était un ingénieur de l'École Supérieure de Fonderie, dont les beaux-parents faisaient partie d'un cercle d'amis motards, avec lesquels le petit patron avait l'habitude, de temps en temps, de faire quelques petites virées à moto avec leurs épouses, sur un week-end.

Il tutoyait donc ses beaux-parents et par extension il le tutoyait aussi, car Gilles aussi était motard.

Comme à tout ingénieur entrant dans l'entreprise, il avait été proposé à Gilles le cursus suivant : quelques années en R&D, quelques années en Etude, puis le passage au Service Commercial pour prendre en charge un client ou une partie du monde.

Après quatre ans de collaboration, Gilles avait franchi les deux premières étapes et devait dans l'année en cours aborder le Service Commercial.
Un matin de bonne heure il vint voir le petit Patron dans son bureau l'air penaud lui disant :
« *Tu sais, Jean-François, moi je suis ingénieur et faire du commercial, c'est pas le rôle d'un ingénieur.* »

Le petit Patron le poussa dans ses retranchements pour lui demander ce qu'il voulait. Grosso modo, il voulait un statut de Chef avec, c'est une image, secrétaire et place de parking réservée ! !

Il lui rappela qu'un tel statut n'existait pas dans la Fonderie et que la fonction commerciale était certainement la plus noble qui soit, car, comme dit Tom Peters :

« Le Commercial est le héros et le héraut de l'entreprise »
et dans leur système, fidèle aux préceptes appris de Fauvet, son rôle essentiel de faire entrer le ***dehors dedans*** ne manquait pas d'actions enthousiasmantes et intéressantes.

Néanmoins, le petit Patron sentait bien que ce discours ne lui allait pas. Au bout d'un quart d'heure de discussion, il finit par lui dire :
– « *Soyons clairs, Gilles, tu veux t'en aller ?* »
– « *Ben oui !* », lui répondit-il penaud.

Ce à quoi le petit patron répondit que c'était normal, qu'il comprenait très bien, et que c'était d'ailleurs la force du système capitaliste de permettre à tout salarié de pouvoir sans contrainte gérer sa carrière en fonction de ses aspirations du moment.

Visiblement soulagé par ces propos car Gilles craignait une réaction affective de sa part, il lui dit :

– « *Bon, puisque c'est d'accord, je vais te faire parvenir ma démission.* »

Le petit Patron lui tendit alors un papier et un stylo en lui disant :
– « *Non, Gilles, si tu pars, tu pars ! Donc tu me donnes ta démission immédiatement et simplement :* « *Pour raison de convenances personnelles, j'ai l'honneur de vous donner ma demande de démission, etc...* » »

Après quelques hésitations, il remplit le papier, le remit et disant :
– « *Bon ben écoute, pendant mon préavis de 3 mois ...* »

Le petit Patron l'interrompit immédiatement :

– « *Non, Gilles ! Je t'aime bien mais tu ne fais plus partie de la famille. Tu as librement choisi de partir, tu pars ! La collectivité va te payer tes 3 mois de préavis, conformément à la loi, mais il est 11h, tu as une heure pour ranger tes crayons et tes gommes et à midi nous boirons un coup de champagne tous ensemble pour te remercier de ce que tu as apporté à la Fonderie pendant ces quatre années, puis tu t'en iras.* »

Ainsi fut fait, car dans leurs principes, on est **dans** la Fonderie ou on n'est **plus** dans Fonderie ! D'ailleurs leur organigramme du système « Chamallow » montre bien une limite entre l'intérieur et l'extérieur.

Il était bon que Gilles fût ingénieur, car ensuite, la procédure pouvait être appliquée pour tous, ce qui fut fait !

Notre organigramme biologique :

« le CHAMALLOW »

La meilleure façon de représenter notre volonté collective de positionner formellement le DEHORS au CENTRE de notre DEDANS est de mettre les clients au MILIEU de l'entreprise avec, en interface entre les opérateurs et opératrices qui sont à leur écoute, le commercial, parrain productivité de LEUR mini-usine, le tout se nourrissant de la culture qualité représentée par les principaux outils en usage dans la collectivité.

Le « chef » est en lisière, à cheval entre le *dedans* et le *dehors*. Son rôle, dans ce contexte, devient celui *d'écouteur des signaux faibles*, internes comme externes.

Les signaux forts, toute la collectivité les entend et les traite.

La disponibilité du chef, **qu'il se doit de se ménager**, lui permet de se libérer des contraintes liées aux bruits de fond pour entendre les signaux faibles, qui sont souvent les porteurs des évolutions à venir.

Il lui appartient alors – puisque, à défaut d'avoir la compétence, il a le pouvoir - d'utiliser ce pouvoir pour faire évoluer le système qu'il a mis en place, en exploitant les compétences des uns et des autres, dans les directions que ces signaux faibles lui dictent. Il est ainsi garant de l'adéquation de cette évolution de la collectivité dont il est responsable avec l'environnement, comme de la cohérence de cette collectivité.

La notion de SERVICES s'efface devant celle de PRESTATAIRES DE SERVICES !

La différence est redoutable d'efficacité. En effet, un service comprend généralement quatre personnes : un chef, une secrétaire pour valoriser le chef, et au moins deux collaborateurs pour justifier le rôle du chef et de sa secrétaire. De plus un service est obligé de générer quelque chose, ne serait-ce que pour justifier son existence.

Un prestataire de services, par contre, ne **fait que ce qu'on lui demande**, et si on ne lui demande **rien,** il ne fait **rien**.
Le gain n'est pas tant au niveau de la masse salariale mais bien plus au niveau du gain des actions parasitaires générées par les services pour s'occuper.

Le seul service interne constitué qui subsiste - l'outillage - fournit une prestation régulièrement vers l'extérieur. Cette démarche est un garant de sa productivité.

Enfin, cette collectivité a une limite territoriale, telle une tribu, limite que chevauchent ces partenaires indispensables que sont LA CITÉ, LES ACTIONNAIRES, et LES FOURNISSEURS, qui contribuent eux aussi à faire en sorte que le DEHORS pénètre le DEDANS de la collectivité.

D'aucuns considèrent cet organigramme comme « biologique » ! C'est un constat, ce n'était pas le but.

En interne, les plus jeunes l'ont baptisé « chamallow » ! L'image est belle, après tout un chamallow c'est tendre, agréable et malléable !

Il ne faut pas oublier que rien de durable ne se bâtit sans reposer sur des valeurs SIMPLES, SOLIDES et PLAISANTES, c'est pourquoi l'entreprise a adopté cette dénomination « d'organigramme CHAMALLOW ». Elle lui va bien !

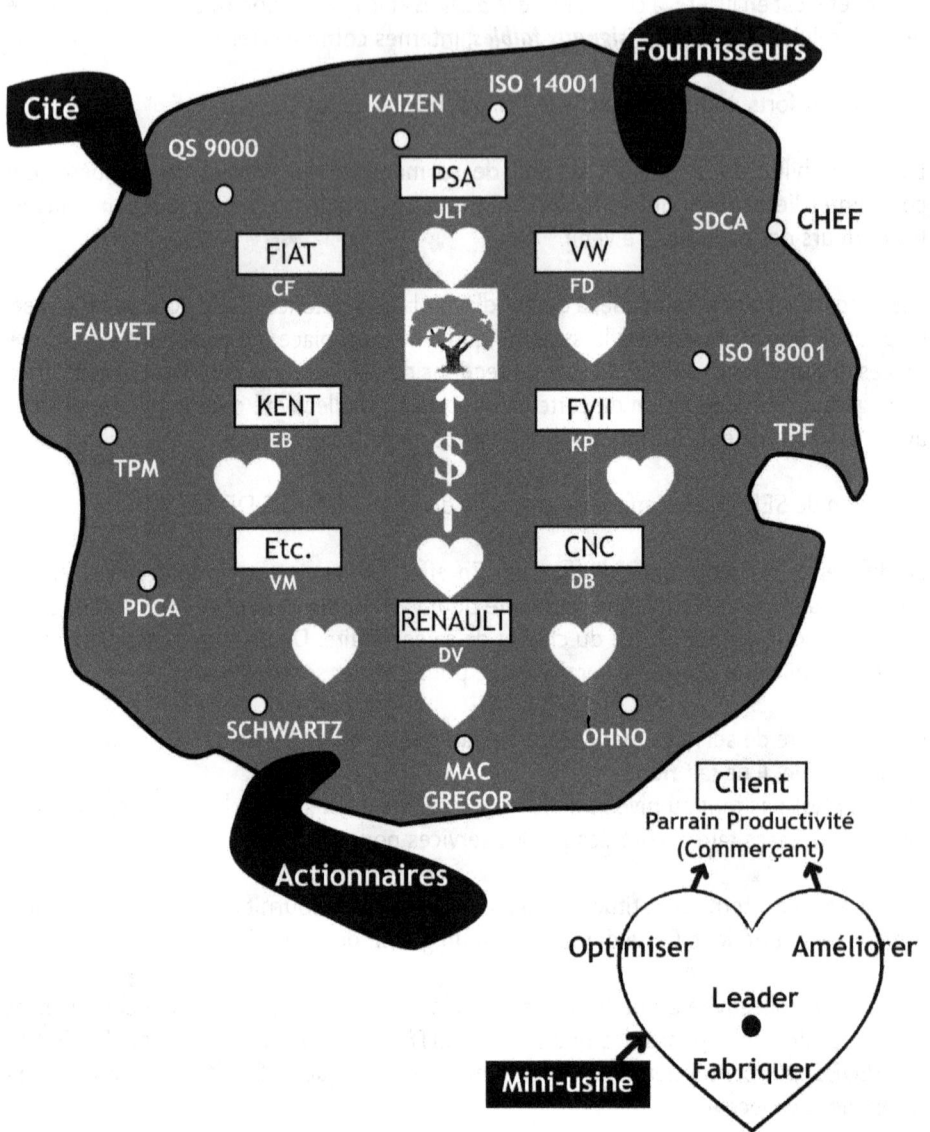

Histoire d'enveloppes
ou Comment anticiper sa succession

Lorsque les cadres approchaient de la cinquantaine, le petit Patron leur demandait de lui donner deux enveloppes :

– l'une marquée **« Si je me fais écraser »**,
– l'autre **« Quand je partirai en retraite »**.

À l'intérieur étaient deux noms connus du cadre seul.

Cette démarche avait pour but d'obliger les cadres à réfléchir à leur succession et à s'investir dans le parrainage et la formation de leur successeur. Bien entendu le petit Patron faisait de même avec le « Grand Patron » et, comme tout un chacun, il lui arrivait d'échanger l'enveloppe *« Si je me fais écraser »,* car elle contenait le nom de quelqu'un extérieur à l'entreprise, et parfois l'évolution de cette personne le décevait, ou les hasards de la vie lui faisaient rencontrer quelqu'un qu'il jugeait plus apte à lui succéder en cas d'accident brutal.

En revanche, comme la plupart des cadres, il n'a jamais modifié l'enveloppe qui spécifiait son successeur à terme.

Discrètement, sans qu'il s'en doute, pendant près de dix ans, il lui proposa des voyages ou des lectures, il lui fit rencontrer des personnes qu'il pensait être profitables pour lui. Il l'incita à se créer un réseau en dehors de l'entreprise ; bref, il s'investissait dans sa formation.

Ces enveloppes étaient bien entendu confidentielles et il les remettait systématiquement aux cadres partant en retraite.

Le but de la manœuvre était que chacun, en toute humilité, ait conscience que l'intérêt collectif passait avant sa propre destinée, car il avait toujours trouvé sacrilège de voir des responsables, à quelque niveau que ce soit, quitter l'entreprise sans se soucier de leur succession.

Concernant ses propres enveloppes, quand il les remit au grand Patron, ce dernier s'étonna : « *c'est quoi ce truc ?* » et le petit Patron lui expliqua.

Le grand Patron, prudent, lui demanda de lui présenter le postulant remplaçant de l'enveloppe « si je me fais écraser ». Le petit Patron organisa donc la rencontre, sans bien entendu, que ledit postulant se doute de quoi que ce soit et effectivement, il ne s'avéra guère brillant face aux tests verbaux du grand Patron.

Ce dernier pria donc le petit Patron de revoir son choix et lui demanda surtout de tester le postulant remplaçant « quand il partirait en retraite ».

Toujours sans que le postulant ne se doute de l'objet de la rencontre, le test eu lieu de façon très satisfaisante.

Régulièrement, sous divers prétextes, le petit Patron faisait valider son futur successeur qui ne se doutait de rien, et bien régulièrement le grand Patron confirma ce choix.

Et dix ans plus tard celui-ci succéda harmonieusement au petit Patron !

Histoire des commandos
ou **Comment reconquérir "l'amour" du client !**

Fiat :
Un jour, en fin de matinée, un avis d'incident émis par l'usine Fiat de Vérone arrive par fax à la mini-usine. Un avis ordinaire qui nécessitait une réponse dans la semaine et un plan d'actions correctives dans les quinze jours.

Intrigués par la nature de l'incident décrit, le leader et quelques opérateurs décidèrent d'aller voir. Le jour même, en début d'après-midi ils prirent des billets d'avion à l'agence Havas locale, arrivèrent en fin de journée à Vérone alors que la structure qualité avait quitté l'usine, trièrent spontanément le peu de stock qu'il y avait ainsi que les pièces sur chaîne. Et le lendemain matin à 8h, ils expliquèrent aux agents qualité la nature du défaut en leur montrant les trois pièces qu'ils avaient retrouvées dans l'usine, et leur précisèrent l'action corrective qu'ils allaient mettre en place !

Stupéfaite par cette réactivité spontanée, Fiat décida de retirer l'avis d'incident !

Pour la petite histoire, quelques mois plus tard, toute l'entreprise fut très fière d'être honorée du grand prix qualité Fiat qui récompensait :
– 6 ans sans augmentation de prix,
– 6 ans sans retard de livraison et surtout
– 6 ans sans avis d'incident qualité,

ce qui était un bel exploit, vu les quantités livrées et la complexité des pièces qui avaient une portée conique, fraisées avec les moyens de l'époque, c'est-à-dire sans commandes numériques !

VW:
Un jour, un opérateur constata un défaut sur une pièce en cours de fabrication sur son poste de travail. Il bloqua la fabrication et, avec l'agent qualité, tria tout ce qui pouvait être sur chaîne et dans le stock en bout de chaîne ; ils ne trouvèrent pas de pièce mauvaise, consultèrent François, le commercial parrain-productivité de la mini-usine et décidèrent de concerte, de se rendre à Kassel afin de vérifier si, à tout hasard, une autre pièce mauvaise ne serait pas sortie de l'usine.

Ils arrivèrent donc de façon impromptue dans l'usine Volkswagen, expliquèrent le but de leur démarche, furent autorisés à contrôler les pièces en stock et en cours de fabrication sur leurs chaînes. Ils ne trouvèrent aucune pièce défectueuse, mais cette démarche spontanée et inhabituelle fut connue par la structure, et notamment par les Services Achats, et contribua à asseoir leur image chez ce client qui avait, à l'époque du moins, quelques préjugés vis-à-vis des fournisseurs français.

Dans les deux cas, ces actions découlaient « *naturellement* » de leur principe de **bonne foi** vis-à-vis du client.

Règles morales d'une P.M.E. picarde
Garant de leur respect : J-F. ZOBRIST Octobre 97

Extraits du Petit ROBERT :
« *Moral, ale, aux; lat. moralis, de mores mœurs* »

Adj. qui concerne les mœurs, les habitudes et surtout les règles de conduite admises et pratiquées dans une société.

Ces règles *simples*, si possible *plaisantes,* et reposant sur des valeurs solides, sont appelées à FAVI « les 4 bonnes » :
– Bonne FOI
– Bon SENS
– Bonne VOLONTÉ
– Bonne HUMEUR

BONNE FOI :

« Qualité d'une personne qui parle avec sincérité, et agit avec une intention droite ».

Le communisme a UN système de référence.

La vertu majeure, dans ce cas, est la fidélité à la référence (aux interprétations près)

Le capitalisme est une doctrine vivante, non figée sans bible de référence. Il existe mille livres sur le capitalisme, donc il n'en existe aucun !

Le capitalisme évolue « en allant » au gré de ses erreurs.
L'entreprise capitaliste ne peut donc progresser que par l'exploitation systématique de ses propres erreurs, à condition :

– que chacun de ses membres ait **la bonne foi** d'informer la collectivité de son erreur,
– que chacun de ses membres ait **la bonne foi** d'accepter l'erreur de l'autre.

Ainsi, tous ensemble, sans-amour propre mal placé, on pourra procéder à une analyse constructive des dysfonctionnements quotidiens, et se nourrir des plans d'actions correctifs, pour continuer à adapter le système aux évolutions de son environnement.

« La bonne foi est l'oxygène du capitalisme ! »

Autrement dit :

– Si je fais une erreur je ne la dissimule pas, mais m'en sers comme levier de progrès,

– Si je me trompe je le signale immédiatement sans m'encombrer d'excuses,

– Si l'autre se trompe, je ne l'enfonce pas, et l'aide dans son analyse,

– Si je ne sais pas, je le dis,

– Si je sais approximativement, j'insiste sur ce fait,

– Je fais profiter les plus jeunes de mon expérience,

– Surtout, surtout, je ne fais jamais quelque chose que je n'ai pas compris,

– Enfin, je ne **dissimule jamais rien à mon client.**

Histoire des bouquets de fleurs

ou Il n'y a pas de performance sans bonheur conjugal

Un matin, en faisant son tour d'usine, le petit Patron tombe sur un opérateur à la mine défaite. Après l'avoir salué, il s'enquiert naturellement du problème que, visiblement, il avait et subissait : Un enfant malade ? Un problème personnel ? Un problème de relation professionnelle ? Non, honnêtement et simplement, il lui avoua qu'il était « cocu », qu'il venait de l'apprendre et qu'évidemment ça le perturbait.

Le petit Patron le réconforte comme il peut en lui expliquant simplement qu'il n'était pas le premier ni le dernier, puis il continue son tour. Le hasard fait que dans un autre service, il rencontre le même syndrome.

L'après-midi, faisant son tour habituel, il voit un fondeur qui lui demande s'il pourrait libérer sa participation. Il lui répond favorablement bien sûr, mais pour savoir si la chose était légalement possible, c'est-à-dire si son cas relevait de ceux prévus par la loi pour une libération anticipée, il s'enquiert du pourquoi de sa demande, et il lui est répondu que c'est parce qu'il veut divorcer, car il a découvert l'infidélité de sa femme et que malgré leurs trois enfants, il ne supportait pas la situation.

Constatant qu'ils avaient tous la trentaine, la colère prend le petit Patron, qui fait arrêter la production et rassemble tout le personnel mâle de la trentaine dans la « cathédrale ».

Pour la petite histoire, il n'y a dans la Fonderie aucune réunion formelle genre réunion cadres, qualité, etc..., mais comme il se pratique beaucoup de réunions spontanées suite à un problème, ou au sein des mini-usines, il y a cinq salles de réunion dans l'entreprise. Il y a fort longtemps, le petit Patron avait demandé aux jeunes de trouver des noms pour ces salles. Il ne s'attendait à rien de précis, mais pensait que ce seraient des noms de régions, ou des noms picards, mais spontanément la jeune classe, considérant avec humour que le monde extérieur les considérait comme une **secte**, baptisa ces salles « Crypte », « Chapelle », « Collégiale », « Cathédrale », par ordre croissant de taille.

Toujours pour la petite histoire, l'archevêque d'Amiens, ayant appris leur système de management judéo-chrétien, avait tenu à venir les visiter. Lors de son tour d'usine, il était resté en arrêt devant la porte marquée « Cathédrale » en disant en souriant :
– « *Ne serait-ce pas une concurrence déloyale ?* »
Donc il réunit sa meute mâle de la trentaine dans la Cathédrale et leur explique qu'eux les hommes, c'est **la peur de mourir** qui leur fait prendre conscience de leur vieillissement, que cette conscience s'exacerbe vers cinquante ans et que c'est pour ça que généralement vers la cinquantaine, on disjoncte pour aller boire à la source de jouvence d'une jeunette de la trentaine.

Alors que pour nos compagnes, c'est **la peur de vieillir** qui les trouble. Au moment des premières rides, vers la trentaine, quand nous les mâles à la plénitude sexuelle, croyant fermement et sincèrement combler nos femelles, il suffit que quelqu'un passe en leur disant :
– « *T'as de beaux yeux, tu sais !* » (en pensant à leurs fesses), pour qu'elles se rassurent en cédant lesdites fesses à l'intrus, et qu'il conviendrait de faire du préventif, en étant un peu gentil, en leur disant NOUS leur homme qu' « *elles ont de beaux yeux* », et pourquoi pas en leur offrant de temps en temps des fleurs comme ça, pour rien. Et il leur dit :

« Je fais le nécessaire : dès demain, le fleuriste du village aura de quoi répondre à la demande. Vous irez tous chercher un bouquet de fleurs, payé par l'entreprise, car j'en ai marre de voir des gens malheureux pour une connerie, car après tout comme on dit en Picardie : « Ben lavé il n'y parait plus ! »

Trois jours plus tard, il tombe sur René, un outilleur, qui lui dit :

« Vous n'allez pas me croire, mais moi, ma femme, comme je ne lui avais jamais offert de fleurs, elle m'a balancé le bouquet à travers la figure en me disant : « Pourquoi tu m'offres des fleurs ? Qu'est-ce que tu as à te faire pardonner ? »
Comme d'habitude, le petit Patron réagit à l'impulsion, sans réfléchir, mais dans le fond ce fut un acte de management et non d'altruisme, car bien des années plus tard il devait découvrir **qu'il n'y a pas de performance sans bonheur !**

Par la suite, il découvrit quelqu'un qui avait édité un certain nombre de documents du genre « homme / femme : mode d'emploi » et notamment ce qu'il faut qu'un mari fasse régulièrement pour répondre aux aspirations de son épouse.
Nous livrons à votre sagacité la liste jointe qui, en son temps, avait été diffusée dans toute l'usine.

Ceci étant, le petit Patron pas plus malin que les autres, vit sa compagne de 38 ans le quitter pour quelqu'un qui l'écoutait davantage que lui ! !
Comme quoi, les conseilleurs... Et que l'on soit ouvrier ou Patron, on est tous logés à la même enseigne ! !

Quelques manières de marquer des points avec sa femme

1. Lorsque vous arrivez à la maison, cherchez et prenez votre femme dans vos bras avant de faire quoi que ce soit d'autre.

2. Posez-lui des questions précises sur sa journée, en fonction de ce que vous connaissiez de ses projets. (Par exemple : « Comment ton rendez-vous chez le docteur s'est-il passé ? »)

3. Résistez à la tentation de résoudre ses problèmes, donnez-lui plutôt de l'empathie.

4. Donnez-lui 20 minutes d'attention concentrée, sans aucune distraction (pas de télévision, de magazine ou de journal pendant ces 20 minutes).

5. Offrez-lui des fleurs autant sans raison spéciale que pour célébrer tous les évènements que vous n'oublierez pas.

6. Prévoyez une sortie plusieurs jours à l'avance, plutôt que d'attendre le vendredi soir pour lui demander ce qu'elle aimerait faire.

7. Si c'est elle qui prépare généralement le repas, et qu'elle semble fatiguée, offrez-lui un jus de tomates et proposez-lui de s'asseoir pendant que vous préparez le repas.

8. Complimentez-la sur son apparence.

9. Lorsque vous allez arriver en retard, appelez-la pour la prévenir.

10. À chaque fois que vous allez dans votre caverne ou que vous prenez du temps pour vous, dites-lui que vous reviendrez et que vous pourrez alors parler avec elle.

11. Lorsque vous revenez de votre grotte, parlez-lui de vos soucis d'une manière non agressive, ce qui lui permettra d'enfin comprendre ce qui vous préoccupait.

12. Proposez-lui d'allumer un feu dans la cheminée pendant l'hiver.

13. Lorsqu'elle vous parle, posez votre journal ou coupez le son de la télévision, pour lui donner une attention totale.

14. Lorsque vous sortez, demandez-lui s'il y a quelque chose que vous pourriez ramener.

15. Prenez-la dans vos bras quatre fois par jour.

16. Dites-lui lorsque vous partez faire une sieste ou un tour dehors.

17. Appelez-la du bureau pour lui demander comment elle va, partager une bonne nouvelle avec elle ou lui dire que vous l'aimez.

18. Faites le lit et rangez la chambre.

19. Remarquez quand la poubelle est pleine et videz-la.

20. Lavez sa voiture.

21. Lavez l'intérieur de votre voiture lorsque vous l'emmenez quelque part.

22. Prenez parti pour elle lorsqu'elle est contrariée par quelqu'un d'autre.

23. Proposez lui un massage du dos ou de la nuque (ou des deux).

24. Réservez des moments où vous lui donnerez de la tendresse sans désir sexuel.

25. Ne zappez pas lorsqu'elle regarde la télévision avec vous.

26. Proposez-lui plusieurs restaurants quand vous l'emmenez dîner.

27. Prenez un abonnement à un théâtre, un opéra, une série de concerts ou de ballets qu'elle aime.

28. Prévoyez des occasions de sortie où vous serez tous les deux habillés.

29. Montrez-vous patients si elle est en retard ou si elle décide de changer de tenue.

30. Accordez-lui plus d'attention qu'aux autres lorsque vous êtes en public.

31. Achetez-lui de petits cadeaux, une boîte de chocolats ou un flacon de parfum.

32. Achetez-lui un vêtement. Emmenez une photo d'elle, ainsi que la taille de vêtements que vous aurez regardée dans sa penderie.

33. Prenez des photos d'elle.

34. Montrez-lui que vous avez une photo d'elle dans votre portefeuille et que vous la changez régulièrement.

35. Quand vous allez avec elle à l'hôtel, demandez à l'avance que l'on mette dans la chambre quelque chose de spécial, une bouteille de champagne ou des fleurs avec une carte à votre nom.

36. Conduisez lentement et prudemment, si elle le désire.

37. Attachez de l'attention à son humeur et dites : « Tu as l'air heureuse aujourd'hui » ou « Tu as l'air fatiguée ».

38. Traitez-la de la façon dont vous la traitiez lorsque vous vous êtes rencontrés.

39. Proposez-lui de réparer ce qui est cassé dans la maison en disant :

« J'ai du temps devant moi, qu'est-ce que je peux réparer dans la maison ? »

40. Fixez une liste dans la cuisine où elle pourra écrire tout ce qu'il faut réparer. Ne laissez pas cette liste devenir trop longue.

41. Prenez les messages téléphoniques qui lui sont destinés et écrivez-les lisiblement.

42. Ouvrez-lui la porte.

43. Venez l'accueillir à la voiture pour l'aider à sortir les paquets lorsqu'elle a fait des courses.

44. Lorsque vous voyagez, portez les bagages et assurez-vous qu'ils sont tous dans la voiture.

45. Lorsqu'elle cuisine, complimentez-la sur le repas.

46. Préparez-vous pour la nuit en même temps et allez au lit en même temps qu'elle.

47. Riez de ses blagues et de son humour.

48. Dites-lui merci lorsqu'elle fait quelque chose pour vous.

49. Remarquez lorsqu'elle sort de chez le coiffeur et complimentez-la.

50. Organisez et préparez un pique-nique (avec une nappe).

51. Fermez l'abattant des W.C.

52. Trouvez une manière de faire où elle a ce qu'elle veut et vous aussi. Lui donner de l'attention ne veut pas dire s'agenouiller devant elle.

53. Si elle s'occupe des lessives, proposez-lui d'aller au pressing.

54. Lorsque vous l'emmenez pour une sortie romantique, mangez léger pour ne pas être fatigués par la suite.

Histoire de motobécane

ou **De l'art de passer des messages simples mais efficaces**

À Saint Quentin, il y avait une entreprise centenaire dont le nom était devenu générique comme klaxon ou frigidaire : **Motobécane,** qui fabriquait la fameuse MOBYLETTE.
Cette usine, présentait pour le petit Patron deux centres d'intérêt :
– D'une part, le chef de fabrication était un homme éveillé à la Qualité qu'il avait apprécié lorsqu'il présidait les destinées du Mouvement Français de la Qualité en Picardie,
– D'autre part, elle fabriquait la dernière et unique moto française, la BFG, un monstre à quatre cylindres, construit autour d'un moteur de Citroën VISA.
Le petit Patron, toujours en recherche de modèles, visitait donc régulièrement cette entreprise qui lui laissait l'impression d'être un énorme cendrier : il y avait en effet des boîtes de conserve remplies de mégots partout. Tout le monde avait la clope au bec ; sur la chaîne de fabrication des Solex, les gens parlaient entre eux et de temps en temps, montaient une pièce sur les Solex en construction, puis faisaient manuellement avancer la chaîne avant de reprendre leur conversation...
Bref une image sombre, enfumée, confuse.
Là-dessus, ce qui devait arriver arriva : Motobécane en chute libre fut reprise par **Yamaha** juste avant l'écrasement final. Bien entendu cela provoqua la plus vive inquiétude des syndicats et des politiques locaux.

L'ami du petit Patron, le chef de fabrication, lui conta que contre toute attente, on ne vit arriver qu'**un seul Japonais,** ne parlant même pas le français, donc accompagné d'un traducteur, et c'était tout !

Pendant cinq ou six mois, rien ne changea, si ce n'est que discrètement, tous les cadres et une partie de la maîtrise partirent au Japon se former à tour de rôle au 5S. Puis un jour le Directeur Japonais fit savoir qu'il allait s'adresser aux salariés.

On lui dressa donc une petite estrade, les banderoles syndicales refleurirent et devant quelques milliers de collaborateurs assemblés, à l'heure dite, le Président monta sur l'estrade, tapota sur le micro pour s'assurer de son bon fonctionnement et dans un silence quasi religieux et très attentif dit :
– *"On va ranger !"*
puis redescendit de l'estrade.

Et pour ranger, ils rangèrent !

Ils appliquèrent tranquillement tous les principes du 5S et en quelques mois, l'usine fut tranquillement transformée ainsi que les mentalités, bien entendu. Au point que chacun mettait des patins pour quitter les allées de circulation par ailleurs impeccables et allaient sur leur poste de travail d'une propreté et d'un ordre absolus.

Après quelques années de 5S, ils attaquèrent le TPM, et cette entreprise moribonde redevint un acteur majeur sur le marché du 2 roues en innovant avec toute une classe de scooters marrants, dont les premiers furent les *"boosters"*, modèles qui renouvelèrent et dynamisèrent ce marché, quelque peu moribond à l'époque.

La morale de cette histoire est que :

1/ - Dans un premier temps, il est important de ne rien faire, de façon à ce que les troupes fassent toutes seules le cheminement de deuil de l'ancienne situation puis d'aspiration à quelque chose d'autre !

2/ - Qu'il faut toujours proposer des choses simples, comme ranger.

3/ - Qu'il faut laisser du temps au temps et ne pas bousculer les étapes : quelques mois de silence, quelques années de 5S avant d'attaquer le TPM. On a toujours tendance à vouloir aller trop vite et donc bâtir sur du sable.

4/ - C'est bien le système qui fait l'homme, car ces mêmes hommes qui étaient tristes et ternes dans un environnement sale, étaient dorénavant gais et fiers de montrer leurs postes de travail, en un mot heureux !

Et comme il n'y a pas de performance sans bonheur, Motobécane fut sauvée, gagna beaucoup d'argent et créa beaucoup d'emplois !

Ce qui, dans notre monde ou plus personne ne croit aux fées, vaut bien comme morale : *"Ils se marièrent et eurent beaucoup d'enfants".*

Plus tard le petit Patron eut l'opportunité de visiter Honda au Japon et des usines Honda dans quatre pays européens, aussi bien anglo-saxons que latins.

Bien entendu on retrouvait dans chaque usine strictement les mêmes principes de fonctionnement, et force est de constater que quelles que soient les différences culturelles des pays, Honda obtenait les mêmes résultats !

Ce qui confirme bien que c'est "le système qui fait l'homme"

Pour changer l'homme, il faut changer le système; c'est simple et très compliqué à la fois !

La motivation

Motivation : "Action des forces conscientes ou inconscientes déterminant le comportement d'un individu", nous dit le LAROUSSE. Ce même dictionnaire, nous apprend que motiver c'est donner un *motif*, puis un *moteur* à l'action.

Vous savez que pour nous, judéo-chrétiens picards, le *motif* est L'INSTINCT de CONSERVATION (ne pas mourir), et le *moteur* L'AMOUR (l'amour du travail bien fait, l'amour du client pour nos pièces, l'amour des opératrices et opérateurs pour ces mêmes pièces). Les leviers de motivation sont multiples, divers, et varient non pas tant en fonction des individus que des contextes.

Un travail de groupe sur plusieurs séances, avec la quarantaine de Bac + que nous avons en stock, nous a permis d'établir une liste de ces leviers potentiels, et surtout de les classer en fonction des différents buts qu'une entreprise peut chercher à atteindre :
– Il nous est apparu que les motivations des acteurs de l'entreprise quantitative ne sont pas celles des acteurs des entreprises qualitatives, productives ou écoutantes.
– Il nous est surtout apparu que les leviers utilisés *conditionnent totalement* le comportement collectif : si on joue sur l'argent, on obtiendra obligatoirement un résultat quantitatif, et tant que l'on n'aura pas abandonné ce principe de *donnant-donnant*, on ne pourra pas accéder aux autres étapes d'évolution de l'entreprise.
C'est, semble-t-il, ce que l'on constate pour une partie de la fonction publique, ou dans certains services d'entreprises privées, qui refusent obstinément et fort logiquement, toute idée de changement, tout simplement parce que le dialogue reste cantonné dans des donnant-donnant successifs, donc dans le domaine purement quantitatif.

D'où le préalable social (au sens large) *indispensable* à toute démarche collective.
– Il nous est aussi apparu que l'évolution collective, par remise en cause non plus du process mais du produit, c'est-à-dire le passage des notions de *pouvoir* quantitatif au *savoir* qualitatif puis au *vouloir* productif et enfin à *l'amour* écoute, met en œuvre des axes de motivations plus riches et plus complexes à aborder.
D'où l'importance de l'élévation culturelle des troupes qu'il faut intégrer dans les plans de formation : il ne faut pas hésiter à faire de la culture pour la culture, de la culture pour que la génération montante raisonne autrement, plus "richement", plus "haut" que la génération qui aujourd'hui détient le pouvoir.
– Il nous est enfin apparu que cette fiche est sûrement une des plus riches que nous ayons rédigées à ce jour, et qu'elle explique bien des échecs, et des illusions définitivement perdues.

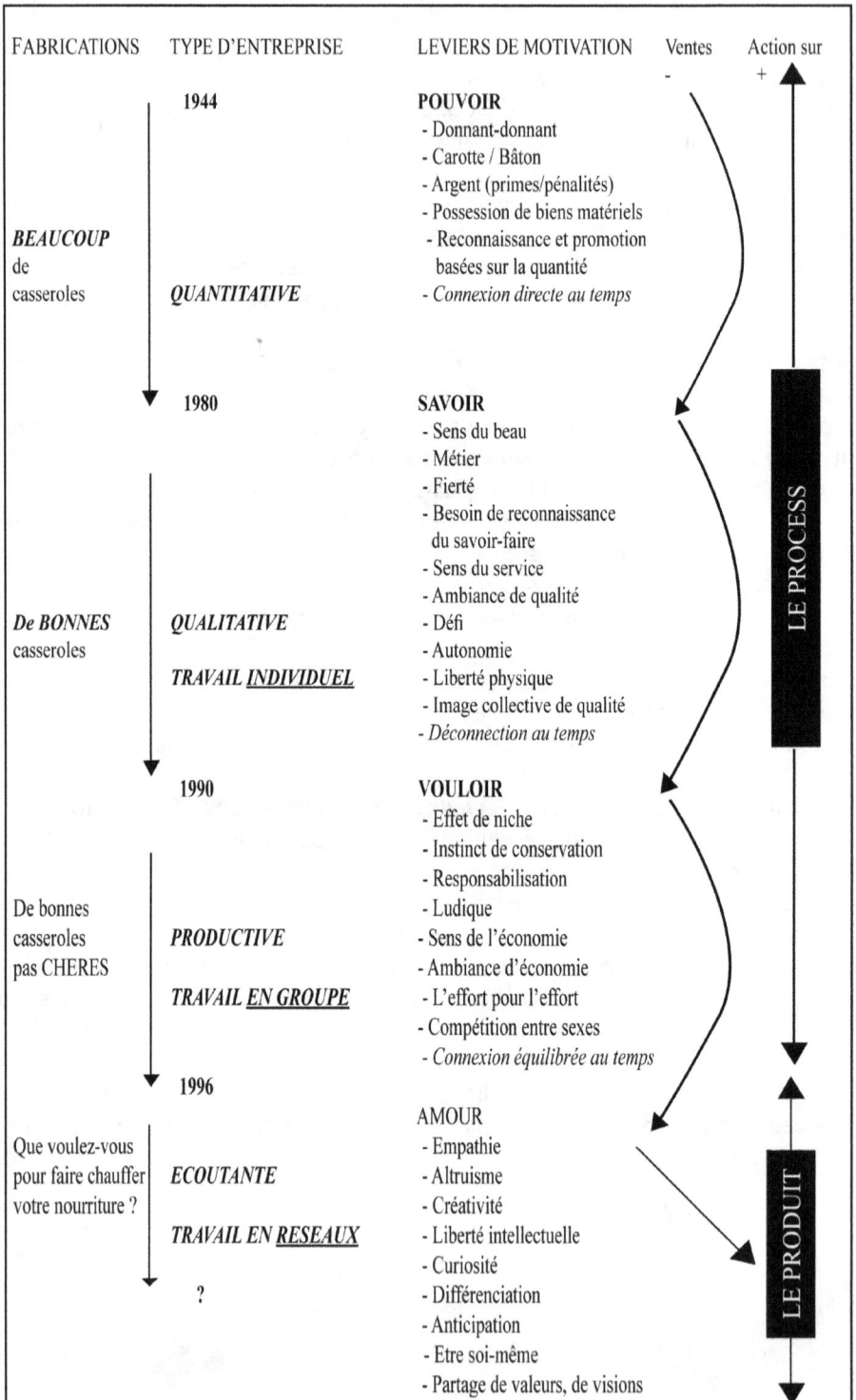

FABRICATIONS	TYPE D'ENTREPRISE	LEVIERS DE MOTIVATION	Ventes −	Action sur +

1944

POUVOIR
- Donnant-donnant
- Carotte / Bâton
- Argent (primes/pénalités)
- Possession de biens matériels
- Reconnaissance et promotion basées sur la quantité
- *Connexion directe au temps*

BEAUCOUP de casseroles

QUANTITATIVE

1980

SAVOIR
- Sens du beau
- Métier
- Fierté
- Besoin de reconnaissance du savoir-faire
- Sens du service
- Ambiance de qualité
- Défi
- Autonomie
- Liberté physique
- Image collective de qualité
- *Déconnection au temps*

De BONNES casseroles

QUALITATIVE

TRAVAIL INDIVIDUEL

LE PROCESS

1990

VOULOIR
- Effet de niche
- Instinct de conservation
- Responsabilisation
- Ludique
- Sens de l'économie
- Ambiance d'économie
- L'effort pour l'effort
- Compétition entre sexes
- *Connexion équilibrée au temps*

De bonnes casseroles pas CHERES

PRODUCTIVE

TRAVAIL EN GROUPE

1996

AMOUR
- Empathie
- Altruisme
- Créativité
- Liberté intellectuelle
- Curiosité
- Différenciation
- Anticipation
- Etre soi-même
- Partage de valeurs, de visions

Que voulez-vous pour faire chauffer votre nourriture ?

ECOUTANTE

TRAVAIL EN RESEAUX

?

LE PRODUIT

Histoire d'amour
ou **Comment ne jamais oublier que c'est le CLIENT qui nous fait vivre**

L'amour du client est avec la croyance dans le fait que **"l'homme est bon"**, une des deux valeurs simples garantes de la cohérence du système _complexe_ de la Fonderie; mais pour que cet amour soit efficace, il faut qu'il soit régulièrement concrétisé par des actions matérielles.

Quelques exemples :

1) **Des petits cadeaux mensuels** faits par des opératrices et des opérateurs à leurs homologues du client :

En Fonderie, quel que soit le type de fonderie : sable, coquille ou sous pression, et quel que soit l'alliage, on repousse le front de métal liquide, chargé d'oxydes, dans des parties attenantes aux pièces, que l'on sépare après coulée pour être recyclées : les talons de lavage. On ne sait plus qui eut l'idée de donner des formes « marrantes » à ces talons de lavage et d'en faire cadeau tous les mois à nos clients sur chaîne, en mettant, tous les mois, quelques milliers de ces petits objets parmi les pièces : il y a les petits Père Noël pour Noël, l'étoile de la Nativité pour janvier, le cœur pour la St-Valentin, le petit poisson et l'œuf pour Pâques, le petit lapin et la poule pour l'Allemagne parce que ce sont eux qui sont censés apporter les œufs, et la cloche pour la France, la citrouille pour Halloween, le soleil pour juillet, etc...

Le but n'est pas tant de faire plaisir aux opérateurs des clients que de rappeler, chaque mois, aux opératrices et aux opérateurs de la Fonderie qui mettent ces objets parmi les pièces, **qu'ils travaillent pour un client.**
Encore que...

Quand la Fonderie a été honorée du grand prix qualité FIAT :
– 6 ans sans retard de livraison (ça c'est vrai !)
– 6 ans sans augmentation de prix (c'était vrai aussi)
– 6 ans sans problèmes qualité (ça c'est difficilement possible, compte tenu de quelques millions de pièces délivrées ! Peut-être que les opérateurs sur chaîne de FIAT, sensibles aux petits cadeaux mensuels, ont eu parfois tendance à écarter discrètement la pièce pas tout à fait conforme ?)

2) **La petite note** qui s'adresse à l'intelligence des opératrices et opérateurs des clients :

Info Tech 1
C'EST QUOI LE LAITON?

Les pièces que vous recevez sont en laiton. Le laiton est un alliage de cuivre, de zinc (généralement 60% de Cu et 40% de Zn) plus d'autres éléments qui favorisent l'usinabilité comme le plomb, qui augmente la résistance mécanique, comme le fer, le nickel, le manganèse, la résistance à l'usure comme l'Alu ou le silicium ou la résistance à la corrosion comme l'antimoine ou l'arsenic.
Les laitons sont les alliages qui après les aciers, ont les plus hautes caractéristiquement mécaniques avec en plus une bonne résistance à l'oxydation, au frottement et un bel aspect.
Vu au microscope, ça ressemble à ça :

Infotech2 : Comment fait-on le laiton
À suivre....

Par les petits objets en laiton, on s'adresse à **leur cœur**. Il a semblé utile de temps en temps de s'adresser à **leur tête** en mettant, toujours parmi les pièces, des petites notes de 15x15 cm appelées « Info. Tech. » qui expliquent un élément du process :
C'est quoi le laiton ? C'est quoi l'injection ? C'est quoi l'induction ? Etc...

Comment s'adresser au cœur des "grands chefs" des clients, qui ne nous connaissent pas ou peu ?

Un des défauts de la Fonderie, comme l'avait fait remarquer un des dirigeants du groupe Schneider, est de ne pas augmenter les prix, de ne jamais livrer en retard, et de générer très peu d'avis d'incidents ; de ce fait, les dirigeants les connaissent peu, voire pas !

C'est pourquoi ils avaient abonné tous ces gens-là à Géo ou à National Géographic. Ainsi chaque mois, ils reçevaient une image neutre mais positive de l'entreprise qui, espéraient-t-ils, leur reviendrait à l'esprit si, par hasard, un jour ils entendaient parler d'eux. Et de même ils s'adressaient à leur esprit en leur faisant parvenir une fiche outil décrivant leur perception d'un outil qualité et plus récemment des documents traitant du Développement Durable.

3) **Merci !**

Hallencourt, septembre 2002

MERCI

Madame, Monsieur,

Vous êtes un CLIENT (en usine, aux études, en qualité, aux achats ou ailleurs),
Vous êtes un Fournisseur,
Vous êtes de la DRIRE, du Ministère de l'industrie, de l'ANVAR,
Vous êtes du Ministère du travail, de la CRAM,
Vous êtes un Auditeur de l'AFAQ,
Bref vous êtes un de ces nombreux PARTENAIRES qui ont permis à la société FAVI qui m'a accueilli(e) de se développer au cours de l'année 2002 et de créer 17 emplois à durée indéterminée *dont le mien !*

MERCI de la confiance que vous avez témoignée à mon entreprise et soyez assurés que je ferai tout mon possible, dans les années à venir pour continuer à mériter cette confiance.

BARDON Fabrice

ETIENNE Olivier

JANSSOONE Serge

LOMBART Ludivine

MIREY Thierry

PILVOIX Frédéric

POUYEZ Cédric

RYCKEWAERT Maxime

VERDUN Patrick

BLONDIN David

GILMAN Fabien

LEROY Hervé

MERELLE Mathieu

MOULIER Christophe

POURRE Alexandre

ROUSSELLE Jérôme

TARLIER Olivier

Lorsque l'entreprise a le bonheur d'embaucher, elle envoie un petit mot aux Directeurs de sites, aux Achats, à la DRIRE, l'ANVAR, à la CRAM, à l'Inspecteur du Travail, etc... où les nouveaux embauchés remercient ces partenaires d'avoir contribué à aider la Fonderie à créer leur emploi.

Certes ce petit mot fait plaisir à des gens qu'on ne remercie jamais, que ce soit la DRIRE ou l'Inspecteur du Travail, mais tel n'est pas le but. Le but est que chaque signataire garde une copie de son engagement à servir tous ces partenaires dont le client.

4) **Trophée de l'An 2000**

Le petit Patron, fainéant, donc ayant le temps de lire des tas de revues, avait découvert une petite entreprise qui reconditionnait à neuf les 2CV Charleston et les garantissait pendant un an; ainsi naquit l'idée d'offrir à une opératrice ou un opérateur de nos clients deux 2CV.

Le principe était de soumettre un slogan glorifiant la mémoire de la 2CV et les appels à candidature étaient identiques à celui joint, mis dans les pièces et arrivant directement sur chaîne.

Il y eut de très beaux slogans du genre :

« On dit un amiral, des amiraux

On dit un bocal, des bocaux,

On dit un idéal, 2CV »

Comme on priait les gens qui trouvaient ces petits documents de les photocopier et de les transmettre, il s'avéra que les deux slogans retenus récompensèrent un opérateur sur chaîne d'une usine PSA de Metz et une dame qui travaillait à la compta de Poissy.

Les 2CV trônèrent pendant plusieurs mois dans l'entreprise pour rappeler à toutes et à tous qu'elles étaient destinées à un de nos clients, et leur seule présence matérialisait cette notion abstraite de client.

5) Présents pour les visiteurs du Midest
Chaque année, Carole anime une réflexion au niveau des commerciaux pour trouver une idée récompensant un visiteur tiré au sort, qui nous fait le plaisir de venir nous voir au Midest.

Ce fut au cours du temps un scooter BMW C1 qui portait l'idée du raccourcissement sans souci avec Favi, puis une semaine de thalasso avec son conjoint dont l'idée était plus écologique : "retrouvez-vous, retrouvez votre corps, retrouvez votre conjoint".

Cela pouvait être plus culturel, avec une semaine découverte de Rome et Florence, etc... mais les opératrices et opérateurs ont toujours été informés de la démarche ou de l'objet, qui, comme le scooter BMW, fut exposé longtemps pour concrétiser cette notion d'amour du client.

A l'occasion du Midest 2005, tentez votre chance ...

... découvrir un site unique la Baie de Somme

Fonderie sous pression d'alliages cuivreux.
www.favi.com

A travers son tirage au sort, FAVI vous invite pour une semaine dans sa région.
L'occasion de découvrir
La Baie de Somme,
Un site unique,
Classé au patrimoine de l'UNESCO;

Nous vous donnons rendez-vous sur notre stand
Au MIDEST du 15 au 18 novembre

HALL 5A, Allée V, Stand 57.

Planning de présence au verso.

Vous y déposerez votre carte de visite et la main la plus innocente vous désignera
pent-être comme l'heureux (se) gagnant(e).

Imaginez, un voyage que l'on ne s'offrira jamais...

Rome
Venise

Imaginez, un voyage que l'on ne s'offrira jamais....

Pas trop loin, trois heures d'avion maximum,
Sans souci de réservation parce que tout a été
prévu,
Une destination de Rêve,
A partager à deux, en amoureux...
Venise ? Rome ? Pourquoi pas les Deux !
FAVI OFFRE CE RÊVE !
Participez au jeu sur notre stand
au MIDEST du 7 au 10 décembre en déposant
votre carte de visite.
Un tirage au sort vous désignera peut être comme
l'heureux (se) gagnant(e).

Avec FAVI, tout est possible !

Invitation
Midest 2004
Hall 4, Allée M, Stand 9

Planning de présence au verso

Telles furent ces quelques actions concrètes, afin que personne n'oublie que tous ne vivent que par le client, et qu'il importe que régulièrement le DEDANS s'efface devant le DEHORS.

L'histoire de Tony
ou **L'art sublime de la manipulation tranquille**

Tony était entré à l'âge de 14 ans, comme "garçon de course" dans une société anglaise, fabriquant réputé de compteurs d'eau. Cette société, comme bien des sociétés anglaises, avait un réseau mondial basé sur l'ancien Commonwealth, donc des usines et établissements en Afrique du Sud, en Malaisie, en Tasmanie, en Australie, etc...

Tony, jeune homme ambitieux et entreprenant, passa son diplôme d'ingénieur en cours du soir, évolua de l'administratif vers la fabrication, puis vers le commercial.

La trentaine venue, l'établissement londonien étant trop étriqué pour son envergure, il fut nommé responsable des ventes pour la Belgique : la société y avait un petit bureau commercial, en plein centre de Bruxelles, et un tout petit atelier d'assemblage dans la cave. Tony, toujours aussi entreprenant, développa un réseau, créa une unité de fabrication en France, puis une en Espagne, prospecta et vendit sur toute l'Europe et amena son entreprise au rang de fournisseur majeur pour le marché européen.

La quarantaine venue, l'Europe étant conquise, on lui confia les Amériques où il y avait un petit atelier de fabrication et d'assemblage à Porto Rico et un bureau commercial en Floride. Le dynamisme de Tony fit qu'en quelques années son entreprise passa du rang de 10ème fournisseur du marché nord-américain au rang de 3ème.

Devant tant de succès, la cinquantaine venue, on proposa la direction générale du groupe à Tony, qui continua son action en achetant des entreprises en Allemagne, en Amérique Centrale et du Sud.
Pour le petit Patron, homme de PME, c'est-à-dire responsable d'une entité humaine limitée et concentrée sur un même lieu, le mode de fonctionnement de Tony était un mystère. Un jour, Tony, plus vieux que lui d'une quinzaine d'années et qui l'avait pris en amitié, lui proposa de l'accompagner au Mexique où il souhaitait qu'il installe une unité de production de corps de compteurs. Le petit Patron profita de l'occasion pour tenter de comprendre son mode de fonctionnement.

Ils voyagèrent de conserve depuis Londres et durant le vol, le petit Patron lui posa quelques questions à ce sujet. Il lui expliqua alors ses quelques règles suivantes :

1. Il faisait un tour du monde tous les deux mois, et voyait tous les établissements en organisant ses voyages par le trajet de moindre fatigue.

2. Il raisonnait toujours en dollar et il demandait à ses interlocuteurs, où qu'ils soient dans le monde de lui présenter des chiffres en US dollar.

3. Il avait établi pour chaque chose des règles en pourcentage. Par exemple, partout dans le monde, la part matière dans un compteur était de x %, la part assemblage de y %, etc...

4. Il avait un gros cahier renforcé de toile qu'il véhiculait partout de façon bien visible.

5. Enfin, comme il disait n'avoir aucune mémoire, partout où il arrivait tous les deux mois, il questionnait après avoir consulté son gros cahier :

"Où en étions-nous la dernière fois ? Et qu'avons-nous dit ?"

Et il concluait toujours ses visites :

"Où en serons-nous quand je reviendrai dans deux mois ?"

Tels étaient les cinq points uniques de sa méthode. Et sa méthode ne se résumait qu'à ces points, car sous le sceau de secret, il montra au petit Patron, lors du vol retour, ce qu'il y avait dans son gros cahier : **RIEN !**

Rien, toutes les pages étaient vierges et la dynamique de tout le groupe dans le monde entier, se faisait d'elle-même par sa seule présence.

Ce sont les gens eux-mêmes qui rendaient compte de leurs actions sur les deux derniers mois et qui se fixaient leurs propres objectifs pour les deux mois à venir.

Bien des années plus tard, le petit Patron découvrit cette pensée de François Julien :

« Le bon prince est celui qui, en supprimant les contraintes et les exclusions, permet que chaque existant puisse s'épanouir à son gré.

SON AGIR SANS AGIR EST UN LAISSER FAIRE QUI N'EST PAS NE RIEN FAIRE DU TOUT, CAR IL REVIENT A FAIRE EN SORTE QUE CELA PUISSE SE FAIRE TOUT SEUL. »

Tel était de fait le mode de fonctionnement de Tony.

Il ne faisait rien, il laissait faire, et sa seule action était sa présence écoutante, donc valorisante.

Si ce secret est aujourd'hui trahi, c'est que Tony est en retraite depuis une dizaine d'années et que malheureusement ce groupe florissant, victime de la mode du temps, a été depuis son départ revendu une dizaine de fois et n'est plus que l'ombre de ce qu'il fut.

C'est d'ailleurs une des interrogations du petit Patron Naïf : ce groupe, comme bien d'autres, qui à chaque reprise se voit amputé de certaines usines ou activités, au nom d'éminentes considérations stratégiques, est à chaque fois revendu plus cher qu'il n'a été acquis ! ! !

Est-ce que la coquille a plus de valeur que l'œuf ?
Oui mais quand elle sera vide ????

PS : Certains pourraient prétendre que ce principe de management est de la manipulation, et que ce n'est pas bien de manipuler ! Alors, pour satisfaire tout le monde, disons que Tony *"induisait"* un comportement chez ses collaborateurs.

"Induire" est plus joli que "manipuler", même si le résultat est le même !

Histoire de commission européenne
ou Comment s'adapter à l'ego de nos voisins

Il fut un temps où ses confrères fondeurs avaient accordé leur confiance au petit Patron en le mandatant pour les représenter, en tant que métallurgiste, dans une Commission Européenne qui statuait sur les alliages cuivreux. Cette Commission se réunissait tous les trois mois environ, un peu partout en Europe.

Ce fut pour lui l'occasion de faire une étude culturelle des différences de comportement, pour en informer ses commerciaux et les former à une étude comportementale voisine de celle dictée par l'Analyse Transactionnelle.

Les Anglais :
Ils se débrouillent toujours pour prendre la présidence et le secrétariat des Commissions,
Cela leur permet très souvent si l'on n'y prend garde, non pas de tricher, ce ne serait pas très "British", mais d'orienter la rédaction des comptes-rendus et des ordres du jour et ce, bien entendu, pas en leur défaveur.
De plus ils parlent *"anglais"* entre eux, mais le véritable anglais, celui que nous autres européens ne comprenons pas, car tous les débats ont lieu en une "**espèce d'anglais**" qui est sûrement la langue européenne de demain, comme l'Américain l'est pour les Etats-Unis.
Entre Suisses, Suédois, Allemands, Italiens, Espagnols, etc.., on se comprend tous parfaitement dans cette espèce d'anglais.
En revanche, celui d'entre eux (les non Anglais) qui parlait le mieux l'Anglais était souvent obligé de traduire en Anglais européen ce que nos amis anglais se disaient entre eux, et inversement. Ceci étant, le fait que tous les non Anglais soient obligés de faire un effort de concentration pour les comprendre, alors qu'eux débattent dans leur langue maternelle, leur donne un avantage qui se ressent dans leur comportement cordialement et courtoisement hautain !

Les Allemands :
Ils arrivent en réunion après l'avoir déjà longuement préparée, entre eux, en Allemagne. Le chef de délégation est clairement mandaté pour s'exprimer et tout est prévu d'avance. Cela donne l'impression d'un rouleau compresseur qui avance lentement mais sûrement.

Lorsqu'ils veulent faire passer un alliage ou un élément d'analyse, ils reviendront dessus calmement, fermement, à chaque réunion, et finiront sans compromission, ni négociation, par imposer leur exigence. On retrouve cette caractéristique comportementale plus ou moins marquée chez tous les pays nordiques : Suède, Danemark, Finlande, etc...

L'Italien : (Et non pas LES Italiens)
Ils n'ont rien préparé.
Chacun va en ordre dispersé à la bataille. Ce sont des palabres entre eux et en italien pour arriver, en réunion, à se mettre d'accord. De fait tout se passe dans les couloirs où ils tentent du donnant-donnant : *" Je vous soutiens pour tel élément d'analyse, si vous me soutenez pour tel autre"* mais ces discussions se font d'individu à individu.

Les Espagnols :
C'est un peu comme les Italiens mais en un peu plus organisé. On reste dans le domaine du troc, mais un troc non pas entre individus mais entre délégations nationales.

Les Français :
Ils tentent bien de se mettre d'accord avant. Ils arrivent même en fonction des alliages étudiés à se mettre d'accord pour savoir qui sera le porte-parole. Tout est bien clair avant la réunion. En revanche, en réunion et dans les couloirs, la composante latine reprend le dessus et chacun essaie, pour son compte, de tirer les marrons du feu.
Le message que le petit Patron transmettait à ses Commerciaux était avant tout un message d'humilité face à un client étranger. Pour reprendre une des maximes d'Auguste Detoeuf :
« Pensez toujours que l'homme avec qui vous discutez est plus intelligent que vous, mais qu'il a moins de volonté ».

Pour en revenir à l'analyse transactionnelle il faut être *"enfant"* avec un Allemand et le laisser s'installer dans la position de *"parent"* si on veut arriver à ses fins !
Avec un Italien ou un Espagnol c'est selon, mais souvent mieux vaut être dans une relation *"adulte – enfant"*.
Quant à l'Anglais la relation *"adulte – adulte"* s'impose pour mériter leur respect, préalable indispensable à toute négociation.

Histoire de voyage
ou **Seuls ceux qui sortent s'en sortent !**

Les voyages forment la jeunesse dit-on !

C'est pour cela que quelques 80 collaboratrices et collaborateurs : des comptables, des leaders, des commerciaux bien sûr, des opérateurs, etc... ont fait au cours du temps des voyages, généralement d'une semaine, organisés de façon ciblée sur un outil de la qualité au Japon, le sens du service en Californie (pour les comptables qui sont au service de tout le monde), la découverte des marchés émergents (Chine, Pays de l'Est, Brésil, Maghreb, etc...) et, à chaque fois, les voyageurs de la Fonderie picarde font, soit des conférences en interne, soit des comptes-rendus largement diffusés où ils expliquent leur étonnement, les points forts et les points faibles perçus, et surtout les actions de duplication à mettre en place.

Pour sa part, le petit Patron partait souvent en éclaireur pour juger du bien fondé et de l'intérêt de ces voyages et pour définir la clientèle interne la plus apte à en tirer profit.

La démarche relève d'une autre logique que celle habituellement pratiquée en entreprise, une logique où l'on sait qu'un voyage organisé pour des opérateurs et leur leader d'un coût de 150 k€ s'amortira très largement, bien qu'on soit incapable de le prouver comptablement.

Tout voyage s'amortit de 3 façons :
– La 1ère concrète, immédiate, est qu'un voyage TPM préparé à l'avance, ciblé sur cet outil dans des entreprises japonaises, puis exploité par des chantiers TPM en interne, crée une dynamique évidente et rentable au niveau des process.
– La 2ème est que très souvent on y trouve autre chose que ce que l'on était venu chercher !

Un exemple : avant d'envoyer les comptables en Californie voir le Sens du Service, le petit Patron était parti en explorateur et effectivement il avait découvert le réseau Saturne pour l'automobile, la place du client dans la grande distribution par des témoignages et visites concrètes, et incidemment le groupe de patrons qu'ils étaient, avait eu à Berkeley une conférence sur un truc mystérieux, inconnu en Europe, et difficile à comprendre : le web ; cela près de deux ans avant qu'on en parle en France, ce qui lui avait permis de faire organiser, bien avant tout le monde, un voyage orienté web pour son informaticien et les commerciaux, afin d'anticiper les applications possibles de ce nouveau mode de communication.

– La 3ème enfin est que plus on est loin de son bureau, plus on a d'idées sur son bureau. La chose est vraie pour tout le monde, même et surtout pour l'opérateur : plus il est loin de son poste de travail, plus il a d'idées de remise en cause de son poste de travail.

La formation en salle est déjà un premier stade de recul et de même que vous et moi avons la plupart de nos idées constructives en voiture et pas derrière notre bureau, de même l'opérateur...
C'est sans doute pour cela que dans des entreprises intelligemment "paternalistes" comme Michelin, on estime que tous les trois ans au maximum, chaque opérateur doit faire l'objet d'une formation !

L'autre aspect est que dans les pays émergents, on voit parfois des choses qui sont apparemment impossibles dans nos vieux pays européens soviétisants, mais qui, après réflexion, sont adaptables aux contraintes de nos lois et donc possibles, alors que notre éducation dans le respect de ces lois, fait que notre imagination est formatée, bloquée, rétrécie !

Seule la vision de l'action, ailleurs, nous permet de la débloquer, chez nous !

Histoire des papiers et des hommes

ou **Comment les structures pléthoriques justifient leur présence**

Il y a deux ou trois ans, la fonderie a eu un problème qualité décelé par le contrôle réception d'un de ses gros donneurs d'ordres. Un problème mineur qui il y a encore quelques années, alors que ses contrôles réception étaient effectués par des anciens agents de fabrication, ne généraient aucun commentaire tout au plus aurait-on remis au chauffeur en fin de trimestre la pièce dans un carton en lui signalant verbalement l'incident pour qu'il en informe l'usine fournisseur !

Mais les temps avaient évolué et nous avions affaire à des qualiticiens, des purs, des vrais, des durs, des « spécialistes » !

Voilà donc le petit Patron solennellement convoqué.

On le prévient qu'une réunion serait organisée en présence du Directeur d'établissement, du patron de la Qualité, du Responsable de la Qualité Réception etc..., et on lui demande, pour préparer la réunion, qui de son côté y participerait.

Il précise, tout à fait logiquement et naturellement à son interlocuteur, vu son formatage intellectuel, qu'il viendrait avec 9 opératrices et opérateurs, puisqu'ils faisaient 3 produits pour ce client en 3 équipes et qu'il souhaitait qu'un opérateur par équipe et par produit assiste à la réunion.

Cela non pas pour être sermonné, puisqu'ils sont les meilleurs du monde, et qu'honnêtement lui-même, petit patron, n'arrive pas à comprendre comment jour après jour on peut produire des dizaines de milliers de pièces avec des défauts de l'ordre d'une pièce par million ! Non pas tant, non plus, pour répondre aux questions et aux interrogations, que pour rendre compte en interne à leurs compagnons de l'incident et des mesures à mettre en place.
À la grande surprise du petit Patron, son interlocuteur lui dit que ce n'était pas possible, que comme il y avait le Directeur d'établissement et d'autres gens importants, il fallait que de son côté il en soit de même !

Ce à quoi le petit Patron répondit que s'il en était ainsi, il ne viendrait pas.

Bref, ils finirent par transiger pour un nombre de 4 opérateurs + le responsable Qualité de la Fonderie + le commerçant chef de projet et le leader responsable de cette mini-usine.

Pendant l'entretien, les opérateurs furent remarquables, d'humilité et de modestie d'abord, et surtout de compétence car eux qui faisaient ces produits-là 8 heures par jour le connaissaient à l'évidence mieux que les techniciens et ingénieurs du client.

Il s'avère que le Directeur d'établissement et le Responsable Qualité du client n'avaient pu se libérer pour participer à cette réunion de travail, mais durant le repas pris collégialement à la cantine, ils rencontrèrent le Responsable Qualité, jeune et brillant ingénieur qu'ils avaient connu et apprécié précédemment dans d'autres fonctions. Et celui-ci leur suggéra de visiter le stock de produits finis qui alimentent toutes les usines du groupe.

Compte tenu de la diversité des versions et du nombre d'usines alimentées, ce stock était impressionnant et les opérateurs prirent conscience que, aussi bonne que soit la traçabilité, s'il y avait une pièce mauvaise dans un de ces ensembles, pour le retrouver et l'isoler cela représentait un travail titanesque.

Bien entendu la réunion de clôture de la visite imposa des tonnes de paperasses dans le cadre d'un plan de surveillance se déroulant sur plusieurs mois. Bien entendu la Fonderie fit les tonnes de papiers mais l'essentiel de l'action corrective furent les commentaires faits par les opérateurs à leurs compagnons de travail sur la gravité qu'il y avait à ce que, même une pièce sur un million, se retrouve dans le stock de produit fini du client compte tenu du volume, bien entendu exagéré dans les propos, de ce stock.

Et c'est ce message et lui seul qui fit que par la suite il n'y eut plus aucun accident avec ce client et qu'ils eurent la fierté de se voir solennellement récompensés par le Président de ce groupe par la remise d'un trophée Qualité distinguant les 5 meilleurs fournisseurs sur quelques 200.

Bien entendu le client fut convaincu que ce résultat fut obtenu par les papiers et la Fonderie eut l'humilité de le laisser croire et cela leur rappela une autre affaire du même genre où il y a à peu près 20 ans, les fabricants automobiles commencèrent à commercialiser des boîtes de vitesses sans vidange, où l'huile était installée une fois pour toutes en usine, ce qui imposait de ne livrer que des pièces lavées et exemptes de poussières ou autres petits copeaux, qui partaient, auparavant, avec la première vidange.

Il y eut des incidents jusqu'au jour où quelqu'un eu l'idée de mettre tous les opératrices et opérateurs qui œuvraient sur le process fourchette dans des cars pour aller visiter les chaînes de montage du client.

Et là, étonnés de découvrir que tous les carters passaient dans d'énormes machines à laver, très similaires à des machines à laver la vaisselle d'ailleurs, ils comprirent l'importance de l'enjeu et il n'y eut plus jamais d'incident.

Pendant des millénaires le forgeron, le meunier, le vannier, le sabotier etc... faisaient la qualité **en homme de qualité**, sans papier.

Sans doute les papiers ont-ils permis une adaptation à l'évolution rapide de la technicité des produits, mais les hommes eux aussi ont évolué.

N'est-il pas temps de revenir à cette dimension tout simplement humaine de la qualité ?

Oui mais que faire des structures pléthoriques mises en place ? !
En 40 ans de carrière, le petit Patron a connu trois fascismes :

– Le fascisme des comptables et autres contrôleurs de gestion dans les années 70 ; c'est pourquoi l'entreprise veille à n'avoir que 1% de ses effectifs dédié à cette fonction !

– Le fascisme des informaticiens dans les année 80 ; C'est pourquoi la Fonderie n'en a qu'un seul !

– Le fascisme de qualiticiens depuis les années 90 ; et là rien à faire pour l'instant, à peu près 50% du service de la fonderie est occupé à faire des dossiers imposés par l'extérieur, démarche qui est devenu une forme de marketing !

Pour la petite histoire il y a quelques années, de temps en temps le petit Patron, lorsque c'était lui qui remettait le dossier au client, mettait dans la liasse une photo de dame dénudée puisée dans un vieux New Look des années 80, époque ou les revues n'étaient plus pornographique, mais presque gynécologiques, et jamais, jamais personne n'en fit la remarque !

De là à penser que jamais personne n'ouvrait ces dossiers ??

Pour en être certain il alla même jusqu'à mettre des extraits du Journal Officiel, avec la même absence de réaction !

Histoire de Pompon
ou **Un sauvetage réussi**

Pompon buvait !

Tout le monde l'appelant Pompon, le petit Patron l'appelait Pompon.
Il buvait, surtout en dehors des heures de travail, mais parfois à la reprise à 14 heures, il était dans un état un peu second.

Maintes fois, lors de ses tours d'usine, le petit Patron lui avait dit :
« Pompon, ça va mal se terminer ! »

Ce à quoi il répondait :
« Je ne bois que de la bière, et avec mes copains,
au bistrot, et en dehors de l'usine. »

Un jour, ce qui devait arriver arriva.

Le petit Patron était en déplacement et, à son retour, on lui apprit que Pompon, en début d'après-midi, était tellement saoul qu'il avait uriné sur lui.

Pompon était un ancien outilleur qui avait pour fonction de débiter les aciers pour le Service Outillage et de « gérer » le magasin.

Gestion très simple par ailleurs, car le magasin est en libre-service et chacun, lorsqu'il se sert, inscrit sur un tableau noir à la craie, non pas son nom car cela ne présente aucun intérêt, mais ce qu'il a prélevé.

La fonction de Pompon se limitait à relever le tableau tous les jours et à en informer Marie-Anne qui se chargeait de regrouper les commandes.

De plus il était membre du CHSCT.

Comme maintes fois, le petit Patron avait, en vain, proposé à Pompon de suivre une cure de désintoxication.

Il saisit l'occasion pour appeler l'Inspecteur du Travail, puisque Pompon était un salarié protégé, et lui proposa de faire très peur à Pompon pour l'inciter enfin à suivre cette cure.

Pompon fut donc mis à pied immédiatement à titre conservatoire, son salaire fut donc bloqué

En utilisant les limites légales des différents délais imposés par le Code du Travail, Pompon fut convoqué, l'Inspecteur du Travail saisi, ce dernier accepta comme convenu la demande de licenciement, étant entendu que pendant tout ce temps, qui fut fort long, d'autant plus que le calendrier, par une suite de ponts et de congés (nous étions sans doute au mois de mai) allongea les délais, Pompon resta sans salaire.

À ce moment-là, toujours comme convenu, l'Inspecteur du Travail convoqua Pompon lui disant qu'il était arrivé à convaincre le petit Patron de revenir sur sa décision de le licencier pour peu qu'il accepte de suivre une cure à Rouen, dans un établissement par ailleurs réputé pour la rigueur et l'efficacité du traitement.

Aux abois, Pompon qui buvait une grande partie de sa paye et qui se trouvait sans le sou, accepta la proposition pour peu qu'on lui verse une avance, ce qui fut fait.

Ainsi Pompon arrêta de boire !

La grande récompense du petit Patron fut qu'à la fête de Noël suivante (6 ou 7 mois après), sa fille de 11 ans est venue lui faire une grosse bise en lui disant :

« *Je vous remercie car maintenant mon papa est beaucoup plus gentil qu'avant.* »

Ce qui lui fit monter, malgré lui, la larme à l'œil.

Si cette histoire est contée, c'est pour prouver que parfois entre gens de bonne foi, de bon sens et de bonne volonté, on peut faire de très belles choses en complicité avec notre belle administration, pour peu que l'on communique régulièrement, et que l'on ait des relations tout simplement humaines.

Histoire de Roland
ou **Comment ne pas perdre le bon sens**

Dans les années 80, la Fonderie ne gagnait pas beaucoup de sous, et assurait ses propres livraisons dans la région du Vimeu, mais aussi souvent en région parisienne où ils avaient des clients de pièces sanitaires, de chasses d'eau ou de serrurerie.

Pour ce faire, ils avaient un vieux camion hors d'âge que Roland, chauffeur-livreur, entretenait amoureusement.

Considérant que ce camion portait aussi notre image, un jour le Petit Patron décida d'en acheter un neuf et fit bien entendu faire l'étude par Roland, qui choisit le matériel le plus adéquat.

Le jour de la livraison du beau camion, Roland vint le voir dans son bureau et lui dit respectueusement - car Roland faisait partie de ces gens entrés dans la Fonderie à 14 ans et auxquels à l'époque on avait appris à dire bonjour aux anciens tous les matins et être courtois avec tout le monde.

Il vint donc voir le petit Patron et lui dit :

« *Maintenant que j'ai un camion tout neuf, qu'est-ce que vous allez faire pour mon salaire ?* »

Interloqué, il le regarda et lui répondit :

« *Allons, Roland, soyez raisonnable. Ce camion ce n'est pas moi, ni vous qui l'avons payé, c'est nous tous, tous les gens de l'entreprise qui par leur travail vous ont offert un beau camion, bien sûr pour porter notre image, mais aussi parce que nous tous avons estimé que vos conditions de travail étaient trop pénibles avec un camion non confortable, sans direction assistée, et en fait c'est vous qui êtes redevable à chacun des salariés de Favi de quelque chose !* ».

Roland n'insista pas mais cette histoire fit le tour de l'usine et depuis, jamais, jamais quelqu'un auquel on proposait plus de responsabilités, de la formation ou même plus de travail, n'a jamais mis en préalable de considération salariale.

Il faut dire qu'en gens de bonne foi, de bon sens et de bonne volonté, on a toujours veillé spontanément, après que la personne ait accepté une charge supplémentaire, à augmenter son salaire de la façon la plus juste possible, et souvent sans même en parler au collaborateur, pour qu'il découvre avec son époux (se) l'augmentation sur la fiche de salaire du mois suivant.

Cette manière de procéder est une de celles qui a été utilisées pour sortir des relations **donnant-donnant** condamnées par JC Fauvet et s'orienter vers des relations **concertatives** naturelles *(voir Entreprise « Y »)*.

L'histoire de l'autre Christine
ou **De l'importance de l'affectif**

La Fonderie avait besoin d'étoffer le service commercial et avait lancé une procédure de sélection de candidats, que Christine avait passé avec succès.

Elle devait avoir un BTS Commerce International Trilingue, et fit comme tout entrant dans la famille une période de deux fois trois mois d'intérim puis l'objet d'un contrat à durée déterminée d'un an, dans le cadre des possibilités légales de l'époque.

Cette longue période d'essai se justifie aussi en partie, parce que la France est sûrement le seul pays au monde où il est plus facile de divorcer que de rompre un contrat de travail.

Tout se passait au mieux, Christine faisait preuve de grandes compétences profession-nelles, et surtout de bonne volonté, ne rechignant pas à rester au-delà des horaires nor-maux pour finir une tâche ou aider un ou une de ses collègues du service commercial.

Comme à l'accoutumée, un trimestre avant la fin de la période d'essai, le petit Patron fit le tour de tous les commerciaux, ils étaient une dizaine à l'époque, pour leur demander leur avis sur Christine. Et, à sa grande surprise, toutes et tous lui dirent, chacun à sa manière :

« Oui, elle est bien, je n'ai rien à lui reprocher, mais... ».

Il en ressortait qu'à l'unanimité, tout le monde l'appréciait, mais .... Personne ne l'avait adoptée.

Pourquoi ? Il ne savait pas, elle était gracieuse, aimable, compétente, serviable, **mais....**

En toute honnêteté, il reçut donc Christine, comme il le faisait avec ceux dont il savait qu'on n'allait pas les garder, un trimestre avant la fin de leur contrat pour leur permettre d'avoir le temps de se retourner et de retomber sur leurs pieds.

Il reçut donc Christine et lui expliqua que ce qu'il allait lui dire était dur à entendre, car pouvant sembler profondément injuste, car personne n'avait strictement rien à lui reprocher, tout le monde louait même ses valeurs personnelles, ses capacités et com-pétences professionnelles, mais on n'avait pas envie qu'elle fasse partie de la famille.

La pauvre Christine tomba des nues car elle ne s'attendait pas à ça, et elle mit très vite toute son énergie à retrouver une nouvelle situation, forte des excellentes recommanda-tions de la Fonderie.

Elle fit d'ailleurs par la suite une très belle carrière et continua à maintenir les liens d'amitiés qu'elle avait lié avec certains en les invitant à son mariage et en faisant régulièrement parvenir au petit Patron les faire-part de naissance de ses enfants.

Cette histoire pourrait paraître profondément injuste pour certains, mais il faut intégrer même les éléments affectifs ou implicites dans le choix d'une personne avant de l'adopter dans la collectivité.

Tel est le prix à payer pour maintenir et développer une cohésion efficace dans une entreprise.

Certains assimilent les périodes d'essai à des fiançailles, et l'embauche à une forme de mariage ! ! ! !

La belle histoire d'Éliane
ou De l'interdiction faite aux fonctionnaires de se marier entre eux

Éliane était une opératrice qui, comme bien des gens de sa génération avait commencé à travailler « à l'usine » dès l'âge de 15-16 ans.

Elle portait beau la cinquantaine triomphante était toujours pimpante, maquillée, de bonne humeur, et la plupart des jeunes en Fabrication l'appelaient affectueusement « Maman ».

Elle faisait partie de ces gens qui n'ont jamais froid, et, été comme hiver, elle portait sous sa blouse de beaux chemisiers largement ouverts.

Un jour, en faisant son tour d'usine comme à l'accoutumée, le petit patron discute de choses et d'autres avec Eliane, et constatant qu'elle portait un foulard noué autour de la gorge l'interroge, pensant qu'elle avait un rhume ou autre trachéite.

Eliane, gênée, balbutie quelque chose que le patron ne comprend pas, mais en regardant mieux, il aperçoit l'amorce d'une cicatrice au niveau de la gorge.

Alors il insiste.

Eliane alors finit par lui avouer qu'elle avait mis à profit sa semaine de RTT pour subir une ablation de la thyroïde*.

Le petit patron, interloqué, se fâche un peu en lui disant que c'était quelque chose de sérieux, qu'il fallait qu'elle se repose et que n'importe quel autre fonctionnaire aurait largement pris ses 45 jours de congés « légaux » pour une telle intervention, et dans la foulée, il ordonne à Eliane de rentrer chez elle et de prendre 15 jours de congés qui lui étaient accordés de façon exceptionnelle.

Eliane argumente en disant que depuis l'âge de 15 ans, elle n'avait jamais été malade, n'avait jamais pris de congés maladie et qu'elle ne voulait pas commencer à son âge.
Le petit patron insiste en disant que ce n'étaient pas des congés maladie qu'il lui intimait de prendre mais des congés tout court qui lui seraient payés mais non décomptés de ses jours de vacances, ni considérés comme congés maladie.

Eliane insiste.

Le petit patron aussi en prenant encore l'exemple des fonctionnaires qui ne se privent guère en la matière.

Alors Eliane avoue qu'elle sait bien cela puisque sa fille travaille dans une perception dépendant du Ministère des Finances, qu'elle connaît bien tous les avantages dont elle bénéficie et qu'elle considère que si elle, Eliane, n'est pas très très raisonnable, sa fille ne pourra plus avoir tous ces avantages !

C'est un des problèmes de la France, qui explique en partie la passivité du monde ouvrier face aux écarts colossaux qui se creusent de plus en plus entre le Privé et le Public; comme près de 50% des actifs dépendent directement ou indirectement de la manne de l'Etat, presque chacun a un conjoint, un enfant, un parent qui bénéficie de cette manne et a donc l'impression que ses sacrifices sont récupérés par un proche.

Cela se tient. *Il faudrait juste interdire aux fonctionnaires de se marier entre eux !*

* Il est à noter que dans la belle région de Picardie, on a constaté quelques mois et quelques années après le passage du nuage de Tchernobyl qui, comme chacun sait, s'est arrêté à la frontière allemande pour réapparaître à la frontière suisse, qu'un nombre très inquiétant de gens ont été concernés par des problèmes de thyroïde allant du simple traitement au cancer. Une dizaine de personne furent contaminées dans la Fonderie. Fort heureusement, tout le monde survécut dans l'entreprise, ce ne fut malheureusement pas le cas dans le village.

Histoire de parking
ou **De l'importance d'un signal fort pour marquer le changement**

Une relation qui n'était pas encore un ami, mais plus qu'une relation, un jour appelle le petit Patron et lui dit : *" J'en ai marre de mon staff qui roupille, qui bloque par inertie toute mes tentatives d'évolution. Viens les réveiller, je veux faire évoluer et transformer notre mode de fonctionnement pour redonner du pouvoir aux productifs !"*

Rendez-vous est pris, et au jour convenu il arrive vers les 9 Heures du matin. Il s'agissait d'une usine d'environ 500 personnes, provinciales dans une zone d'activité proprette.

Le petit Patron découvre une belle usine avec une entrée classique toute en verre, sur la droite de la porte des massifs de fleurs et à gauche quelques places de parking avec le nom de son hôte en premier, le plus près de la porte, puis une dizaine d'autres noms.

S'étant garé sur les places visiteurs sur le parking général, il savait que celui ci était à une centaine de mètres sur le côté de l'usine.

Son presque ami l'accueille, et après avoir échangé les traditionnels vœux de bonne journée, il lui confirme sa volonté de faire bouger les choses dans son organisation et qu'il comptait sur lui pour "ébouriffer" ses troupes !

Le petit Patron le prie alors de l'accompagner devant la porte de l'établissement et là, prenant dans sa poche de poitrine son téléphone interne, il le lui tend en lui disant : *"Eh ben on va commencer tout de suite : appelle ton service entretien et demande lui de venir immédiatement enlever ton nom et les autres noms sur ce parking et de mettre tout de suite sur des bouts de bois, ou même de carton, "CLIENT" !"*
Son interlocuteur passe en apnée, ouvre la bouche et le regard hagard lui dit : *"Ben oui ! Mais, non tu comprends il faut quand même que je leur en parle... je peux tout de même pas..."*
Il l'interrompt : *"Attends si tu fais ce que je te dis, dans l'heure qui suit, toute l'entreprise saura que quelque chose est en train de changer, et ainsi le mouvement sera amorcé !"*
– *"Oui mais non, je ne peux quand même pas faire ça à mon staff, il ne vont pas comprendre !"*
– *"Si"*, dit-il *"Ils comprendront que les gens les plus importants sont les clients, et pas eux, et surtout cela leur permettra 4 fois par jour de croiser sur le même parking l'ensemble du personnel et peut être d'échanger ne serait-ce qu'un bonjour.*

Et puis tes ouvriers comprendront eux aussi que les gens les plus importants ne sont ni toi ni ton staff, mais le client !"

– *"Oui mais non..."*

Il insista :

– *"Il faut une action, même symbolique, même si elle peut paraître caricaturale, pour crédibiliser tes intentions, ta volonté de changement autrement ce ne seront que verbiages, réunions stériles... seule l'action visible et irréversible compte !"*

Devant son incapacité à passer à l'acte, il lui remit son téléphone dans la poche et repartit en lui disant : *"Si tu n'es pas capable de quelque chose d'aussi simple, ne cherche pas à changer quoi que ce soit, et mon intervention ne fera que renforcer ton encadrement dans sa passivité, car au mieux je les ferai rêver pour rien, au pire je passerai pour un dangereux agitateur, et mon témoignage ne servira qu'à leur donner des armes pour bloquer tout changement les mettant peu ou prou en cause !"*

– *"Ciao l'ami !"*

Et il est parti !

Comme ce presque ami est honnête, quelques jours plus tard il l'appela pour le remercier de la leçon, et par la suite il porta tout seul, sans aides extérieures sa dynamique de changement en faisant, **à son rythme**, des actes concrets, dont le changement des plaques de parking.

Et il a eu raison, le rythme du petit Patron n'était pas le sien, et il eut été moins efficace et moins crédible d'adopter une attitude non conforme à son image interne, non conforme à ce qu'il **est** !

A son époque, dans les années 80, le petit Patron dans sa candide naïveté, comme il descendait régulièrement dans les ateliers, avait fait murer la vitre, devenue inutile, à travers laquelle son prédécesseur surveillait du haut de son bureau tous et chacun.

Bien inconsciemment il avait ainsi délivré ce signal fort qui marquait le changement.

Il est à noter que pendant, des années les opérateurs régulièrement jetaient un œil par habitude vers ce mur, ce qui les confortait tout aussi régulièrement dans ce nouveau type de relation où le chef vient sur le territoire de chacun en toute humilité.

Histoire de nos agents
ou **De la primauté de la bonne foi sur le contrat écrit**

L'homme est bon !
Donc les agents de la Fonderie sont bons.
Donc nul n'est besoin de contrat entre gens bons.
Surtout que comme disait Barenton :
« Nul contrat ne garantit la bonne foi des partenaires. »

Or nous sommes et serons toujours de bonne foi puisque notre intérêt est commun.
Donc il n'y a aucun contrat avec les agents !

Quand l'entreprise chiffre une nouvelle affaire, elle transmet son prix à son agent en distinguant la part matière, qui est le produit d'un poids mis en œuvre par un cours de référence, remis à jour tous les 3 à 6 mois selon les clients, et tout le reste, que l'on appelle « valeur ajoutée » n'augmente jamais et ne peut que baisser.

Les agents prennent la marge qu'ils veulent et non pas un pourcentage fixe.
C'est leur problème. Ils connaissent mieux que la Fonderie le client et le marché, et l'entreprise souhaite qu'ils gagnent le maximum d'argent.
Ce sont par ailleurs les vrais patrons de l'usine, c'est-à-dire qu'en liaison étroite avec le ou la commerçant(e), parrain ou marraine productivité de la mini-usine qui leur est attachée, ils peuvent demander assistance instantanée de n'importe quel service ou personne, et au cours du temps se sont ainsi créés des liens d'amitié qui font que l'agent est devenu un des éléments de la mini-usine au même titre que le leader ou le parrain productivité.
Généralement, d'ailleurs, lorsqu'ils viennent dans l'usine, ils sont reçus « à la maison » par les commerçants et commerçantes de la Fonderie.

Ce mode de relation libre réactif et efficace, génère parfois des solutions inattendues :
Lorsque Ford a racheté Volvo, alors que l'entreprise avait les meilleures relations du monde avec les achats comme avec les usines, qu'elle fournissait 100% de leurs besoins depuis des années, la Fonderie avait pensé qu'il serait bien de faire un effort de productivité pour prouver aux acheteurs Ford, que leurs homologues de Volvo ne les avaient pas attendus pour faire cette démarche partenariale de partage de profit.
Il avait été fixé comme objectif une baisse spontanée de 5% de la valeur ajoutée.

Philippe, le leader et François le parrain productivité avaient animé des groupes de travail et de réflexion avec les opératrices et opérateurs ainsi que les gens du bureau d'étude pour améliorer tant le process que le produit sans toucher aux marges.

Tous ces efforts amenaient à gagner de l'ordre de 3,75%, mais pas plus.

L'agent de Suède avait été informé qu'il était raisonnablement impossible d'aller au-delà de cette limite, et à la grande surprise de tous en interne, par retour, leur agent les informa qu'il baissait spontanément de 1,25% ses commissions pour atteindre l'objectif de 5%.

Il est à peu près certain que dans un cadre classique rigide et contractuel, jamais cette démarche de bonne foi, bon sens et bonne volonté n'aurait été possible.

Plus récemment, la mouvance des alliances et des achats croisés, crée des situations qui auraient été ingérables avec des relations régies par des contrats, par essence rigides

Deux exemples :

– Ford rachète Volvo et décide de rapatrier l'assemblage des boites de vitesses de Göteborg en Suède, vers Getrag à Cologne en Allemagne.

– Il a tout simplement été proposé à Mikaël l'agent en Suède une décroissance de ses commissions sur 4 ans, et à Wolfgang, l'agent allemand de récupérer lesdites commissions dans le même laps de temps.

L'un a remercié le petit patron de lui laisser ainsi, le temps et la possibilité de financer une recherche de nouveaux marchés, et l'autre l'a aussi remercié pour ces affaires qui lui tombaient « toutes rôties » du ciel !

Saab est racheté par G.M. qui par la suite prend le contrôle de FIAT.

Une étude technique qui avait été commencée en Suède, a transité pendant un an en Allemagne pour finir en fabrication de série en Italie. Le suivi s'est fait harmonieusement en toute simplicité entre les 3 agents dans chaque pays, ce qui aurait été à priori impossible dans le cadre de relations contractuelles, autres que l'intérêt bien compris du client final.

Histoire de l'âge de pierre
ou **Une retraite bien remplie**

Il y a une bonne vingtaine d'années il y avait un petit atelier "Germinal" : les grenailleuses.

Oh certes tout était conforme aux normes en vigueur, mais ces machines monstrueuses par leur taille faisaient un bruit phénoménal puisque le principe était de projeter de la grenaille de fer sur les pièces qui tournaient dans des tonneaux en se choquant les unes contres les autres.

Tout cela aspergé d'eau savonneuse, donc dans une atmosphère saturée d'humidité. Bref, Germinal !

Le Vulcain de cet enfer, le père Marcel, comme tout le monde l'appelait, prit, l'âge venu, une retraite amplement méritée.

Natif de notre beau village d'Hallencourt, il commença à occuper son temps en traquant le champignon et ce faisant, découvrit aux premiers labours des pierres étranges qui remontaient des profondeurs de la terre : des silex taillés.

Il se prit de passion pour cette chasse particulière, se documenta et découvrit ainsi qu'effectivement, pendant quelques dizaines de millénaires le site d'Hallencourt avait connu la présence continue de chantiers et d'ateliers de taillage du silex, pour faire des armes, des outils, et le site bien que connu des archéologues était tellement riche que laissé libre et non protégé.

Ainsi année après année le père Marcel devint un spécialiste localement reconnu et amassa une collection telle, que la mairie va prochainement ouvrir une salle musée présentant le résultat de ses innombrables cueillettes.

Régulièrement le père Marcel, venait faire des photocopies. Discrètement le petit Patron achetait de coûteux ouvrages qu'il lui "prêtait", en oubliant de les réclamer, car il refusait qu'il lui donne, et en échange il lui faisait partager ses rêves d'un autre temps lui offrant des spécimens particuliers, qui tous, disait-il, étaient des rebuts, des ratés puisque les bons outils étaient partis, vendus ou troqués et même ces rebuts étaient tellement merveilleux que l'on ne pouvait que s'extasier devant la maîtrise de nos ancêtres.

"Vous voyez", disait-il, "ce couteau là, a 30 à 40 000 ans, regardez le nombre de coups qu'il a fallu pour le faire, par contre celui là n'a que 4 à 5 000 ans, vous voyez en moins de 10 coups

il a fait une pointe de lance parfaite, et ce caillou-là tout déchiqueté il date d'avant l'invention de la poterie : ils faisaient des trous dans la terre qu'ils étanchéifiaient tant bien que mal puis mettaient de l'eau dans laquelle ils jetaient des pierres chauffées sous la braise, et cette pierre toute ronde elle a été polie et remarquez les traces là, c'étaient les lanières qui l'enserraient car c'était une espèce de piège qu'ils lançaient dans les pattes des animaux pour les entraver, et là dans ce bout de calcaire vous voyez ces petits coquillages entassés, ils ont peut-être un million d'années, il y a un million d'années c'était ça la vie à Hallencourt !"

Bref il lui faisait partager ses rêves.

Dans le même temps, la Fonderie démarrait la C.A.O et toute fière avait fait un premier moule d'une turbine de pompe à eau !

On l'avait dessinée, contrôlé le dessin, fabriqué les électrodes, le moule, **contrôlé**, fabriqué l'outil de coupe, **contrôlé**, fait les premiers prototypes, **contrôlé**, enfin assemblé la pompe pour un dernier **contrôle** fonctionnel et là constaté que la pompe au lieu de pomper, refoulait ???

Tout avait été fait à l'envers ! ! !

Pendant des années le petit Patron conserva sur un bahut derrière lui la lance de 50 000 ans et le moule dessiné à l'envers pour qu'en toute humilité les uns et les autres s'interrogent sur la réelle nature du progrès humain !

Ce silex a servi de modèle à un moulage en laiton qui avait été offert aux clients pour l'an 2000 accompagné d'un message disant :

"1 000, 2 000, 3 000, pour nous cela n'a pas de sens car il y a déjà plusieurs dizaines de millénaires qu'ici, à Hallencourt d'autres hommes sont au service d'autres hommes !"

L'histoire de "Toto"
ou De l'efficacité des VALEURS PARTAGÉES

Tous ceux qui sont allés au Japon connaissent « TOTO ».

Pour nous les hommes, les vrais qui font pipi debout, nous avons tous eu, à un moment donné, à hauteur des yeux le sigle TOTO écrit en lettres gothiques bleues dans la faïence.

TOTO est en effet le plus gros, si ce n'est le seul fabricant de toilettes au Japon.

Après la guerre, l'entreprise contribua à la reconstruction du pays en équipant chaque foyer de cet accessoire indispensable.
Puis quand chacun fut équipé, se posa la question de la poursuite de l'activité: comment la relancer ?

Alors Monsieur TOTO, petit-fils du fondateur vénéré Monsieur Yoji TOTO, réunit ses troupes et leur dit :

« Je suis allé me recueillir sur le mont Fuji, j'ai consulté les mannes de mes ancêtres, et la vérité m'est apparue : en fait, nous ne faisons pas des toilettes, nous avons une mission :

DONNER DU BONHEUR AUX JAPONAIS ! »

Sur ce, les salariés (au lieu de s'écrouler de rire comme aurait fait tout salarié Français) firent des groupes de réflexions et d'actions qui conclurent que :
– Ce n'était pas du bonheur de s'asseoir sur une lunette froide, et ils lancèrent un modèle de lunette *chauffante* !

Cela fait d'ailleurs tout drôle de s'asseoir sur une lunette chaude !

– Ce n'était pas un bonheur d'être agressé par les mauvaises odeurs, cela d'autant plus qu'au pays du soleil levant, les mauvaises odeurs font partie des mauvais esprits, et ils lancèrent la lunette chauffante et *aspirante* à la source, ce qui est moins stupide que nos aspirateurs placés au plafond qui font forcément remonter les odeurs !

– Pour les dames ce n'était pas un bonheur d'émettre des bruits indécents et que c'est pour cela qu'elle tiraient systématiquement la chasse d'eau pour couvrir tous bruits potentiels, et il lancèrent dans les toilettes Dames un système de *bruit de chute d'eau ou de musique,* au choix, dès que l'on s'asseyait sur la lunette.

En attendant toutes les lunettes Japonaises furent remplacées 3 fois ! !

– Les maisons étant petites, il fallait économiser la place, et il lancèrent un modèle de toilette où le réservoir était chapeauté par une vasque en inox avec un robinet en col de cygne qui permettait de se laver les mains, en *économisant de la place et de l'eau*, puisque celle-ci s'écoulait directement dans le réservoir, d'où remplacement des réservoirs.

– Ce n'était pas du bonheur de s'ennuyer pendant l'acte, et ils lancèrent des *écrans de télévision* à cristaux liquides à coller derrière les portes, à hauteur des yeux,

– Ce n'était pas du bonheur de s'essuyer, et ils lancèrent un système programmable de *jets d'eau* et *séchage à air chaud* dont chacun pouvait choisir la température, le débit... (Pour la petite histoire votre serviteur étant d'un esprit curieux a appuyé sur la touche pictogrammée « dames » et a eu les joyeuses copieusement arrosées, puis séchées !)

Un interlocuteur auquel je racontais l'anecdote, m'avoua que lui aussi en avait fait de même, mais que surpris par l'arrosage de ses bijoux familiaux il avait sursauté, s'était levé d'un bond, retourné pour voir ce qui se passait, et qu'il était retourné en séance de travail, la cravate, le devant de chemise et haut du pantalon trempé, à la grande hilarité de ses hôtes !

– Ce n'était pas du bonheur de tomber malade faute de suivi médical ; et il lancèrent un *système d'analyse* du sang dans les selles, et du sucre et autre albumine dans les urines...

Ce faisant le marché s'est en permanence renouvelé !
Ce qui n'était pas évident pour ce type de produit, car en Europe rien n'a évolué, dans ce domaine depuis 50 ans ! ! !

Cette petite histoire, tout à fait véridique, prouve la puissance du verbatim, la puissance des images, la puissance **des valeurs partagées**.

La définition de l'objectif est PRÉCISE quant au but, mais FLOUE quant aux chemins, aux moyens à adopter pour l'atteindre, ce faisant elle ouvre le champ à l'imagination, à la créativité.

L'avantage d'une valeur est qu'elle « borde », elle « borne » l'imagination sans la limiter.

L'AMOUR est une valeur :
Est-ce que le client (interne ou externe) va *aimer* ?

LA CONFIANCE (au sens U.S. de to trust = confiance + foi en) :
Ce que nous résumons chez FAVI par : « L'HOMME EST BON »

« AIMONS NOUS LES UNS LES AUTRES »
N'est ce pas de fait sur cette simple **valeur** que se sont bâties nos diverses sociétés occidentales ?

Le problème est qu'il faut des années pour définir des valeurs collectives résultant d'une histoire, d'une culture collective, et qu'il ne faut que quelque mois pour jouer sur des structures et des organigrammes !
Lorsque ces valeurs sont établies il ne faut surtout pas en changer !
Il est intéressant de constater que des groupes comme Michelin ont conservé les valeurs édictées par l'aïeul fondateur :

Respect du client !
Respect des hommes !
Respect de faits !

Le double mystère
de la manufacture de fils

Il était une fois une société, œuvrant sur le marché sinistré du textile, dans une région elle-même sinistrée, qui malgré tout, gagnait beaucoup d'argent.

À tel point qu'elle a présenté pendant plus d'une décennie les plus beaux résultats, et parfois même, LE plus beau résultat financier de l'arrondissement.
Plus beaux même que ceux de sociétés sur les niches confortables des objets de luxe, ou dans le vent comme les Velux.

Tel était le premier mystère que le petit Patron se promettait régulièrement de percer dans l'espoir de tirer quelques profits de leur expérience.

Ce « signal faible » extérieur a été récemment renforcé par le fait qu'en 2 ans, les résultats se sont effondrés pour passer profondément dans le rouge ! !

Que s'est-il passé ??
Quel deuxième mystère pouvait expliquer cette inversion subite ??
Attaque sournoise d'un jap ou d'un tunisien ??
Confrère qui a délocalisé ses fabrications en Malaisie ??

Le hasard d'une rencontre lors d'une virée dominicale et humide à moto, permit au petit Patron d'élucider ce double mystère :

Le métier de la Manufacture de fils consiste à commercialiser des bobines de fils paraffinés de couleurs, de tailles et de longueurs spécifiées, à partir d'écheveaux.

Pour ce faire, une partie des opérations est réalisée en interne, l'autre étant sous-traitée à des ateliers indépendants appartenant à des Anciens de la Manufacture de fils et groupant une dizaine d'opératrices.
Cette société était gérée de façon « paternelle » classique (« Patron » vient de « Pater »).
Ce qui ne veut pas dire paternaliste !

– L'absentéisme était proche de zéro, car quand une maman avait un problème avec un enfant, elle permutait avec une de ses collègues ; et il était courant que les gens travaillent spontanément le dimanche en période de forte demande.
– Les stocks étaient de l'ordre de 1200 Tonnes. Mais c'est le métier qui veut ça : quand *Hélène* porte un chemisier vert devant les *Garçons* le dimanche soir à la télé, tout le Sentier commande du fil vert le lundi matin.

– Ce stock était géré en bon père de famille. On avait toujours du gris en stock pour les blouses arméniennes, sachant que si le client réclamait du gris n° 34 il acceptait toujours du n° 32 ou 36 du moment qu'on le livre rapidement pour honorer ses propres commandes.

– Il était courant d'expédier en Colissimo ou autre Chronopost juste une bobine, pour orner tout le stock de blousons du logo de K2000 suite à une reprise du feuilleton.

– Les transports étaient assurés par des artisans à leur compte, qui embarquaient la marchandise le matin pour livrer l'après-midi même en région parisienne, ou au plus tard le lendemain matin pour n'importe où en France.

– Le commercial connaissait ses clients depuis 20 ans, et régulièrement embarquait avec la marchandise juste pour tailler la bavette dans le Sentier ou payer une bouffe à de vieux clients.

– La société n'avait jamais eu d'impayés, car tout le monde travaillait en confiance.

Bref, comme disait un compagnon du Tour de France au sujet du compagnonnage :
C'était un Bordel,
      Mais un beau Bordel,
            Un Bordel qui marchait,
                  Donc un Bordel qui rapportait à tout le monde !

D'où leurs résultats.

Là-dessus, il y a 3 ans, changement d'actionnaires et arrivée d'un parent de l'actionnaire principal. A priori un Patron, un Vrai, qui a étudié, qui SAIT, et qui mit de l'ordre dans ce Bordel :

– Il a commencé par s'enquérir auprès de comptables indélicats des profits de ses sous-traitants, et les ayant trouvé trop élevés, il a réduit d'autorité leur marge lors des paiements. Les plus faibles ont râlé en courbant l'échine et en se démotivant, les meilleurs se sont empressés de réaliser leur entreprise, sur l'inertie des bons résultats passés, pour investir ailleurs (ce qui était le cas de mon interlocuteur « motard »).

– Il a viré ce commercial qui copinait trop avec les clients !

– Plus de « combines » entre opératrices. L'horaire c'est l'horaire !

Moyennant quoi, la maman d'un enfant malade a pris l'habitude de prendre 1 à 2 semaines de congés maladie, puis d'en prendre aussi en période de congés scolaires où l'absentéisme atteignait 30 % ! D'où mesures pénalisantes, d'où réaction des salariés, d'où ... Bien entendu, plus question dans ces conditions de venir travailler le dimanche !

– Plus de stock ! Vive les flux tirés tendus !

Ce qui fait qu'*Hélène* pouvait apparaître dans la couleur qu'elle voulait, on ne pouvait pas répondre à la demande avant 15 jours, et quand par miracle sur les 30 tonnes de bleu électrique demandées, on disposait de 10 tonnes, on ratait la vente parce que le client voulait en plus une bobine rouge qu'on ne pouvait pas fournir pour faire le motif qu'*Hélène* arborait sur son col.

– De toute façon, plus question d'expédier une bobine toute seule, car le principe d'un montant minimum de 3500 Frs par commande a été instauré.

– Les manufactures de blouses arméniennes ne pouvaient plus se contenter de gris n° 32 ou 34, car il n'y avait pas de gris disponible avant 15 jours ; ce qui est incompatible avec ce marché spécifique. D'autant plus qu'un de ces manufacturiers s'est trompé de 2 tonnes sur une commande de plusieurs centaines de tonnes, et on a refusé de les lui reprendre.

– Le nouveau patron a trouvé des transporteurs 20 % moins chers qui chargeaient la marchandise un matin et livraient parfois une semaine plus tard (groupage oblige). Alors qu'entre-temps, *Hélène* avait changé de chemisier !

– On a instauré le respect absolu des couvertures SFFAC : un client qui n'avait jamais posé de problèmes de paiements avec un encours régulier de 4 millions, mais qui ne disposait que d'une couverture à hauteur d'un million s'est vu réclamé le paiement cash de l'excédent !

Bref, on a mis de l'ORDRE dans ce Bordel ! ET on a obtenu une société enfin parfaitement organisée, gérée, contrôlée.

MAIS SANS CLIENTS ! ! ! ! ! !
On a pensé à tout sauf à l'AMOUR DU CLIENT !

ET ce qui devait arriver arriva : le client n'a plus **aimé** la Manufacture de fils, et est allé apporter son affection et ses commandes à d'autres.
D'où les résultats en chute libre !

Alors bien sûr, on a fini par remercier ce gestionnaire hors pair qui a dû d'ailleurs, considérer que c'était la dernière des injustices. Car après tout, il avait parfaitement fait son boulot ! Ben oui mais c'était trop tard !

Il faut 10 ans de travail, de rigueur, de respect pour mériter l'AMOUR d'un client.
Il faut un mois pour perdre cet AMOUR ;
Et il est souvent impossible de reconquérir des AMOURS perdues !
De grâce, n'oublions jamais que sans l'amour de nos clients, nous sommes MORTS !
Comme disait un acheteur de l'automobile dans les années 80 :
« Le flux tendu ? Oui. Les flux tirés ? Evidemment. Le KANBAN ? Bien sûr. Mais n'oubliez jamais : NE NOUS METTEZ JAMAIS EN PANNE car ça on ne l'AIMERA PAS ! »

« Il y avait une usine qui gagnait beaucoup d'argent sans trop savoir pourquoi. Alors elle a embauché un grand ingénieur, et après elle sut exactement pourquoi elle en perdait ! »
                                                                        A.DETOEUF.

Histoire d'éléphants... et de vaches
ou **Comment un éléphant peut cacher une vache ?**

Il était une fois deux Anglais, seuls, dans un compartiment de train qui allait de Birmingham à Londres. Ils étaient assis face-à-face et lisaient chacun dans leur coin le Times, en feignant de s'ignorer, par discrétion typiquement britannique.

De temps en temps l'un d'eux arrachait une page du TIMES, la déchirait en petits morceaux, puis entrouvrait la fenêtre du compartiment et jetait les petits morceaux de papier.

Après que ce manège se fût répété quatre ou cinq fois, son voisin, levant les yeux au-dessus de son journal, après un toussotement typiquement britannique annonçant qu'il allait s'exprimer, lui dit :

– « *I'm sorry but, sans vouloir être indiscret, j'ai cru remarquer, bien malgré moi, que réguliè-rement, vous déchiriez une page de votre journal et jetiez les morceaux par la fenêtre. Puis-je me permettre de savoir la raison de ce geste ?* »
– « *Oh, c'est très simple. J'ai fait toute ma carrière aux Indes et dans ce pays on pratique de la sorte, car les morceaux de papier effrayent les éléphants, ce qui leur évite de venir sur les voies.* »
– « *Mais nous sommes au Royaume-Uni, entre Birmingham et Londres et il n'y a pas d'élé-phants !* »
– **« *Vous voyez, ça marche !* »**

Je cite cette histoire car bien souvent, quand on me fait l'amitié de me demander de venir témoigner de notre démarche dans d'autres entreprises, par courtoisie, je demande aux auditeurs leur fonction. Parfois, on me répond avec des mots incompréhensibles pour moi comme « Contrôleur de Gestion », « Chargé de la Communication Interne », « Responsable de la Gestion Prévisionnelle des Emplois » etc... et quand je joue au jeu des 5 pourquoi avec ces interlocuteurs, dès le 4e ou le 5e pourquoi, je vois dans leur regard un sentiment de panique, car ils prennent conscience que ce sont en fait des chasseurs d'éléphants qui n'existent pas.
Cela les perturbe généralement au point que leur regard reste affolé tout le temps de mon témoignage et que parfois ils essayent maladroitement à la pause de me convaincre qu'effectivement il n'y a jamais eu d'éléphants mais que peut-être, un jour...

Dans l'entreprise, nous sommes trop petits et avons trop de bon sens pour avoir ce genre de chasseurs, mais nous avons parfois « ***des compteurs de vaches*** ».

En effet, faute d'éléphants (car cela fait très longtemps qu'ils ont disparu de Picardie, il y eut quelques rhinocéros « laineux », parait-il, il y a quelques dizaines de milliers d'années), parfois une vache se place sur la voie et arrête le train de l'entreprise et là se révèle le **compteur de vaches**, qui peut vous dire que très précisément depuis un an, les vaches qui ont arrêté le train de la Fonderie étaient à 28,62 % des vaches noires, à 12,69 % des vaches bicolores, à 3,25 % avec une seule corne, que 2,45 % boitaient de l'antérieur droit, etc...

Et quand naïvement vous leur demandez :

« *C'est bien, c'est intéressant, mais que faites-vous pour empêcher la vache de venir sur la voie ?* »

Alors là, ils vous fixent avec un regard absent en focalisant très très loin derrière vous, tellement la question est incongrue.

Eux, ils font des statistiques sur les vaches qui arrêtent le train ; ce n'est pas leur problème de savoir pourquoi les vaches sont là et comment éviter qu'elles ne viennent. Parfois même ils gardent leurs beaux tableaux pour eux-mêmes, sans doute que les autres ne sont pas dignes de disposer d'informations de telle qualité !

Je cite ces deux anecdotes car une des voies du progrès est, non pas de supprimer ces gens, mais de les ramener au bon sens pour en faire des animateurs à l'aide d'un CEDAC par exemple afin d'aider ceux sur le terrain, qui font et qui savent, à faire en sorte que rien n'arrête le train de l'entreprise.

LE CEDAC

Outil de résolution de problèmes majeurs et chroniques, et de communication, reposant sur la fenêtre de JOHARI, développée par Ryuji FUKUDA :

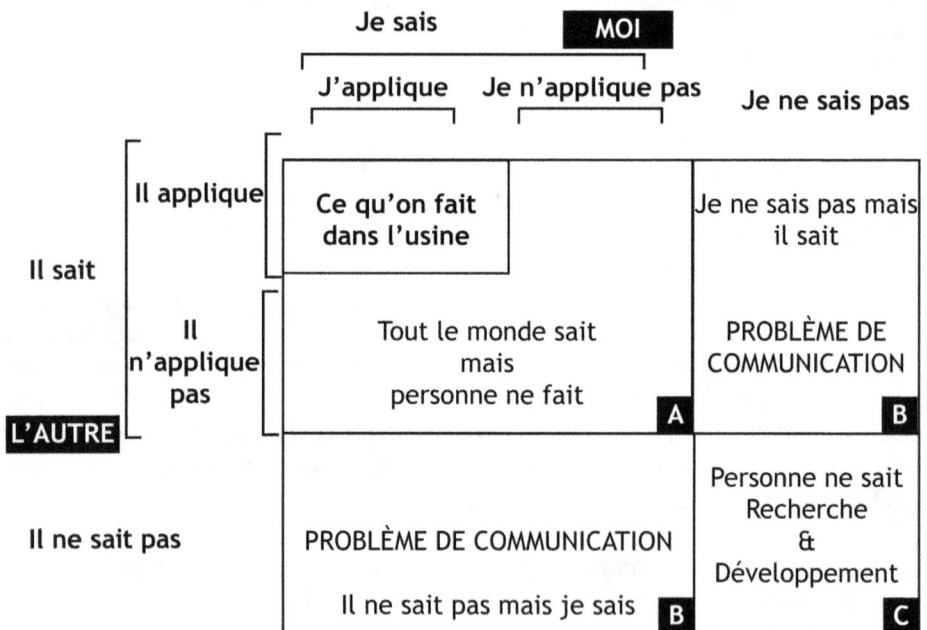

Cet outil valorise la zone B et permet, à celui qui ne sait pas, d'avouer honorablement son ignorance et, à celui ou ceux qui ont des éléments de réponse pour combler cette ignorance, de le faire de façon conviviale et structurée.

Ce dialogue s'articule autour d'une arête de poisson ISHIKAWA classique qui pose le problème et sur laquelle chacun apporte, au cours du temps, un élément de solution par des post-it judicieusement placés. Le Cedac prend toute sa valeur dans le cadre d'une démarche globale de type KAIZEN.

Cet outil n'est toujours pas utilisé à FAVI car il nous a permis de découvrir et de mettre en évidence la zone A où tout le monde sait mais personne n'applique, et nous pensons plus efficace de différer la mise en place du Cedac tant que tout le monde ne fait pas tout ce que tout le monde sait.

Depuis 10 ans environ, nous ne travaillons que sur cette zone A, et à ce jour, nous consi-dérons que nous n'appliquons toujours pas tout ce que tout le monde sait.

Cette même matrice nous a permis de réfléchir sur l'attirance curieuse vers l'inconnu (zone C) et de remettre en cause notre politique de Recherche et Développement.

Exemple de CEDAC :

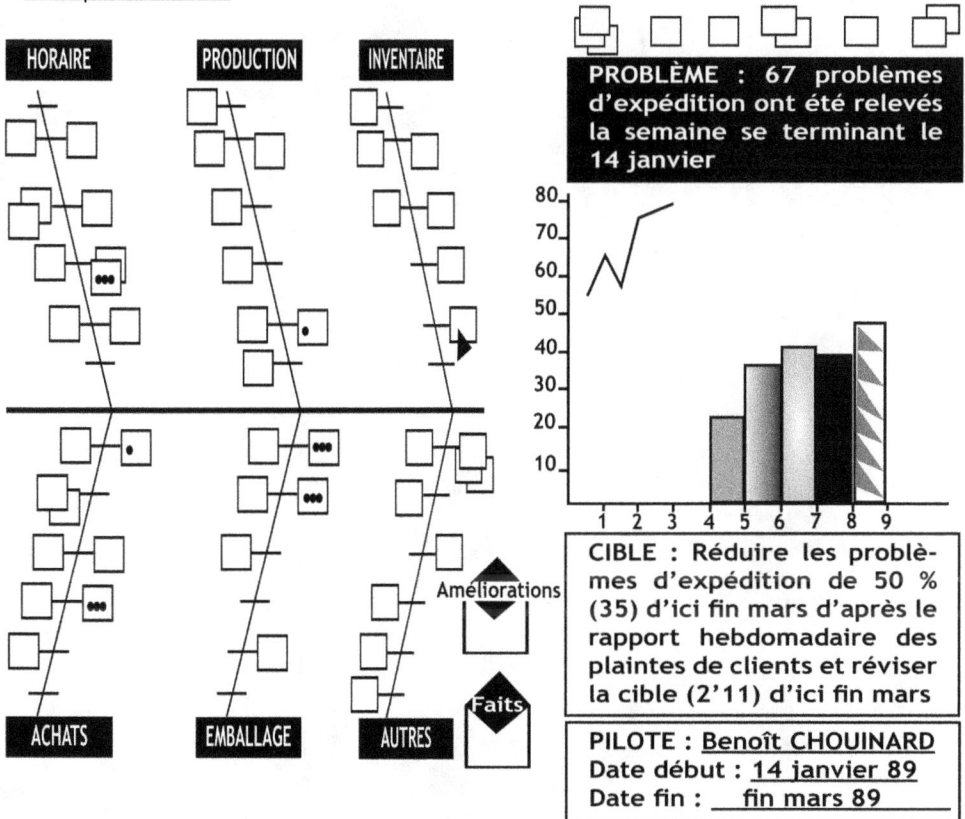

PROBLÈME : 67 problèmes d'expédition ont été relevés la semaine se terminant le 14 janvier

CIBLE : Réduire les problè-mes d'expédition de 50 % (35) d'ici fin mars d'après le rapport hebdomadaire des plaintes de clients et réviser la cible (2'11) d'ici fin mars

PILOTE : Benoît CHOUINARD
Date début : 14 janvier 89
Date fin : fin mars 89

La belle histoire des fourchettes

Il était une fois, dans les années 1970 une société qui venait de cesser de s'appeler **SIMCA** pour s'appeler **CHRYSLER France.**

Cette société avait une usine à La Rochelle, un centre d'étude à Carrières-sous-Poissy, et utilisait des fourchettes, essentiellement faites en fontes coulées croning, mais aussi pour certaines en alliages cuivreux, qu'elle achetait à la société le Bronze industriel.

Chrysler rencontrait, de façon chronique des problèmes de qualité fonctionnelle du produit (usures aléatoires des patins, que l'on attribuait soit à des défauts de phosphatation des baladeurs, mais plus souvent à un problème de constance d'alliage des fourchettes).

La société mandata donc un de ses métallurgistes, du laboratoire de Poissy pour trouver une solution de remplacement. Ce métallurgiste, vieux Monsieur d'une cinquantaine d'années, (il faut dire qu'à l'époque le petit Patron en avait 25 et 50 ans lui paraissait un âge canonique), avait et a toujours une forte personnalité ! Ce personnage, car Monsieur MOUSSA en est un remarquable, volubile, actif, le cerveau en perpétuel bouillonnement, prit donc son bâton de prospecteur et fit le tour de France des solutions alternatives.

La fourchette, objet de ses préoccupations, étant en cuivreux, tout naturellement il contacta puis visita les fonderies spécialisées dans cette famille d'alliages. A l'époque, la Fonderie injectait des alliages de laiton depuis une vingtaine d'années et ses marchés étaient essentiellement le sanitaire, la serrurerie, les compteurs d'eau et quelques rares pièces techniques.

L'origine de la Fonderie était une histoire d'amitié entre hommes du « Vimeu » (région comprise entre les vallées de la Bresle et de la Somme, pour ceux qui connaissent notre belle Picardie Maritime).

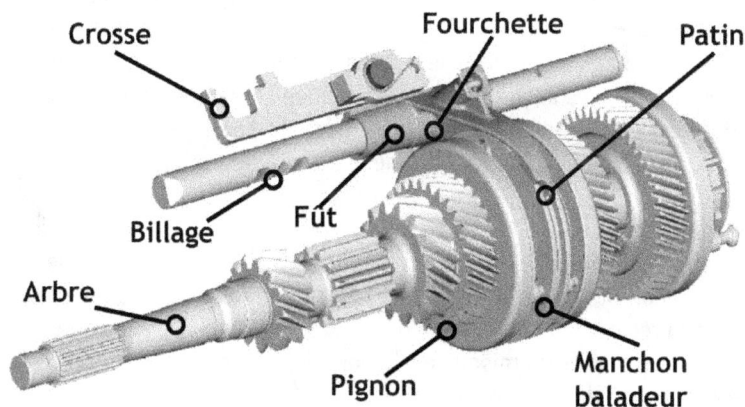

Monsieur VALENTIN pressentit l'explosion du marché du sanitaire (ce qui se passe sous le lavabo), car le tout-à-l'égout se développant dans nos campagnes, le bête tuyau, généralement en plomb, qui crachait les eaux usées dans la rue, devait être remplacé par un écoulement qui imposait un siphon bloquant les remontées de mauvaises odeurs.

Monsieur VALENTIN incita son ami Monsieur DECAYEUX, qui fabriquait des réchauds à alcool en laiton embouti (ce qui, avant l'arrivée du gaz, était un marché considérable) à fabriquer lesdits siphons !
Les premiers essais débutèrent dans un garage avec des presses à eau (comme celle qui trône devant l'usine de nos jours), puis la technique étant maîtrisée, l'usine se développa à Hallencourt dans les locaux d'une ancienne usine de tissage de lin, spécialisée entre autres dans les services de tables « haut de gamme » pour la cour de Russie ou les paquebots de croisière comme le Normandie.

Puis, naturellement, s'ajoutèrent à ces fabrications des petites pièces mécaniques afin de répondre à un besoin très local, à la serrurerie notamment.
Il est à noter que le siphon **J.B.M**. fut fabriqué ici pendant près de 50 ans, symbole de cette amitié entre Messieurs Jean Valentin, **B**ader, le directeur de l'époque et **M**arcel Decayeux.

Dès l'origine la sous-pression fut adoptée pour des raisons d'économie de matière et de poids, par rapport au matriçage et à la coulée sable ou coquille, généralement utilisés dans la région. Il semblerait que la Fonderie ait été la première au monde à utiliser cette technologie et ces alliages de façon industrielle !

Il faut savoir qu'avant-guerre, la mise en œuvre des alliages de cuivre sous toutes ses formes : fonderie, matriçage, emboutissage, usinage... était une spécialité du Vimeu. Cela, dit-on, pour trois raisons possibles :

– La première est que de tout temps sévirent sur nos côtes des tribus de naufrageurs qui, par gros temps, faisaient déambuler sur les berges des bovins avec des lanternes accrochées aux cornes simulant des embarcations à l'ancre ! Tout naturellement les navires en perdition, croyant trouver un havre, se dirigeaient vers ces lumières salvatrices et s'échouaient !
Comme de tout temps le cuivre et le bronze sont les seuls matériaux qui résistent à la corrosion marine, ces alliages étaient en relative abondance sur les épaves récupérées. Fort de cette matière première, il s'est très vite développé un artisanat de petite serrurerie complémentaire à la traditionnelle activité de pêche.

– La deuxième raison, plus noble, serait qu'il y avait des mines de cuivre et d'étain dans les îles Anglo-Normandes, et comme nous disposions de forêts donc de réserves de bois, donc de combustible, l'industrie de la fonderie de ces minerais se serait développée dans la région.
Il est à noter que les mêmes raisons expliquent la traditionnelle et toujours florissante industrie du verre et du flaconnage.

– La troisième et dernière hypothèse, la plus belle des trois, serait que depuis plus de 50 000 ans l'homme a, dans nos régions, taillé le silex pour en faire des outils. La chose est tellement vraie qu'encore de nos jours, des silex taillés remontent en abondance à chaque saison des labours, et que le site d'Hallencourt, bien que connu et répertorié par les spécialistes, n'est pas protégé tellement les échantillons sont en nombre chaque année !

Donc ici, depuis 50 000 ans, des hommes font des outils pour d'autres hommes et tout naturellement lorsque les alliages de bronze sont apparus, pour faire face à un début de mondialisation (déjà ! !) nos ancêtres se convertirent à la fabrication d'outils en bronze. Peut-être qu'en fait, l'origine de cette spécialisation dans les cuivreux sous toutes ses formes, est un mélange des trois !
Toujours est-il que si la fonderie est dans le Vimeu, elle le doit à des raisons non pas séculaires, mais assurément millénaires !

Donc tout naturellement, dans sa quête de nouveau fournisseur, Monsieur MOUSSA visita la Fonderie.
Il s'avéra que Monsieur Bader, le Directeur à l'époque, avait pressenti, dès les années 50, la possibilité de faire des fourchettes et avait même produit quelques échantillons.

On s'empressa de les montrer à M. MOUSSA, preuves de leur faisabilité technologique, mais cela ne suffit point, car ce qui préoccupait Monsieur MOUSSA, ce n'était pas tant la technologie que l'alliage. Cette préoccupation fut à l'origine de sa première rencontre avec le futur petit Patron car à l'époque, ce dernier sévissait en tant que métallurgiste spécialisé dans les alliages cuivreux.

Lors de cette toute première rencontre, la discussion s'étaya à partir de la norme spécifique CHRYSLER.

Dès la première lecture de ce document le futur petit Patron fit deux remarques :

1)*« Est-ce qu'une fourchette tordue était encore fonctionnelle ? »*
« Non, une fourchette tordue est une fourchette foutue ! »
(L'expression demeura longtemps)
Donc il fallait considérer la limite élastique et non l'allongement tel que défini par la norme interne !

2) L'analyse spécifiée était antinomique avec les structures micrographiques types imposées !

En effet, avions-nous appris à notre hôte, les alliages de laiton ont la particularité d'avoir été très bien étudiés au début du 20ème siècle par des métallurgistes matriceurs qui avaient découvert le principe d'équivalent zinc pour chaque élément !

Ils avaient précisé ces équivalents, à force d'études et de recoupements :
0,5 pour le manganèse / 6 pour l'aluminium / 10 pour le silicium / 0,9 pour le fer, etc...
C'est-à-dire que 1% de silicium équivalait à 10% de zinc, 1% de fer équivalait à 0,9 % de zinc, etc... Ce principe permettait ainsi de transformer un alliage composé d'une dizaine d'éléments en un alliage binaire cuivre / zinc, et donc de prévoir très précisément la structure de l'alliage.

À l'époque, le futur petit Patron avait l'habitude de manier cette formule car il essayait de mettre au point un alliage non dézincifiable et, à la lecture de la norme CHRYSLER, il avait mentalement converti la composition et constaté que l'on devait obtenir une structure monophasée bêta, fragile comme du verre, et non une structure harmonieusement biphasée comme l'imposait la micrographie type.

Ces deux remarques convainquirent M. MOUSSA du professionnalisme de la Fonderie, et ainsi fut-il décidé d'établir un protocole d'essai.

Ils commencèrent des essais, longs et fastidieux car à l'époque on ne disposait pas de matrices comme les plans d'expériences notamment, et le jeu consistait à fixer six éléments, à faire varier le septième par pas de 0,10%, à élaborer une petite quantité de chaque alliage, charge pour la Fonderie de faire les caractérisations micrographiques et mécaniques, Poissy prenant en charge les opérations de tribologie, puis ils tiraient les conclusions avant de faire varier un autre élément, etc...

Ils étaient en cours d'étude depuis 3 mois quand, d'un côté Monsieur MOUSSA se vit intimer l'ordre d'arrêter ces essais jugés trop longs et qui bloquaient ses installations de tribo, au profit de quelque chose de plus urgent ; de son côté, le P.D.G. de la Fonderie de l'époque fit comprendre que cette étude n'était pas prioritaire et que le futur petit Patron ferait mieux de se concentrer sur les alliages non dézincifiables ! Donc, un peu déçus, d'un commun accord, ils ont arrêté l'étude de l'alliage fourchette.
Quelques mois passèrent, et un jour M. MOUSSA, qui avait pris le futur petit Patron en amitié, l'appela et lui dit :
– « *Et si on reprenait l'étude en douce ? Parce que je ne crois plus à la fonte dont on atteint les limites, et je pense que si on met au point un alliage qui se passe de traitement complémentaire (il fallait en effet mettre du molybdène, déjà très coûteux, sur les patins en fonte pour en limiter l'usure) avec la grande productivité de l'injection cela devrait déboucher sur un marché rentable pour tout le monde !* »
Alors discrètement ils reprirent l'étude et l'amenèrent à son terme, quand le futur petit Patron, métallurgiste, fut convoqué par RENAULT, au laboratoire de Billancourt (là où trônait sur la pelouse le petit FT 17, char de 1916 mis au point par Louis Renault et le Général Etienne. Il fut reçu par un métallurgiste qui lui dit :
– « *On a appris que vous aviez mis au point un alliage pour faire des fourchettes, et nous voudrions le caractériser ! Pouvez-vous faire quelques prototypes ?* »

Après avoir demandé l'accord de principe à Monsieur MOUSSA ces protos furent réalisés ! On n'a jamais su comment Renault avait appris ce fait :
Indiscrétion d'un stagiaire ?
Indiscrétion du patron à la chasse ?
Toujours est-il que Renault caractérisa l'alliage et commanda une pièce, une seule qui fut bientôt en série.

Voyant cela, quelqu'un dans la hiérarchie de Peugeot, qui venait de reprendre CHRYLER FRANCE, demanda au labo de Poissy de se rapprocher de la Fonderie pour étudier ce nouvel alliage ! !
Et ainsi fut rapidement faite une pièce aussi pour PEUGEOT.

Il est à noter que ces deux pièces ont certes évolué au cours du temps, mais sont toujours en service, et sont à ce jour vendues moins cher qu'il y a 23 ans ! !

Trente ans après il y a prescription, d'autant plus que les protagonistes sont tous largement en retraite, mais ce qui est à retenir est que **très souvent les belles innovations, sont faites en perruque, en marge des projets et stratégies officielles ! !**

Puis les choses s'enchaînèrent toutes seules :

FIAT, qui rencontrait des problèmes chroniques avec une boite en série, fit une étude fonctionnelle comparative et constata que la meilleure boite de vitesses du marché était la boite B.E. de Peugeot; en disséquant la boite ils découvrirent que les fourchettes étaient en cuivreux injecté, et non en fonte !
Ils mandatèrent un de leurs fournisseurs de pièces pour trouver le fabricant desdites fourchettes; celui-ci se renseignant auprès du Syndicat des Fondeurs de France, découvrit la Fonderie, devint un ami et son agent en Italie.
Depuis la Fonderie équipe un certain nombre de modèles pour Fiat, Alfa Roméo et Lancia. Pendant quelques temps elle a même fait une fourchette pour Ferrari !

VOLVO fut une autre belle histoire :
Pendant longtemps VOLVO s'approvisionna en Allemagne, et un jour cette société fit réaliser une étude par un cabinet indépendant, qui révéla que le meilleur rapport qualité prix service n'était plus en Allemagne, mais en France !
À ce titre, la Fonderie vit débarquer un jour un acheteur Suédois, furieux, mécontent avant même d'arriver, car il avait été coincé trois jours du côté de Pau par une grève conjointe d'Air France et de notre belle SNCF; dès leur première rencontre, il signifia qu'il venait par principe, mais que jamais il ne travaillerait avec un tel pays ! Ils se permirent de lui faire remarquer qu'ils n'étaient pour rien dans ses problèmes de transport, et que ce genre d'incident ne pouvait en rien affecter leur prestation !
Il me fit alors comprendre que s'il en était ainsi de deux compagnies publiques, il en était sûrement de même avec cette autre compagnie qu'est l'E.D.F. !

Il s'avère que, au nom du quatrième principe de la péripatéticienne, (dit « *principes de la pute* » en interne), il avait été décidé dès 1983 de ne plus augmenter les prix de vente, et le petit Patron avait demandé à tous ses fournisseurs de faire de même : tous avaient accepté sauf l'E.D.F. qui s'était écroulé de rire ! Comme il voulait aussi gagner sur l'énergie, il avait équipé l'usine de groupes électrogènes pour bénéficier du contrat E.J.P. qui permettait de baisser les coûts de 20% !

Donc ils avaient des groupes, que l'on s'empressa de faire visiter à l'auditeur en lui prouvant que tous les moyens de fusion et de fabrication étant électriques, la capacité installée permettait de tourner sans apport extérieur ! Ceci le frappa à tel point qu'il fit un rapport élogieux, et VOLVO leur accorda relativement rapidement, le rare privilège de fournir 100 % de ses besoins en commandes de boites de vitesses, ce dont ils sont toujours très fiers.

Quant à **VOLKSWAGEN** la fonderie est entrée chez eux grâce à une suite de dépannages catastrophiques sur des problèmes qualité rencontrés avec leurs fournisseurs allemands, et à ce jour c'est le deuxième client automobile de la Fonderie.

Ce qu'il faut retenir de ces histoires, c'est que ce sont **les clients qui ont trouvé la Fonderie !**

En bons Picards, les hommes de la Fonderie se sont contentés, en artisans serviables, d'être très réactifs, et si à ce jour ils fournissent près de 50 % du marché Européen c'est certes grâce à leur système où une personne suit chaque client, SON client, mais aussi de par leur système de mini-usines qui participent de façon active aux développements des projets, car tous les protos sont réalisés dans et par la mini-usine, qui met toute son énergie à ce faire, consciente qu'elle est que, de cette réactivité dépendent ses emplois de demain, alors que nos concurrents ont généralement une structure à part qui n'a pas cet instinct réel et concret de conservation !
Quand, grâce au Grand Patron le petit Patron devint patron, une des premières choses qu'il fit fut de réunir les cadres en leur donnant à chacun un bout de papier et leur disant :
« *Je vais vous poser une seule question et vous aurez 5 secondes pour répondre !* »
« *Prêts ?* »
« *Quel est notre point fort ?* »

Le résultat unanime fut quelque chose du genre « notre sens du service », et c'est en s'appuyant sur cette valeur typiquement Picarde que le petit Patron fit évoluer la structure.
Ainsi la Fonderie se développa, et le petit Patron se dit qu'un jour ses concurrents allaient comprendre cette force et eux aussi augmenter leur qualité de service !
Mais paradoxalement plus le temps passait, plus leur service se dégradait et plus les concurrents augmentaient leur structure, ce qui dégradait davantage la qualité de leur service !

Et comme dans le même temps la Fonderie grandissait, diluait sa structure, ne remplaçait pas les cadres partant en retraite, plus son service augmentait !

Et c'est ainsi qu'à ce jour la Fonderie équipe, en exclusivité, 50 % du parc automobile européen (qui est quasiment le parc mondial puisque le marché américain et japonais est essentiellement composé de véhicules à boite automatique !)

LA DÉMARCHE QUALITÉ DE LA PÉRIPATETICIENNE *

* SOCRATE n'écrivait pas, il parlait en se promenant autour de l'Acropole.
Ses disciples, les péripatéticiens, ont donné leur nom aux professionnelles dont il est question car, comme elles, ils déambulaient.
L'histoire a retenu ses pensées grâce à PLATON qui notait les propos du maître ; et fort curieusement, PLATON est à l'origine de l'amour platonique ! ! !

Si le plus vieux métier du monde a résisté aux vagues moralisatrices, aux véroles, chaudes-pisses et autres SIDA, c'est certainement parce qu'il respecte des règles de fonctionnement simples et efficaces.
Il peut donc sembler logique de s'en inspirer pour jeter les bases d'une démarche qualité.

Premier principe : La pute SE MONTRE et RACOLE.
Au pire si elle n'est pas sur le trottoir, elle est en vitrine ! À son image, l'usine doit « s'ouvrir », se montrer, racoler. S'ouvrir aux clients bien sûr, mais aussi :
– aux fournisseurs, pour qu'ils nous connaissent mieux, pour adapter leur offre et prestations à nos besoins (qui ne sont que les besoins de nos clients)
– aux familles, aux amis pour qu'ils partagent notre aventure collective
– aux partenaires : Monsieur le Maire, le Sous-Préfet, la DRIRE, l'Inspecteur du Travail, de la CRAM, le banquier, pour ne pas leur donner l'impression que l'on ne pense à eux qu'en cas de coup dur
– aux confrères, Français si possible, pour que tous ensemble on progresse dans cette guerre économique sans pitié
– aux concurrents ? NON. Car n'oublions pas qu'un bon concurrent est un concurrent MORT ! et c'est ce que pensent de nous nos concurrents.

Deuxième principe : La pute se MAQUILLE.
Elle se maquille à l'excès pour attirer le regard, et là où il faut, pour que le chaland la regarde. De même il faut que l'usine, ses abords, ses locaux sociaux soient comme le visiteur s'attend à les trouver.
Et comme tout est relatif, il faut que certains éléments soient « juste comme il faut » pour valoriser les autres : les toilettes de Monsieur le Directeur moins belles que celles des opérateurs.

Troisième principe : La pute a une SPÉCIALITÉ.
Si elle baise comme à la maison, autant rester à la maison !
Cette recherche permanente de spécialités dans un monde où les besoins implicites passent de plus en plus rapidement dans l'explicite, peut servir de base à la réflexion stratégique collective.
Nous vendions un MÉTIER : fondeur injecteur d'alliages cuivreux.
Nous avons évolué vers :
– vendeur de PIÈCES brutes de fonderie, puis usinées, puis montées
– puis vendeurs de SERVICES (conception, optimisation, tests de validation...)
– puis vendeur de FONCTIONS complètes
– enfin vendeurs d'HOMMES (nos opératrices et opérateurs, nos commerciaux « guichet unique » aptes à prendre toutes décisions en direct-live, ...)

« Le temps n'est plus où on vend un produit ! On se vend soi-même,
On vend son usine et ses hommes, Et seulement alors on parle de son produit »
Nous vendons de plus en plus des VISIONS que nous cherchons à partager avec tous nos partenaires, pour tous ensemble tenter d'anticiper les évolutions à venir, ou mieux les orienter en les accompagnant.
Bref nous sommes collectivement en recherche de notre spécialité de demain.

Quatrième principe : la pute NE FILE PAS LA CHAUDE PISSE (ou pire) à un client !
Parce qu'alors, elle ne perd pas que le client, elle perd aussi tous les copains du client ; et même si elle se soigne il y a de fortes chances pour que ses clients se souviennent du cuisant de l'expérience, et aillent tâter d'autres spécialités !

La chaude-pisse de l'industrie est le non-respect du délai et des quantités,
La vérole, la non qualité,
Le SIDA, la non compétitivité.

Le respect du délai et des quantités semble le moins important du triptyque, et pourtant, c'est le plus indiscutable car 2.853 pièces ne sont incontestablement pas 3.000, et mardi ce n'est incontestablement pas lundi.
De plus c'est le seul paramètre qui ne nécessite aucun investissement, juste une volonté commune.
Curieusement, et couramment, certains, qui ne respectent ni les délais ni les quantités, veulent faire croire que leurs produits sont de qualité et au juste prix !
La qualité est plus difficile à prouver, car elle est fonction du prix.
La non compétitivité c'est la mort à terme.

Tels sont les 4 principes de la démarche qualité de la pute !
Le message est trivial, grossier, mais d'expérience il se retient, se décline aisément, et fait très vite partie de la culture commune.

Histoire de centre de gravité du monde
ou De l'intérêt d'écouter les visionnaires

Le centre de gravité de la Terre évolue d'Est en Ouest dans un mouvement qui s'accélère de façon asymptotique !

Cela débuta en Mésopotamie, quelques 9.000 ans avant J-C, dit-on, avec le passage de la cueillette et de la chasse à l'élevage et l'agriculture.

Cette sédentarisation, ce regroupement de familles en tribus, de tribus en clans et enfin de clans en nations, nécessita le développement d'un outil de repérage des animaux et objets pour savoir ce qui appartenait à qui : l'écriture, et d'un outil de dénombrage des animaux et objets : les chiffres.

D'où le début de l'histoire.

Pendant quelques millénaires, la civilisation stagna entre le Tigre et l'Euphrate, puis migra vers l'Égypte, puis la Grèce et enfin Rome.

Elle se fixa quelques siècles en Europe de l'Ouest : l'Espagne, le Portugal, la France.

Entre les deux guerres, ce centre de gravité se fixa quelque part dans l'Atlantique nord, entre l'Angleterre industrielle et la côte Est des États-Unis (Boston, Philadelphie, puis Chicago), migra enfin vers la Californie avec ce qui allait devenir la Silicon Valley et, sur un plan culturel, le mouvement Hippy et New age.
Il y a 25 ans le Petit Patron fit venir un visionnaire, un certain Nadoulek, qui leur expliqua que le centre du monde était en train de continuer à se déplacer et était quelque part dans le Pacifique entre la Californie et le Japon !

C'est pourquoi très vite le petit Patron partit en explorateur au Japon, juste pour voir ! Il en revint avec un certain nombre de messages complexes parce que simples, et la perception de l'importance de certains outils intellectuels, qu'il régurgita en judéo-chrétien Picard. Ce faisant, la Fonderie put accompagner, et même parfois devancer intellectuellement, ses gros donneurs d'ordres.

De nos jours, en quelques années seulement, ce point immatériel continue sa migration vers l'ouest, vers la Chine et l'Inde !

C'est pourquoi la Fonderie continue à faire intervenir devant toute l'entreprise (car ces conférences sont ouvertes à toute personne de l'entreprise quel que soit son statut), des visionnaires qui parlent des nouvelles dimensions dans lesquelles ces nouveaux pays évoluent, afin qu'elle continue à anticiper pour mieux rester à Hallencourt !

Et comme il fit il y a 25 ans, Dominique et Eric vont aller visiter ces pays comme ça, pour voir, en explorateurs, pour permettre à toute l'entreprise de continuer non pas à s'adapter, mais à anticiper... pour ne pas mourir, tout simplement !

La belle histoire des moteurs électriques
ou Comment laisser de la chance au hasard

Grâce à la vision de M. Moussa, la Fonderie était arrivée à fournir 20 % du marché européen, chiffre qui leur paraissait extraordinaire car ils ne pouvaient penser qu'un jour, leur sérieux collectif les amènerait à alimenter près de 50 % de ce marché !

Toujours est-il qu'avec Michel, le commercial qui avait démarré les fourchettes avec lui quinze ans plus tôt, le petit Patron, pas trop naïf tout de même, se dit qu'il était temps de trouver d'autres marchés ; d'une part, parce qu'étant arrivés à fournir 20 % de la fourniture européenne, ils pensaient ne pas pouvoir faire plus, voire même commencer à être attaqués et donc à perdre des marchés ; d'autre part, parce que l'histoire de la Fonderie étant faite de mutations : du réchaud à alcool au siphon de lavabo, puis du siphon de lavabo au compteur d'eau, enfin du compteur d'eau à la fourchette, il semblait donc urgent de préparer la prochaine évolution.

Ils ont commencé, tous deux, à chercher des **produits.** Ce ne fut pas un succès car il n'y avait apparemment aucun gain technique à apporter, ni marge à dégager.

Puis, ils pensèrent à des **sauts technologiques** : les noyaux destructibles en premier. Il faut savoir que l'injection d'alliages cuivreux à 1 000°C, de par les températures, les pressions (jusqu'à 1000 bars), les vitesses (50 m/s) mises en jeu, contraint à utiliser des noyaux métalliques démoulables, donc des formes géométriques limitées.
Par exemple en Allemagne, les compteurs d'eau disposent de corps de compteur « *joufflus* » et le marché allemand n'accepte pas de corps cylindriques à noyaux démoulables, c'est pourquoi cette recherche pouvait ouvrir de nouveaux marchés. Avec Gilles, un jeune ingénieur diplômé de l'Ecole Supérieure de Fonderie, ils consacrèrent un an en essais divers avec différents matériaux, toutes sortes de sables, des géopolymères, des noyaux en verre même, avant d'abandonner faute de résultats industriels.
La deuxième piste fut la tentative d'injection d'alliages de bronze pour satisfaire le marché américain.

Il faut en effet savoir qu'en Europe, la plupart des pièces en contact avec l'eau sont en alliages de laiton (cuivre + zinc). Lorsque les premiers américains débarquèrent du Mayflower, sur la côte Est, ils découvrirent un type de corrosion très particulier des laitons et très localisé dans cette région, qu'on appelle la dézincification. En effet, ses eaux riches en chlore et faiblement chargées en calcium provoquaient la dissolution spécifique des atomes de zinc, laissant une masse spongieuse de cuivre non étanche et fragile. Ainsi, très rapidement, l'usage de bronze (cuivre + étain + plomb) s'était généralisé sur la côte Est, et bien que ce type de corrosion soit très limité, la normalisation américaine avait imposé le bronze pour toutes les pièces en contact avec l'eau.

Ils firent donc une campagne d'essais, toujours avec Gilles, et un an après, étaient arrivés à de bons résultats qui permettaient d'espérer des marchés.

Grâce à un agent particulièrement dynamique que la fonderie avait à l'époque aux Etats-Unis, le petit Patron obtint différents rendez-vous et notamment avec un fabricant de SPRINKLER fortement intéressé par ses prix, bien inférieurs aux prix des pièces issues de la fonderie sable de faible productivité. Il lui proposa un contrat pour la fourniture d'un million de pièces par mois !
Il ne sait pourquoi, peut-être impressionné par la quantité, le petit Patron lui proposa la fourniture d'un lot d'essai de 10 000 pièces avant la signature du contrat. Et là, à leur grande surprise, ils constatèrent qu'à partir de 5 000 injections, les moules subissaient une érosion galopante qui les rendait rapidement inutilisables ! Ils n'avaient pas pu constater le problème car, à chaque essai afin de tester les matériaux, les poteyages, les formes d'attaques, ils réalisaient environ 3 000 à 4 000 injections, avant de passer à une autre validation !
Bref, ils eurent beaucoup de mal à réaliser la présérie promise de 10 000 pièces, mais cet échec leur fit comprendre qu'il fallait sortir des systèmes classiques d'approche de la diversification et trouver un nouveau mode.

À cette époque, le petit Patron s'était retrouvé, bombardé par la DRIRE, président du M.F.Q. Picardie, ce qui lui fit découvrir un nouveau réseau ; il fit notamment connaissance d'un certain Bertrand JOUSLIN DE NORAY, un être générant un autre type de réflexion, qui lui-même lui fit découvrir le professeur SHIBA, ancien doyen de l'université de Stukuba et au M.I.T. et qui venait de temps en temps donner des cours en France. Comme à son habitude, il alla suivre plusieurs fois les mêmes cours et ainsi se fit repérer par le professeur Shiba qui le prit en amitié. Un jour à table pendant la pause de midi, celui-ci l'interrogea sur son approche de l'innovation et lui offrit un ouvrage en anglais qu'il avait commis, dans lequel, en quelques pages, il présentait une méthode pour faire une percée qui soit tout à la fois novatrice mais centrée sur son métier.

Fort de cette méthode, le petit Patron organisa des groupes de réflexion transdisciplinaires et transgénérationnels à FAVI.
Pour faire simple, la méthode consiste à s'interroger en groupe sur son métier, sur une manière de le décomposer en entités élémentaires (par produits, par marchés, par techniques...), puis pour chaque entité, à lister les éléments empêchant une expansion (coût de la matière ou de l'énergie, défauts inhérents au produit ou à la technique, etc...) puis, toujours en groupe et par réunions espacées d'environ une semaine pour permettre le temps de la réflexion, imaginer ce qui se passerait si les éléments négatifs étaient supprimés (énergie gratuite, main-d'œuvre gratuite, etc...)

Et de fait, quand on joue à ce jeu-là, où l'on part d'abord dans une réflexion restrictive puis dans une réflexion onirique ouverte, il y a toujours quelqu'un qui percute, mais forcément dans un périmètre intimement lié au métier de la collectivité.

Dans ce cas-ci, ce fut Dominique (son futur successeur mais qui ne le savait pas) qui percuta en disant :

– « C'est curieux, au cours du temps, nous avons développé des alliages qui résistent à la corrosion, qui ont un grand allongement, une bonne résistance au frottement et à l'usure, une grande dureté, une grande aptitude au polissage, etc..., mais on ne s'est jamais occupé d'exploiter la grande conductibilité électrique des alliages cuivreux. »

Fort de cette évidence, le petit Patron demanda à Claude, le chef de fonderie, d'injecter quelques pièces en cuivre pur. Il n'y réussit point ! D'une part parce qu'à peine fondu, le cuivre s'oxyde rapidement, perd sa conductibilité et devient pâteux donc difficile à injecter ; d'autre part parce que la chaleur de mise en œuvre (1300°C) faisait que les outillages se dégradaient rapidement.

À tout hasard, il fit faire une étude par l'ARIST pour voir si quelqu'un au monde injectait du cuivre pur, la réponse fut négative !

Alors, il convainquit Claude d'abandonner sa fonderie à ses leaders et de prendre tous les moyens qu'il souhaitait, tant humains que matériels, pour arriver à mettre en œuvre du cuivre pur, sans perdre de sa conductibilité.

– « Pourquoi faire ? » lui demanda Claude.
– « Je ne sais pas encore, mais si on arrive à faire quelque chose que personne ne sait faire, forcément on gagnera de l'argent." lui répondit le petit Patron
– « Pourquoi ne pas donner ça à un jeune ingénieur ? »
– « Parce que je pense que vos trente ans d'expérience en fonderie, pour ce genre d'innovation, sont plus utiles que les connaissances d'un ingénieur ».

Ainsi fut fait, et après trois ans d'efforts à plein temps, Claude réalisa l'impossible ! En fait ce n'était pas Claude seul, c'était toute l'entreprise qui avait atteint ce but, car bien des « combines » furent données par des fondeurs se rappelant qu'il y a dix ans, tel poteyage avait donné tel effet, ou tel outillage avait bien résisté au choc thermique, etc... Un ancien de 85 ans, père d'un fondeur, fut appelé en consultation ; en leur expliquant les difficultés qu'ils avaient connues, il y a quelques cinquante ans, pour passer de 600°C (température de fusion de l'aluminium) à 1000°C (température de fusion des laitons), il leur ouvrit de nouvelles voies de réflexion par des remarques aussi simples que : « À l'époque, on avait même envisagé des moules en béton ! »

Il est certain que s'ils arrivèrent à maîtriser un process à 1300°C, c'était certes grâce aux trente ans d'expérience de Claude, mais surtout, surtout, grâce à leurs cinquante ans d'expérience collective du travail à 1000°C.

En attendant, ils n'avaient pas de marché !

À l'époque déjà, d'autres patrons faisaient l'amitié au petit Patron de lui demander de témoigner de son système de management sans structure basé sur des valeurs. Ce faisant, il était parti faire une conférence d'une journée en Moselle, et à la pause du midi, déjeunait à côté du patron de GRÜNDFOS France. Tout naturellement, ce dernier s'enquit de son métier, et quand le petit Patron lui apprit qu'ils injectaient des alliages de cuivre, il lui demanda s'ils savaient injecter du cuivre pur à haute conductibilité.

Il s'étonna de sa réponse positive car il avait fait réaliser, lui aussi, une étude dans le monde entier et cette étude avait révélé que personne n'était capable de maîtriser l'injection du cuivre pur de façon industrielle. Le petit Patron insista sur leur capacité à le faire, et lui raconta l'histoire et les quelques trois ans d'essais préalables à leur succès.

Son interlocuteur lui expliqua alors que depuis les années 1920, des théoriciens avaient prouvé que si on remplaçait l'aluminium par du cuivre dans les cages d'écureuils des rotors, on gagnait énormément en rendement comme en couple, à telle enseigne que GRÜNDFOS utilisait des rotors réalisés en mécano soudé : ils enfilaient des petites barres de cuivre dans les encoches de la masse rotorique, puis les sertissaient et les soudaient aux deux bouts dans des flasques. Ces opérations étaient coûteuses et généraient un nombre élevé de pièces non-conformes ; donc, si l'on pouvait surmouler ces masses rotoriques directement avec du cuivre à haute conductibilité, on aurait un meilleur remplissage des cavités, un contact intime entre les anneaux et les barres, donc de meilleurs rendements pour un prix plus faible.

Le petit Patron lui proposa alors de faire quelques essais et dans la semaine qui suivit, GRÜNDFOS leur fit parvenir quelques masses rotoriques que la fonderie leur renvoya surmoulées en cuivre. Dans les deux jours qui suivirent l'expédition, le client appela le petit Patron en lui demandant de venir le plus tôt possible à Saint-Avold où se trouvait leur laboratoire.

Dès le lendemain, le petit Patron était à pied d'œuvre avec Michel, et là, on leur fit constater qu'une pompe normale équipée d'un rotor en cuivre mécano soudé débitait 100, et que la même pompe équipée du nouveau rotor débitait 150. Bien entendu on leur posa une question simple, mais compliquée pour eux : « *Pourquoi ?* »

Sur le chemin du retour, avec Michel, ils se rappelèrent une histoire qui leur était arrivée quelques années auparavant : au nom du quatrième principe de la péripatéticienne, la Fonderie n'augmentait plus ses prix depuis quelques années mais commençait à avoir des problèmes de coût, car à l'époque, l'inflation se situait au-dessus de 5 % ; il fallait donc baisser le coût des produits.

Ils avaient allégé une fourchette et avaient constaté, avec les moyens de l'époque, que cet allègement provoquait une déformation de la pièce mais ils n'arrivaient pas à situer à quel endroit précis, ni son amplitude.

Un après-midi qu'ils phosphoraient autour d'une pièce moulée en cire, le soleil donnait dans le bureau, et « ch'magnieu d'crayons » (le comptable), passant dans le bureau, prit la pièce en cire qui avait un peu ramolli et, jouant avec elle, leur dit :
– *« Hé les grosses têtes, on voit bien où elle plie votre pièce ! Regardez ! »*

Effectivement, on percevait parfaitement l'endroit et l'amplitude de la déformation. Après avoir nervuré cette zone, tout fiers, Michel et le petit Patron étaient allés présenter cette modification au client, en demandant une évolution du tracé de la pièce assortie d'une baisse de prix.

Très fiers de leur découverte, ils avaient raconté l'histoire de la pièce en cire rendue malléable par Phébus ; en l'entendant, un jeune ingénieur leur dit de façon péremptoire, comme seuls les jeunes savent l'être :
– *« C'est bien, votre truc ! Mais ça doit pouvoir se calculer par ordinateur ! »*

Chose incompressible au début des années 80, époque où aucune notion de conception assistée par ordinateur n'existait !

Sur le chemin du retour, ils s'arrêtèrent d'abord à l'UTC de Compiègne où ils avaient quelques relations avec des métallurgistes amis, leur racontèrent l'histoire puis leur demandèrent s'il était possible d'améliorer un produit avec un ordinateur.

Il s'avérait qu'à l'époque, l'UTC avait récupéré un chercheur de la NASA ayant participé à l'étude du LEM, et ce dernier était, avec son équipe, en train de développer en secret, bien avant tout le monde, un logiciel de CAO ; il cherchait donc une petite entreprise pour le tester discrètement avant de le mettre sur le marché. C'est ainsi que la Fonderie fit de la CAO bien avant ses grands donneurs d'ordres automobiles.

Revenant de Saint-Avold, ils s'arrêtèrent ensuite à Amiens pour exposer leur problème au directeur de l'ESIEE (Ecole d'ingénieurs spécialisée entre autres en électrotechnique) et pouvoir répondre à la question posée par le patron de GRÜNDFOS, à savoir : pourquoi obtenaient-ils un bien meilleur rendement par leur technique que par mécano soudé ? Le Directeur fit venir un jeune professeur qui leur expliqua des choses incompréhensibles pour eux, métallurgistes mécaniciens.

Rapidement le petit Patron l'arrêta dans ses propos et lui proposa de travailler à temps partiel pour eux, en créant un laboratoire qui appartiendrait à la Fonderie mais qui serait situé dans les locaux de l'école pour bénéficier de la synergie intellectuelle propre à tout milieu universitaire. Ce qui fut fait, et pendant six ans, l'entreprise eut une équipe de quatre ingénieurs étayée par quelques étudiants thésards, ce qui lui permit de comprendre le pourquoi de certains résultats et de l'expliquer aux clients potentiels.

Très rapidement, par les communications réalisées par ces ingénieurs dans des congrès, le monde entier sut que quelqu'un maîtrisait cette technologie particulière de façon industrielle. Ce faisant, tous les fabricants intégrèrent les caractéristiques apportées par le cuivre dans leur logiciel, et de par leur taille (Siemens doit être plusieurs milliers de fois plus gros que la Fonderie), devinrent forcément plus compétents qu'eux en théorie. Le laboratoire n'avait plus lieu d'être ; c'est pourquoi, après six ans d'existence, la Fonderie rapatria quelques machines d'essais dans son propre laboratoire et, tout en gardant d'excellentes relations avec l'ESIEE, libéra les locaux.

Le Professeur Shiba dit quelque part qu'il faut **laisser des chances au hasard,** et de la chance nous en avons, car les accords de Kyoto ont révélé au monde entier le problème de l'effet de serre lié à l'activité humaine, et les conséquences climatiques et démographiques catastrophiques qui attendent nos enfants si nous ne limitons pas notre consommation en énergie.
Les statistiques prouvant que 70 % de la consommation énergétique des entreprises passent par des moteurs électriques et que sur un plan domestique, le froid, au sens large, représente 30 %, et le simple accélérateur de chauffage central 15 % de la consommation familiale, un train de mesure est dans le tuyau dans tous les pays du monde, dans bien des secteurs pour imposer les moteurs à haut rendement à l'horizon 2007-2010.

Cela d'autant plus que si toutes les entreprises d'Europe, et seulement les entreprises, étaient équipées de cette génération de moteur, cela permettrait d'atteindre 25 % des objectifs de KYOTO ! ! !
En conclusion, cette démarche a été faite « **en allant** » de façon apparemment incohérente, non programmée, ni pilotée. Quelle fut l'intelligence collective ?

1°) De sortir des chemins traditionnels du marketing,

2°) de partir d'une matrice intellectuelle sans but précis,

3°) d'avoir fait effectuer la recherche et la mise au point par un homme de Fabrication et d'expérience et non par un jeune ingénieur débutant,

4°) d'être allé au bout de la recherche sans marché précis, uniquement en partant du principe que si on faisait quelque chose d'unique au monde, forcément on gagnerait des sous,

5°) de s'être appuyé non pas sur la connaissance de quelqu'un, mais sur la connaissance et la culture collective du travail à 1000°C depuis 50 ans,

6°) d'avoir trouvé un marché par hasard parce qu'ils sortent beaucoup (seul ceux qui sortent s'en sortent),

7°) d'avoir eu recours à des compétences et intelligences universitaires locales pour crédibiliser la percée,

8°) d'avoir su arrêter cette action quand cette compétence commençait à faire ombrage à la compétence interne des clients.

Comme d'habitude, on décrit une chronologie de façon cohérente a posteriori. Chronologie d'évènements qui se sont déroulés de façon incohérente car non prémédités, uniquement guidés par une notion de **métaction** et donc de **réaction immédiate** comme par un **gros bon sens**, tout cela « **en allant** ».

Histoire de "la forêt qui masque les arbres"

Il était une entreprise d'abeilles laborieuses, besogneuses, où chacun savait ce qu'il avait à faire, sans contrôle, sans réunions, sans comptes-rendus. Tout simplement chacune des abeilles, à son petit niveau, faisait chaque jour :

« toujours plus et mieux pour moins cher. »

Naturellement, l'apiculteur, « client » de cette ruche était heureux et « aimait » les abeilles. Un jour naquit une abeille d'une nouvelle espèce. Une espèce intelligente, plus intelligente que la moyenne, mais un peu paresseuse. Cette abeille intelligente et paresseuse se dit : « *Comment pourrais-je faire pour trouver ma place dans la ruche, sans travailler ?* » Alors elle inventa un indicateur « d'amour du client » qu'elle imposa, qu'elle contrôla car bien entendu, elle avait inventé un système de sanction lié à l'indicateur.
Ce que voyant, une autre abeille intelligente et paresseuse fit de même avec un autre indicateur de « productivité du miel ».
Puis toutes deux firent école et on vit même des abeilles pas intelligentes du tout inventer des indicateurs pas intelligents non plus, ce qui brouilla le système, provoqua des réunions, des réunions de préparation aux réunions, des réunions de synthèse des réunions, etc... tant et si bien que la ruche, plus occupée par des querelles internes de tenue de tableaux de bord, de contrôle et de triche sur les indicateurs, n'avait plus le temps de faire du miel, en oublia même l'apiculteur qui finit par perdre « l'amour » de cette ruche et ne l'entretint plus, car la **« forêt d'indicateurs »** avait fini par masquer **« l'arbre de l'homme »** (que l'homme en question soit une autre petite abeille ouvrière, ou le client apiculteur).

Comme les abeilles ouvrières ne se révoltaient pas, parce que les abeilles expertes parasites leur avaient ôté le droit à la parole, il a fallu que la reine intervienne.
La reine comprit que chaque arbre de la forêt avait son abeille experte pépiniériste, et qu'elle ne pouvait pas compter sur elle pour supprimer l'arbre, puisqu'elle en vivait !
Elle avait compris aussi qu'elle ne pourrait pas faire évoluer les abeilles pépiniéristes qui avaient pris goût à la paresse, car il est plus facile de faire vivre un indicateur que de produire. Elles étaient devenues incapables de travailler comme ouvrières.
Elle décida donc de les supprimer toutes, en leur demandant de migrer ailleurs et elle redonna ainsi le pouvoir aux abeilles ouvrières qui, ne perdant plus de temps en réunions stériles, ni d'énergie à tricher avec les indicateurs, retrouvèrent le plaisir de faire du bon miel, de servir leur client simplement avec bon sens, dévouement et une forme d'amour.

Et ainsi l'arbre unique de recherche permanente de l'amour du client, source de pérennité de la collectivité, put à nouveau grandir et s'épanouir.

Savez-vous que dans le monde des humains, dans certaines entreprises, des « abeilles expertes pépiniéristes » prétendent depuis plus d'une décennie faire des productivités à deux chiffres, alors que le prix de leur « miel » augmente régulièrement de 3 à 5% par an et que leurs profits baissent.

Savez-vous que dans ces entreprises, il n'y a plus aucun sens de la collectivité car chacun, consacrant son temps à faire des croche-pieds à son voisin pour se valoriser, n'a plus le temps de s'occuper ni du client ni de la concurrence.

Savez-vous que dans ces entreprises, pire c'est, plus on licencie d'abeilles ouvrières, et on crée, voire même embauche des abeilles expertes pépiniéristes qui arrivent avec un arbre miracle supplémentaire !

Savez-vous que dans ces entreprises, parfois, on n'a pas le temps de produire ni de s'occuper du client, parce qu'on y tient des réunions d'abeilles expertes 6 sigma, TPM, marketing ou autre arbre miraculeux issu du zapping management !

Savez-vous enfin que le roi des abeilles et fourmis chez FIAT, alors que FIAT allait très très mal, ayant constaté la même dérive procédurière, n'a pas licencié une seule fourmi ou abeille ouvrière mais 6000 cadres de fabrication et que depuis, Fiat va très très bien.

Peut-on imaginer une vie avec des indicateurs conjugaux, familiaux ?

Pourquoi fait-on dans une entreprise ce qu'on ne fait jamais dans nos familles ? Sans doute y a-t-il trop de matière grise aux mauvais endroits. Dernière évidence : l'Histoire nous apprend que tout système se détruit de l'intérieur ! Il en fut ainsi pour des civilisations, des royaumes, des empires !

Il en est de même des entreprises humaines : l'ennemi intérieur est bien plus efficacement nuisible que la concurrence !

Histoire d'histoires avant l'histoire qui expliquent bien des histoires d'aujourd'hui...

ou En tout homme il y a (en plus du cochon) un néandertalien qui sommeille...

Pendant quelques quatre millions d'années, l'homme, ou ce qui allait le devenir, a vécu de chasse et de cueillette.

Il vivait en cellule familiale où le chef devait être physiquement le plus fort ou du moins celui qui rapportait le plus de nourriture à la famille.

De temps en temps sans doute pour mieux chasser, plusieurs familles se regroupaient pour former un clan dont le chef (le chef des chefs en quelque sorte), en plus d'être costaud devait être celui à plus fort ego, mégalo, voire parano.

Un chef est généralement un être à fort ego mais qui a une intelligence supérieure à son ego, et qui sert cet ego.

Le petit chef se caractérise par un ego bien supérieur à son intellect !

Le bon employé, lui, a peu d'ego et une intelligence souvent supérieure à celle du petit chef, intelligence qui lui permet de vivre très bien sans ego.

Ce n'est, dit-on, que quelques 9000 ans avant JC, que plusieurs clans se réunirent en Mésopotamie pour former une tribu.
Et plus tard, plusieurs tribus se réunirent pour former une nation basée, non plus sur les seules chasses et cueillettes, mais de plus en plus sur l'élevage et l'agriculture ; et comme il fallait bien garder trace de ce qui appartenait à telle famille dans le clan, à tel clan dans la tribu, ou à telle tribu dans la nation, on inventa les chiffres et les lettres.

Donc il y a quelques 11000 ans, l'homme quitta son statut de sauvage migrant pour accéder à celui de civilisé sédentaire. Oui mais, cette étape de civilité ne représente que 2,75 / 1 000 de l'évolution soit l'équivalent de 10 secondes par rapport à une heure !

Il est bien évident que ces quelques 3590 autres secondes ont laissé des traces comportementales indélébiles.

Certaines insignifiantes comme par exemple :

– Pourquoi seules les femmes se souviennent des dates d'anniversaires ?
Cela résulte tout simplement du fait que les mâles, ayant en charge la nourriture de la famille, avaient toutes leurs mémoires, olfactive, auditive et visuelle saturées par les informations à retenir pour débusquer les proies.
– Pourquoi cachons-nous nos sexes ?
Cela découle du fait qu'avant l'invention du siège, pendant des millions d'années, la position de repos de l'être humain était d'être accroupi sur les talons, et il convenait de protéger ses organes à l'odeur sympathique, des insectes et parasites.

D'autres habitudes acquises pendant ces dernières années se retrouvent dans les entreprises :

– Le goût du risque :
Pendant ces millions d'années ne survivaient que ceux qui ne se contentaient pas de l'apport protéinique de racines ou autres larves, mais qui avaient un goût du risque suffisant pour affronter la grosse bête riche en protéines, mais un sens du risque mesuré, sinon c'était la grosse bête qui faisait une cure protéinée.
Cela se retrouve dans le goût du risque gratuit comme le saut à l'élastique et bien plus, l'escalade sans corde de rappel ; mais cela se retrouve aussi dans le sens et le goût d'entreprendre de certains !

Entreprendre c'est prendre un risque, celui de réussir, certes, mais aussi de tout perdre, donc un risque mesuré.

– La manie d'agrandir son territoire :
La chasse et la cueillette épuisent son propre territoire ; donc pour survivre, il n'y a que deux possibilités : soit migrer en permanence tant qu'il reste des espaces libres, soit en conquérir aux dépens d'autrui.

C'est ce que fit l'homme de génération en génération par des guerres d'expansions territoriales, et plus récemment, depuis que l'on est passé de la guerre du sang à la guerre des sous, par des conquêtes financières. À cet égard, la Chine, qui a bien compris que l'hégémonie ne se faisait plus par l'idéologie mais par l'argent, fait une remarquable guerre des sous.

Dans une entreprise, cela se mesure plus simplement à la taille de la voiture de fonction, à celle du territoire intime du bureau, ou à la taille de la place de parking réservée à son patronyme. Essayez donc de vous garer indûment à une telle place ! Vous verrez ressurgir une réaction antédiluvienne, quasi clanique, du propriétaire du territoire violé qui sentira bafoué non seulement son statut vis-à-vis de la tribu mais bien plus : le patronyme hérité de ses ancêtres.

Il en est de même de l'étage où se situe ledit bureau, comme si on était plus intelligent au 25e qu'au 3e.

Ce comportement se retrouve de nos jours chez les loups notamment, où le mâle dominant se repose toujours sur une souche ou un rocher pour dominer sa meute et il montrera les dents à tout jeune turbulent qui, sous prétexte de jeu, tente de l'en déloger.

Autre réminiscence, la réunion cadres du lundi matin. Toute la semaine, le chef est entouré de son clan ou de sa tribu qui en permanence, par des multiples marques de respect (on ne demande pas au chef de bien vouloir mais de vouloir bien, on frappe avant d'entrer sur son territoire qui parfois par une lumière rouge est interdit, on ne lui coupe pas la parole, etc...).
Arrive le week-end où le chef de clan redevient un simple chef de famille chahuté, considéré certes affectueusement par les siens, mais tel qu'il est, avec ses défauts chroniques, et donc sans marques de respect particulières.

Au bout de deux jours de ce régime, dès le lundi matin, le chef a besoin de se sécuriser dans son statut de chef. Donc, dès 8 heures, il réunit son clan sur son territoire, dans son bureau (autour duquel il fait régulièrement pipi) et il flatte l'un, rabroue l'autre ; chacun s'esbaudit de ses plaisanteries. Bref, il rappelle à chacun que c'est bien lui le chef et qu'il a le plus gros zizi.

Si c'est un grand chef, alors le week-end, il va se sécuriser, se conforter aux dépens de sa cellule familiale en invitant une partie de sa cour sur son yacht ou dans sa chasse en Sologne, ou en cohabitant avec d'autres chefs à son niveau d'ego.

Se pose souvent un problème qui est celui de se situer par rapport aux autres. Les militaires ont trouvé une solution plus simple que celle d'afficher la longueur de son zizi : le galon. Du chef de chambrée au Maréchal de France, il y a 18 signes distinctifs qui permettent à chacun de se situer immédiatement dans la meute, sans avoir à retrousser les babines, se coucher sur le dos ou se livrer à un simulacre de sodomisation comme les loups.

Dans les entreprises, la chose est plus subtile, longtemps ce fut l'instrument de mesure porté avec ostentation comme un galon. Cela commençait par celui qui n'avait rien. Le chef d'équipe avait un mètre pliable, le chef d'atelier un réglet en inox, le chef de service un pied à coulisse et enfin le bâton de maréchal : la règle à calcul était réservée à l'ingénieur. De nos jours, cela est remplacé généralement par la confrontation des générations de téléphones, ordinateurs portables et autres gadgets électroniques.

Autre réminiscence de la structure clanique : le sorcier. Pas assez fort pour être chef ni même être chasseur, il a créé sa place en flattant l'ego du chef et en le servant, s'appuyant sur sa mégalomanie : la secrétaire de direction.

Ces quelques exemples sont les reliquats comportementaux apparents de nos quatre millions d'années de vie de chasseur et bien souvent, pour comprendre la particularité des relations dans la tribu qu'est l'entreprise, il faut les analyser à la lumière de ces 3590 secondes de patrimoine génétique.

Ceci étant, ne critiquons pas les êtres à fort ego car ils sont une source deprogrès collectif car comme disait Adam Schmit : « *l'égoïsme et la recherche du bonheur de quelques-uns font le bonheur de tous* », ce qui est une des clés du succès du capitalisme.

Ces 4 millions d'années de vie avant l'histoire nous ont aussi laissé la manie de ne pas nous contenter du présent *factuel*, mais de jouer avec l'avenir de façon *prédictive*, voire *incantatoire*, si ce n'est que, chemin faisant, nous avons perdu le bon sens !

Lassé d'attendre le bison **factuel**, un petit malin fit un jour un rapprochement entre l'aspect d'un bison et sa ressemblance sur des traces laissées par le feu sur quelque omoplate.

Sans doute pour se donner de l'importance, commença-t-il à étudier solennellement les reliefs des repas et se transforma en devin décryptant des signes **prédictifs** sur les os plats.

Il est certain que son taux de réussite devait être sensiblement celui de l'INSEE actuel : c'est-à-dire nul, mais ça occupait les soirées d'hiver !
Comme le prédictif ne marchait pas toujours bien, l'idéé vint de dessiner de façon **incantatoire** le symbole du bison sur les omoplates avant de jeter les os dans le feu !

D'aucuns prétendent que c'est d'ailleurs comme cela que les chinois inventèrent leur écriture à base d'idéogrammes.

Ceci étant, nos ancêtres, pétris de bon sens devaient assurément interrompre tout cérémonial tant prédictif qu'incantatoire, si un bison passait à proximité pour courir sus à la bête.

De nos jours tout ce qui est factuel est négligé, la trésorerie est moins suivie que le résultat, et on prétend baisser ses coûts alors que les prix de vente augmentent !
Et on a perdu le bon sens :

Impossible de faire sortir quelqu'un de la sacro sainte réunion cadres du lundi matin, purement incantatoire, même si c'est un somptueux gibier client qui appelle !

Si le budget prédictif n'est pas conforme aux souhaits des actionnaires, on le fait refaire et il devient alors incantatoire.

Si un investissement n'a pas été prévu au budget et que de façon ponctuelle on en ait besoin, on va acheter stupidement l'équipement en pièces détachées 3 fois le prix normal, ainsi il passera en frais et le budget prédictif sera respecté ! !

Pour garantir des taux de rendement impossibles de 15 ou 20 % l'an, ce qui de façon factuelle reviendrait à augmenter sa trésorerie de 15 à 20 %, ou à trésorerie identique reviendrait à baisser ses prix de ventes de 15 à 20 %, on a inventé des cotations incantatoires faites par des devins informatisés, mais le résultat est toujours le même : si le gibier n'est pas au rendez-vous, c'est la famine, que l'on appelle de nos jours « crise économique » et qui n'est que le réajustement entre le résultat incantatoire et la trésorerie factuelle !

Curieusement, encore de nos jours, les devins, en échec permanent depuis 4 millions d'années, sont toujours écoutés et mieux rémunérés que les chasseurs ! ! !

La belle histoire de Jean

ou **L'entreprise heureuse de créer d'autres valeurs que "des sous"**

Jean était d'abord entré dans la collectivité comme intérimaire au service outillage. Son sérieux et son entrain avaient été remarqués, et Jean fut donc logiquement embauché.

Il n'avait pas de formation spécifique, mais son œil qui brillait d'un éclat de curiosité permanente fut remarqué par le petit patron lors de ses tournées quotidiennes sur le terrain des autres; tout naturellement il lui proposa de suivre quelques formations en alternance.

Ainsi, petit à petit Jean passa un C.A.P., puis un Brevet, puis son Bac technique, puis un B.T.S. et même un diplôme d'ingénieur.

Enfant du sérail, il fut poli par les anciens tel un caillou précieux, afin de succéder, le temps venu, à Michel le patron vieillissant du service.

Un matin, Jean appela le petit Patron pour lui demander un entretien.

Ce dernier s'étonna que Jean n'ait pas attendu de le rencontrer dans l'atelier, lors de sa visite matinale habituelle, et pas si naïf que ça, il sentit bien qu'il devait y avoir une requête particulière sous-jacente.

Jean entra dans le bureau, ferma la porte, qui était toujours grande ouverte, ne s'assit pas, mais resta debout, pour, sans doute, ajouter une touche solennelle à l'évènement, ou peut-être plus simplement parce qu'il ne se sentait pas à l'aise :

« Je voulais vous voir, parce que comme vous le savez j'ai appris l'anglais, et mes garçons étant petits, 2 et 4 ans, ça ne posera pas trop de problèmes ! » bredouilla Jean
« C'est pas bien, je le sais, mais vous savez Monsieur le Directeur, parfois il y a des choses qui se passent comme ça, toute seules, et... et puis on est bien embêté.... »

Le petit Patron se taisait toujours, mais encourageait Jean du regard et d'un sourire à continuer son monologue, en se demandant comment il allait s'en sortir et où il voulait en venir.
« Vous comprenez moi j'ai rien fait, mais de toute façon je ne suis pas sûr que j'aie ma place dans l'entreprise, car Michel, il y aura pas besoin de le remplacer, du moins comme Chef, parce que les outilleurs sont presque tous autonomes, donc ce n'est pas grave, mais ce n'est pas bien ! C'est pas bien, mais j'y suis pour rien... ! »

Le petit Patron vit bien qu'il allait annoncer son départ
« Ce n'est pas bien parce que ce sont mes copains qui, par leur travail, m'ont payé ma formation, et maintenant que je suis formé, ben on me propose, mais ce n'est pas moi qui

ai demandé, c'est un cabinet parisien qui m'a contacté pour prendre la direction technique d'une usine en Inde, mais ce n'est pas un concurrent, et comme mes garçons sont petits ils ne seront pas déracinés, et comme je parle l'anglais... »

Le Petit Patron se leva alors et le prenant par les épaules lui dit :
– « Mais c'est magnifique ce qui t'arrive, surtout ne laisse pas passer cette opportunité, c'est magnifique pour nous tous, tu te rends compte ce qui t'arrive, c'est un succès pour nous tous ! »
– « Oui m'enfin ma formation a coûté... »
– « Mais ta formation est un investissement pour toi, pas pour nous, nous avons tous investi en toi, pour toi ! Et puis une entreprise doit créer des valeurs matérielles certes, mais surtout humaines ; une entreprise doit permettre à chacun de s'épanouir, au village de prospérer, à la collectivité d'avancer, et je suis sur qu'en Inde, à ton niveau, tu feras plus progresser cette collectivité qu'en restant parmi nous ! »

Jean nous quitta donc, comme de tradition sans effectuer son préavis, mais qui lui fut bien entendu payé, et chacun le félicita de sa décision.
Régulièrement il écrit aux uns et aux autres pour nous faire partager son devenir qui, vu de Picardie, nous fait un peu rêver, et ces rêves valent bien l'investissement collectif !

La belle histoire de Franck
ou **Comment les choses se font d'elles-mêmes pour peu qu'on les laisse faire...**

Frank avait avec un C.A.P. de menuisier, mais faute de trouver du travail dans sa spécilaité, il débuta dans l'entreprise comme opérateur sur machine d'usinage, fonction qu'il occupa quelques années.

Il s'intéressa aux outils de la qualité qui émergeaient régulièrement du Japon dans les années 80, et fort logiquement, devint agent qualité de terrain.

Le petit Patron, ayant senti qu'il manquait de culture générale, mandata Hervé (le seul DRH de France à quart temps et sans service du personnel) afin de lui trouver une formation adaptée où on lui fit découvrir en alternance sur deux ans, Racine, Hugo, et les autres.

Cette formation le débloqua intellectuellement et il évolua rapidement au service qualité vers le suivi des fournisseurs.

Dans la fonderie, chaque commercial est implanté au milieu de sa mini-usine, pour mieux porter le « Dehors » « Dedans », être au plus près des opératrices et des opérateurs, et a en charge :
- La prospection, aidé à l'export par des agents,
- Le suivi de son ou ses clients,
- La réalisation et le chiffrage des gammes,
- La fonction de chef de projet pour tout nouveau lancement,
- Le contrôle quotidien des prix de revient,
- L'animation avec le leader de la mini-usine sur les plans de la sécurité, de la qualité comme de la productivité,
- Le choix et le suivi des fournisseurs, ce qui fait quand même beaucoup de choses.

Frank avait donc une fonction transversale : il préparait les audits capacitaires et qualité de chaque fournisseur, pour ses copains commerciaux, étant entendu que c'étaient ces derniers, et eux seuls, qui réalisaient les audits, bien entendu accompagnés de Frank, et que c'étaient eux seuls, représentant le client final, qui décidaient du choix du fournisseur.

Au fil des années, Frank apprit l'anglais et commença, de sa propre initiative, à regarder de nouvelles technologies, de nouveaux matériaux possibles en remplacement de l'existant. Il alla, toujours de sa propre initiative, visiter ses fournisseurs potentiels un peu partout dans le monde, en Europe certes, mais aussi dans les pays émergents de l'Est ou d'Asie, et ce, évidemment dans un but soit d'amélioration des produits, soit de baisse des coûts.

Puis il fit des conférences internes, fit circuler des documentations techniques, incita les commerciaux, toujours seuls décisionnaires au nom de leur client, à l'accompagner dans ses visites.

Ainsi l'entreprise évolua, contribua à aider ses clients à évoluer, et devint rapidement leader Européen sur son marché.

Frank, sans bruit, tranquillement, « en allant » a inventé une fonction vitale pour la collectivité.

Ce n'est pas la première fois que le petit Patron constata que si on laisse s'instaurer une forme de laisser faire, les choses se font d'elles-mêmes systématiquement dans le sens du progrès collectif, avec la moindre énergie et au moindre coût.

Bien entendu, il avait suivi cette évolution dans le temps au cours de ses contacts quotidiens ; il aurait pu la freiner ou l'orienter de façon différente, mais chaque fois qu'il constata l'émergence d'une fonction nouvelle, force lui fut de constater qu'il n'y avait pas pensé, et que c'était toujours dans l'intérêt commun au moindre coût ; d'autant plus que les acteurs, auteurs d'évolutions, ne faisaient pas cela à la place de leur fonction, mais en plus, un peu comme un hobby.

Une autre de ses réflexions, que ce soit sur l'exemple de Frank, de Jean, de chaque leader, tous anciens ouvriers et se comportant comme des entrepreneurs de leur propre mini-usine, responsables des horaires, des salaires, du planning, des investissements, etc... est que l'on dispose dans nos entreprises d'un savoir inexploité extraordinaire, que la structure brime pour justifier sa propre fonction, d'où l'absolue nécessité de supprimer toute structure en fabrication et de la transférer sur la route pour vendre, ou au B.E. Pour préparer l'avenir.
Deux leçons d'humilité :
1) Depuis quelques trente ans que l'entreprise a supprimé le planning et fait arriver les commandes directement dans les mini-usines, au plus près des opérateurs, jamais l'entreprise n'a livré en retard, même quand le client, suite à une erreur, demandait 30 % en plus quand ce n'était pas le double
2) Dans toutes les usines travaillant en équipes, les équipes de nuit sont TOUJOURS plus productives, et génèrent beaucoup moins de problèmes qualité que les équipes de jour ! ! !

Une question de savoir-vivre
ou De la bonne manière de gérer un stock

La gestion des magasins pose toujours problème.

La vieille et traditionnelle solution, qui repose sur le principe que *l'homme est **mauvais*** donc voleur, consiste à tout fermer à clé, à mettre en place un magasinier, qui, en échange, au travers d'un guichet, d'un bon signé par le chef d'équipe et/ou le chef d'atelier, voire même le chef de service (en fonction de l'importance de l'objet), remettra le consommable désiré !

Les Japonais ont beaucoup phosphoré et nous ont appris le KANBAN, à base d'étiquettes ou de repères posés directement dans les containers pour relancer le réassort, sans compter sur tous les systèmes plus ou moins informatisés.

Des gens plus rigoureux (à l'esprit quelque peu germanique) sont même allés jusqu'à installer des centaines de petits containers en plastique sur des centaines de balances électroniques reliées à un ordinateur consultable directement par les fournisseurs qui peuvent ainsi, en temps réel, connaître au boulon près le stock restant...

Nous, plus pragmatiques, avons mis le magasin en libre service depuis quelques vingt-cinq ans, et chacun est censé marquer sur un tableau, non pas son nom, puisque cela ne présente aucun intérêt, mais ce qui a été prélevé, pour que Pierrot, le débiteur d'acier à outillage puisse lancer le réapprovisionnement.

Récemment un patron vint nous visiter pour échanger sur les types de management et, durant la traditionnelle visite d'usine, nous passâmes par le magasin. Ayant visiblement de gros problèmes pour gérer le sien, il s'enquit donc de notre mode de fonctionnement à ce niveau. Je lui ai alors expliqué que je ne savais pas bien comment cela marchait, car cela était davantage le problème des opératrices et opérateurs que le mien, mais qu'il devait y avoir quelque part un tableau. Comme on ne trouvait pas ledit tableau et que nous croisions Olivier qui sortait du magasin, notre visiteur lui posa directement la question.

Olivier expliqua que pour les pièces consommables issues de l'atelier d'outillage, les outilleurs collaient une étiquette code-barres sur chaque article et que chacun enregistrait simplement ce code-barres avec le "pistolet" en libre-service !

– *"Oui mais"* interrogea le visiteur *"Ce qui m'intéresse le plus et qui pose problème, ce sont les mille et un "trucs" : les boulons, les écrous, les rondelles et autres goupilles"* dit-il en montrant le mur couvert de petit casiers.

– *"Oh, c'est simple, chacun se sert et si un casier est presque vide, il va le réapprovisionner lui-même à partir des cartons situés un peu plus loin"* répondit Olivier en montrant lesdits racks, garnis des cartons des fournisseurs.

– *"Oui mais si les cartons eux-mêmes sont vides ?"*

– *"Ben chacun en prélevant vérifie la quantité restante, et si besoin est, prévient Pierrot !"*

– *"Oui mais si quelqu'un ne le fait pas ?"*

– *"M'enfin...C'EST UNE QUESTION DE SAVOIR-VIVRE !"*, répondit Olivier en haussant les épaules, l'air agacé et rompant l'entretien en nous plantant là, estimant qu'il avait autre chose à faire que de répondre à des questions aussi stupides !
Nous restâmes tout deux les bras ballants devant cette évidence :

Tout est une question de savoir-vivre, pour vivre en société !
– C'est du savoir-vivre que de nettoyer son lavabo après s'être lavé les mains
– C'est du savoir-vivre que de réagir tout de suite en cas de problème client (interne comme externe)
– C'est du savoir-vivre que de laisser son poste de travail propre et rangé à la fin de son temps de travail
– C'est du savoir-vivre que de faire à Favi comme à la maison
– C'est du savoir-vivre que de toujours respecter les délais promis
– C'est du savoir-vivre que de respecter l'autre et ses idées

En un mot la qualité n'est qu'une question de savoir-vivre !
Là où d'autres mettent des procédures, des contrôles, et des sanctions, continuons à vivre librement entre gens qui en toute :
Bonne foi
Bonne volonté
Bon sens
Bonne humeur
ont du savoir-vivre, et bien vivre, tous ensemble !
"Agir sans agir, qui n'est pas ne rien faire, mais une forme de laisser faire, pour faire en sorte que les choses se fassent d'elles-mêmes !"
Prôner le "savoir-vivre" est une des manières de non-action active !
Cette histoire clôt les belles histoires de notre expérience collective car à elle seule elle résume toute la différence entre nous et les autres !

Histoire de l'entreprise "Y"

ou **Petit résumé de notre mode de fonctionnement**

Par analogie avec **Mac Grégor** qui distingue les hommes en deux catégories, les « X » et les « Y », nous allons tenter de caractériser :

– les entreprises « **X** », où l'homme est considéré comme systématiquement « **mauvais** »
– les entreprises « **Y** », où le *même* homme est considéré comme résolument « **bon** »

et cela, selon trois approches complémentaires :

– Celle de la *sociodynamique* chère à Jean Christian FAUVET,
– Celle des systèmes *compliqués* et *complexes*,
– Celle « *du pouvoir des anneaux* ».

Tout d'abord un petit rappel de la théorie de Douglas Mac Gregor (1906-1964) : Il classait, d'après des considérations un peu dichotomiques et manichéennes, les hommes en deux grandes catégories : les Hommes X et les Hommes Y.

L'HOMME X, qui :

– Éprouve une répulsion naturelle pour le travail et va tout faire pour l'éviter,

– Doit donc être dirigé, contrôlé, forcé, voire même menacé pour travailler, surtout pour travailler dans et pour une collectivité.
– Préfère être dirigé et fuit les responsabilités.

Bref il est **MAUVAIS** : si on le laisse livré à lui-même il ne se rasera plus, ne se lavera plus, ne fera rien et cherchera les chemins de moindre initiative.

L'HOMME Y pour lequel :

– Il est plus naturel de travailler que de se reposer ou jouer,
– Le travail peut être une source profonde de satisfaction,
– Sa motivation pour l'atteinte d'objectifs dépendra de la satisfaction qu'il attend de leur atteinte. Et la satisfaction qu'il retire d'avoir accompli une tâche nourrit sa motivation pour la tâche suivante.

Pour ce faire, il est prêt à apprendre, à accepter, et même à rechercher des responsabilités.

Bref l'homme est **BON** : si on lui ouvre des espaces de liberté, il les utilisera pour s'épanouir, fera travailler son imagination pour se fixer des objectifs nouveaux, et sa satisfaction, ou mieux la reconnaissance de la collectivité (ou de son chef, représentant de toute la collectivité) lui est une récompense suffisante.

MAC GREGOR prétend que si tous les hommes ne sont pas « Y » c'est parce que les **pouvoirs** en place dans les entreprises répugnent à ménager ces espaces de liberté, qui seraient une atteinte à leur propre existence, et que si les individus finissent par être passifs, voire contestataires, c'est du fait d'expériences malheureuses dans les entreprises.

Ce que nous savons, nous à FAVI, c'est que les hommes « X » et « Y » ne sont pas **deux Hommes différents.** Non, **c'est le même,** qui est « X » huit heures par jour sur sa machine, derrière son guichet ou son bureau, et qui se sauve quand la sonnerie et la pointeuse le libèrent, qui court pour se changer et devenir enfin « Y », pour s'échiner à avoir le plus beau jardin du village, pour s'entraîner et faire le Marathon local en moins de 5 h, puis 4 h 45, etc...

Nous ajouterons à ces considérations que :
– L'homme est comme on le considère : d'expérience ce ne sont pas « *les cocus qui deviennent jaloux, mais les jaloux qui finissent par être cocus.* »
– Le regard que l'on porte sur les choses et surtout sur les gens finit par modifier ces choses et ces gens.
– Si l'on considère l'homme comme voleur et que l'on scelle tout sous clé dans des magasins, alors l'homme deviendra voleur.
– Si l'on considère l'homme comme fainéant et qu'on l'encadre dans des systèmes de cadences à respecter, de primes et de bonus, alors il calculera, mesurera ses efforts pour faire le juste nécessaire.
– Si l'on considère l'homme comme avare de son temps et qu'on le contrôle, alors il servira l'horloge et la pointeuse, et non le client.

Bref c'est le SYSTÈME qui fait l'HOMME

Il faut donc faire évoluer le SYSTÈME pour faire évoluer l'HOMME ! !

Première approche : la SOCIODYNAMIQUE :

J-C. Fauvet classe les entreprises selon leur positionnement par rapport au :
– **DEHORS** : les clients, les fournisseurs, le Député qui fait les lois, la DRIRE, la Direction du Travail qui nous aident à appliquer les lois...
– **DEDANS** : les salariés, les valeurs de l'entreprise, la notion de survie collective.

L'ENTREPRISE « X » ignore qu'il y a un DEHORS ou un DEDANS :

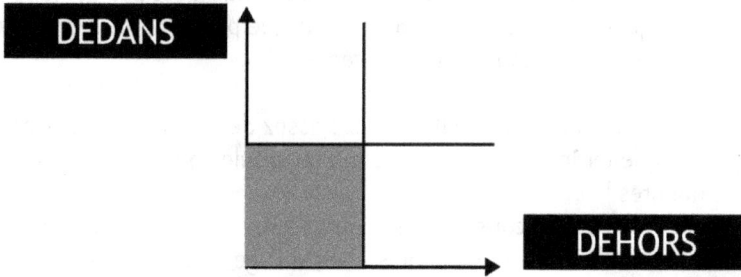

Elle est appelée *MÉCANISTE*

C'est l'entreprise **STATUTAIRE** type fonction publique avec :
– **Pour Chef** : une case en haut de l'organigramme pyramidal que l'on remplit en fonction des circonstances
– **Centre de gravité** : cette case vide
– **Type de logique** : cause / effet = LÉGALISTE
– **Point faible** : le système se suffit largement à lui-même, les clients et parfois les salariés sont de trop
– **Type d'actions générées** : L' ANACTION

L'ANACTION :
Qu'est ce que l'anaction ?
Ce n'est pas *l'inaction*, qui elle est le contraire de l'action, ce qui sous-entend que le système sait ce qu'est l'action. Dans le cas de l'anaction, le système ignore même la notion d'action, il n'est préoccupé que par la recherche **DU ZÉRO RISQUE** pour **TOUS** et **CHACUN !**
Quand le chef demande un renseignement au sous-chef et que le sous-chef répercute la demande au sous-sous-chef, le sous-sous-chef cherche une réponse à ZÉRO RISQUE pour lui, pour son chef, et pour le chef de son chef !

Or la seule réponse sans risque est « Ne faisons rien » sauf :
– Des études préalables,
– Des réunions,
– Des réunions préparatoires aux réunions,
– Des réunions de synthèse des réunions.

Et quand vraiment il faut prendre une décision, on externalise la prise de risque en faisant appel à un cabinet extérieur !

Bref cette recherche permanente du zéro risque pour tous et chacun conduit à l' ANACTION.

Au mieux cette recherche ne conduit qu'à des actions PROGRAMMÉES, BUDGETÉES, pour présenter le moindre risque, et tant pis si le futur n'est pas conforme aux prévisions, on appliquera tout de même l'action, puisque personne ne prendra le risque de revenir sur les décision accouchées du système « X ».

A l'instant « T » on considère qu'il n'y a pas assez de travail pour tous et qu'il faut le partager (35 h), le temps de passer à l'action on croule sous le travail, peu importe on réduit les horaires !
L'INSEE a prévu + 3 %, on constate n'être qu'à 1,5%, aucune importance !
(Le problème de l'INSEE est que depuis que j'ai l'âge de raison, j'ai constaté qu'ils se sont toujours trompés de 50% ; le jeu consiste à savoir dans quel sens ! De toute façon, peu importent leurs prévisions ou même constats factuels, puisque les politiques feront quand même ce qu'ils ont décidé !)

(Si, parfois, je cite la fonction publique, ce n'est pas pour me défouler, mais parce que c'est l'exemple extrême de ce que nous avons souvent de façon latente dans certains de nos services)

Il en est de même dans l'entreprise « X » : quelle que soit l'évolution de l'environnement, on applique le budget, on ne déroge pas à la stratégie ; ainsi c'est clair, sécurisant, et après tout, ce n'est pas la faute des hommes « X » si les choses n'évoluent pas comme prévu.

Au moins, on a une explication de l'échec !
A l'opposé, est située l'ENTREPRISE « Y » qui est au maximum du DEHORS et du DEDANS.

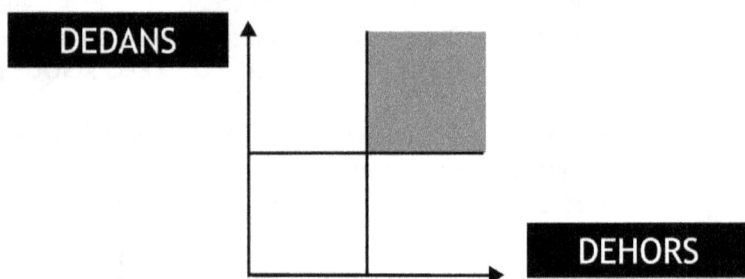

Elle est appelée HOLOMORPHE

Chaque partie fait partie du tout et le tout est porté par chaque partie, ou : chaque individu n'est plus un individu mais avant tous un membre de la collectivité, et on peut reconstituer la collectivité à partir d'un seul individu !

C'est l'entreprise **AUTO ADAPTABLE** à son environnement avec :
– **Pour chef :** celui QUI A LE BALLON

– **Centre de gravité :** le CLIENT, car celui qui a le ballon est généralement celui qui a un problème client
– **Type de logique :** la logique du COMPLEXE, une logique GLOBALE
– **Points forts :** autonomie, responsabilité, leadership, jeux d'équipes
– **Points faibles :** ne peut se mettre en place que si les **pouvoirs** s'effacent devant l'intérêt supérieur **du CLIENT**
– **Type d'actions générées :** la **MÉTACTION**

La MÉTACTION :

La MÉTACTION, c'est l'action pour l'action, c'est le passage à l'acte sans analyse de risque, donc **avec prises de risques.**
C'est le passage à l'acte intuitif, impulsif, parce que le bon sens ou les circonstances l'exigent.
C'est l'action sans réflexion préalable, la réflexion se nourrissant de l'action.
C'est le passage à l'acte sans perdre son temps à analyser les conséquences possibles de son acte : on passe à l'acte et on gère les conséquences après !

C'est la différence entre la **ligne Maginot** et des **Cavaliers archers de Parthes** :
– La ligne Maginot, fruit d'une longue et coûteuse réflexion, prétendait nous protéger avec le minimum de risque. Tous les risques avaient été imaginés : les bombardements, les gaz, l'empoisonnement de l'eau, les attaques terrestres, aériennes, etc...
Et dans cette logique *légaliste* il était évident que l'ennemi respecterait la neutralité de la Belgique ! !
– Les Archers de Parthes avaient une stratégie très simple : lorsque 100 cavaliers archers étaient confrontés à 1000 ennemis, ils fuyaient, et après une certaine distance se retournaient, et éliminaient les 50 cavaliers ennemis les plus rapides, puis ils fuyaient à nouveau, se retournaient, etc, etc...
Ce faisant :
– Ils n'étaient jamais confrontés à l'ensemble des 1000 ennemis
– Après avoir vu 500 de leurs coreligionnaires massacrés, il est fort à parier que les 500 autres tournaient bride et se lassaient de ce jeu de c... !

Il en est de même dans la pratique de la MÉTACTION : quelle que soit l'action engagée, les problèmes générés ne se posent pas tous en même temps, on a donc le temps de les traiter dans l'ordre d'importance réelle, et l'un après l'autre.
Le fait de régler les problèmes « EN ALLANT » fait que, la plupart du temps, on n'est jamais confronté à l'ensemble des problèmes potentiellement résultant de son action !

> « *FOERE IN ALLANT*
> *FOERE IN AVINCHANT* »

Comme on dit en Picardie, voilà le maître mot !

Faire, faire et si en cours d'action on se rend compte que l'action n'est pas la bonne, hé bien on la modifie, voire même on l'annule !

Mieux valent trois actions dont deux bonnes et une annulée, que de la réflexion qui ne débouche sur aucune action :

« Mieux vaut une action imparfaite qui existe (et qui règle un problème à 60 %) qu'une action parfaite qui n'existera jamais ». « Un Con qui avance va plus loin que dix Intellectuels assis ! »

Qui plus est, souvent le passage à l'action génère des effets positifs inattendus que la réflexion ne pouvait laisser présager. Exemple : Quand nous avons supprimé les primes, les cadences ont augmenté ! !

Bien entendu la métaction sous-entend l'absence de sanction en cas d'échec !

Le propre de l'entreprise « Y » qui génère des hommes « Y », c'est la METACTION !

Bien entendu la métaction en faveur du **vrai chef** : celui qui a le ballon, et celui qui a le ballon est forcément celui qui porte un problème client, et généralement ce sont les **opératrices** et les **opérateurs** qui « portent » réellement les vrais problèmes client !

Et le CHEF me direz-vous ?

Hé bien il ne fait rien, tel l'entraîneur, il est assis sur le banc de touche et il regarde le DEHORS de son équipe ; il regarde l'équipe adverse, il regarde d'où vient le vent, la lumière du soleil. Il regarde qui a le ballon, pour encourager le reste de l'équipe à anticiper afin d'aider le porteur du ballon !

Il n'est pas bon que les chefs jouent !

D'une part, parce qu'ils ont du mal à passer le ballon, font la gueule quand on ne le leur passe pas systématiquement, et ne peuvent pas être tout à la fois de bons avants, arrières, et même goal ! D'autre part, il est impossible de jouer et de regarder DEHORS en même temps, sans, à un moment ou à un autre, se marcher sur les lacets !

Peut-on imaginer une équipe de foot Mécaniste, faite d'hommes « X » ?

Une équipe où avant de se passer le ballon on exigerait, pour se couvrir, un ordre écrit de l'entraîneur, ou bien au mieux, si, avant toute action, on était tenu d'organiser des réunions pour analyser tous les risques potentiels ! Peut-on imaginer une équipe où on aurait décidé, pour d'éminentes raisons stratégiques, de toujours passer le ballon à gauche quoi qu'il arrive ?

NON, une équipe de foot c'est un ensemble où chacun est en permanence au service de celui qui a le ballon, où celui qui a le ballon agit non pas en fonction d'un ordre, ni même de ce qui est à l'instant T, mais en fonction de ce qui va être, de ce qui pourrait être à l'instant T + 1 ! Qui plus est, la manière de passer le ballon influe sur le futur du jeu !

Pour en revenir à l'entreprise « Y », dans cette entreprise on fait certes un budget, juste pour baliser le futur, mais on n'hésite pas à le refaire si par bonheur le consommateur se met tout d'un coup à consommer, on n'hésite pas à le brûler si un certain 11 septembre deux tours partent en fumée !

Deuxième approche : Les systèmes COMPLIQUES et COMPLEXES :

Tout d'abord quelques définitions :

	Entreprise "X"	*Entreprise "Y"*
Système	*MECANISTE*	*HOLOMORPHE*
L'Homme	Passif, au mieux spectateur	Acteur, au mieux auteur de son action
Le Chef	Dans une case en haut de la Pyramide	Est "celui qui a le ballon"
Centre de Gravité	Une case tout en haut	Le CLIENT
Type De Logique	Légaliste	Globale
Type d'Actions	L'ANACTION	La METACTION
Prise De Risque	Recherche absolue du ZERO risque	Gestion du risque "en allant"
Budget	Guide absolu	Jalonne le futur, sans plus

du SIMPLE, du COMPLIQUÉ, du COMPLEXE et du CHAOS.

– le propre du **SIMPLE** est que l'on en comprend le fonctionnement, et toutes les utilisations potentielles du premier coup d'œil.
Exemple : **une roue**

COMPLIQUÉ est l'objet ou la procédure régis par deux règles:
1) Il faut impérativement une formation préalable pour en comprendre le fonctionnement et toutes les utilisations potentielles

2) Quand on connaît le mode de fonctionnement du compliqué, on prétend pouvoir prévoir tous les dysfonctionnements potentiels.
Exemple: **un Airbus** :
– Sans une formation préalable, on est même incapable d'en ouvrir la porte.
– En revanche, quand on connaît sa complication, on peut, si l'on touche à un seul de ses 950.000 boulons, prétendre prédire toutes les conséquences de cette action.

Autre exemple: les lois et règlements des pays soviétiques, et de la plupart des entreprises :

– ils sont incompréhensibles sans formation préalable (et encore souvent les ministères auteurs de ces lois sont incapables de vous préciser leur mode d'emploi)
– ils prétendent couvrir tous les cas de figure présents et à venir !

Le **COMPLEXE** a trois caractéristiques :

1) Il est impossible de prévoir à l'avance son comportement
2) c'est LE système le plus RÉACTIF à son environnement
3) Son fonctionnement est régi par un nombre limité de règles, simples mais auxquelles on ne peut déroger, sous peine de basculer dans le **CHAOS**

Exemple : **un plat de spaghetti**
Quelles que soient les études et les observations préalables, il est impossible de prévoir ce qui va se passer, où cela va se passer, ni l'ampleur des conséquences quand on tire sur un spaghetti.
Seule solution : passer à **l'action.**
Autre exemple : **la nuée d'oiseaux**
C'est un système complexe hyper réactif : la nuée peut être composée de centaines, de milliers d'oiseaux, si une buse passe aux environs, toute la nuée réagit instantanément comme un seul individu !
Un système compliqué avec un chef, des relais d'informations, même avec des délégations de décisions au plus près de la base ne pourrait réagir aussi vite !
Les deux règles simples qui régissent son fonctionnement sont :
1) Chaque oiseau veille en permanence à ne jamais entrer en collision dans les trois dimensions avec ses voisins immédiats.
2) Quand un danger approche, les oiseaux menacés se replient vers le centre, ce qui induit le mouvement de l'ensemble de la nuée.

Si une de ces deux règles n'est pas respectée, le système bascule dans le CHAOS
Le **CHAOS** est le propre des systèmes qui :
1) sont incapables d'établir des règles compliquées
2) sont incapables de respecter des lois simples
Généralement ces différents systèmes se développent en fonction de deux critères :
1) la **taille** de la collectivité
2) son degré d'**empathie**
SIMPLES étaient les relations dans le **village**, où le fermier confiait son cheval au maréchal-ferrant sans contrat, bon de commande, accusé de réception de commande..., bref en toute *confiance* !
COMPLIQUÉS sont devenus les pays où on veut tout prévoir au moindre risque, et où :

La gestion de CE QUI POURRAIT ARRIVER prime la prise en compte DE CE QUI ARRIVE !

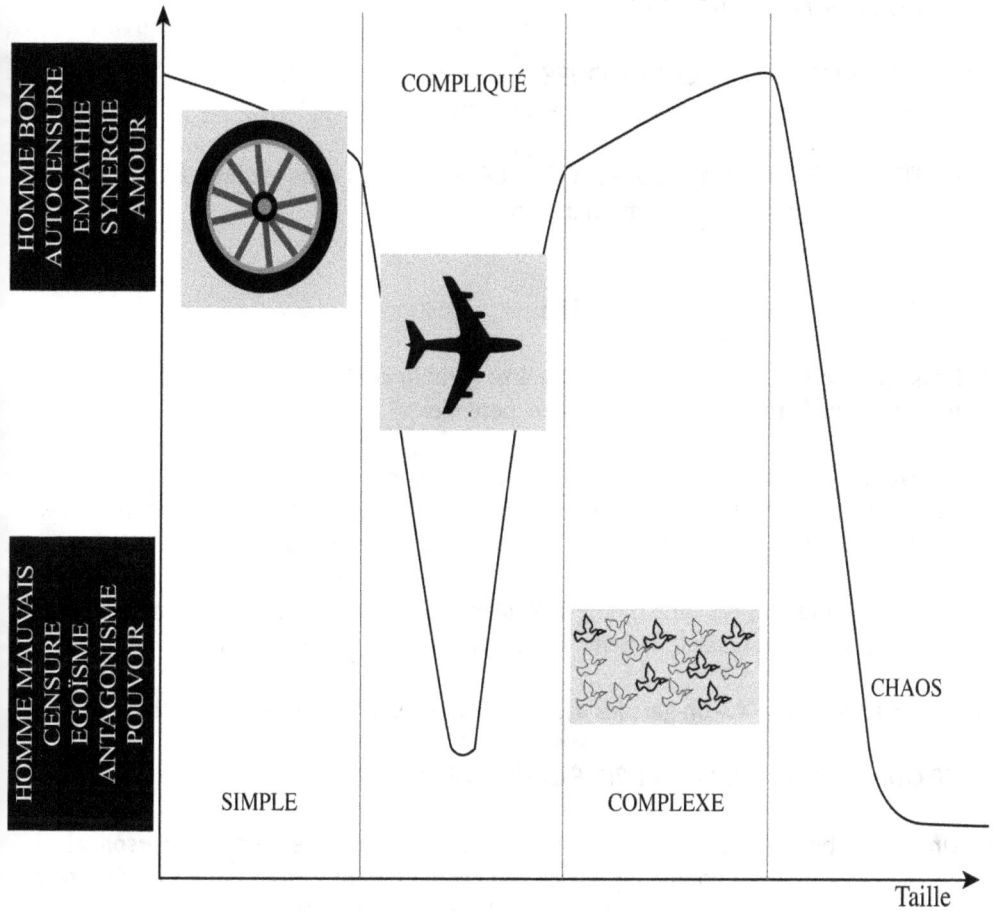

Exemple : les **pays soviétiques**, dont la France dont chacun sait qu'elle « *est le seul pays soviétique qui ait réussi !* » (H. Sérieyx)

COMPLEXES sont les pays plus évolués qui ont compris que passée une certaine taille critique, il convenait de se faire à nouveau confiance, sous peine d'implosion !
Exemple: les **USA** qui sont un système complexe régi par deux règles simples:

1) le respect de la propriété individuelle
2) le respect de la liberté individuelle, physique et morale
Le vol d'un cheval était sanctionné par la pendaison
(En France la justice s'occupe de coureurs cyclistes professionnels et adultes qui se dopent mais néglige les voleurs ou brûleurs de voitures)
Les armes, symboles de la protection de ses biens et de sa liberté y sont symbolique-ment en vente libre.

Pour ce qui est de l'entreprise :

L'ENTREPRISE « X » est COMPLIQUÉE
(Minimum d'empathie et maximum de pouvoir)

L'ENTREPRISE « Y » évolue dans le COMPLEXE et parfois dans le SIMPLE
(Minimum de pouvoir et maximum d'empathie)

1) L'ENTREPRISE « X » COMPLIQUÉE :

L'essentiel de son énergie est consacrée à se garantir contre tout ce qui pourrait arriver toujours dans la recherche du zéro risque potentiel.

Ce travail est fait au sein de **groupes** qui, une fois constitués, génèrent des règles dont ils tirent leur légitimité, leur pouvoir et leur pérennité ; règles qui finissent par paralyser le système au point de l'empêcher de régler les problèmes qui arrivent.

De plus, quand un problème même à l'évidence ponctuel arrive, alors se met en place une structure qui parasite le système à vie, même si le problème ne se pose plus jamais !

Dans l'entreprise « X » on gère les dysfonctionnements, ce qui les pérennise !

CE QUI POURRAIT ARRIVER PRIME CE QUI ARRIVE

Un des symboles de la complication de l'entreprise « X » est **le service du personnel.**
Il s'ingénie toujours à pondre des règles compliquées, dont bien entendu il est le garant de l'interprétation et de l'application ; règles tellement compliquées que le pauvre opérateur n'y comprend rien et va voir un syndicat pour tenter de les comprendre !
Une des premières choses que j'ai faites il y a 23 ans est de supprimer le pointage, les primes, et autres entretiens d'évaluation et donc la fonction personnel.
Moyennant quoi nous n'avons pas de syndicat, qui comme chacun sait, est en France un frein au progrès social (sauf dans le secteur public) !

L'entreprise « X » est régie par des règles compliquées, gérées par des pouvoirs eux-mêmes hiérarchisés par des règles internes qui bloquent la perception du dehors !

Quant au CHEF:
Il veut tout savoir
Il veut participer à toutes les décisions
Il gère seul certains dossiers dits stratégiques

2) L'ENTREPRISE « Y » COMPLEXE :
Ignore ce qui pourrait arriver, et consacre toute son énergie à ce qui arrive.

Quand un problème se pose, alors se constitue un **réseau** qui disparaît une fois le problème réglé.

Dans l'entreprise « Y » les dysfonctionnements ne sont pas gérés, on tente de les éradiquer !

CE QUI ARRIVE PRIME CE QUI POURRAIT ARRIVER.

L'entreprise « Y » ouvre des espaces de liberté à chacun, espaces bordés, limités par un nombre limité de règles SIMPLES !

Dans le cas de FAVI, elles sont au nombre de DEUX

1) L'HOMME EST **BON** !
2) CHACUN DOIT EN PERMANENCE RECHERCHER L'AMOUR DE SON **CLIENT** !

Règles qui se décomposent en principes de fonctionnement eux aussi simples, dont le chef est le garant :
– MÉTACTION
– « FAIRE en ALLANT »
– Que des lois SIMPLES mais appliquées avec RIGUEUR (car le sentiment d'équité ne naît pas de la rigueur des lois, mais de la rigueur de leur application, et on ne peut pas appliquer avec rigueur des lois compliquées)
– Règle du un DODO
– Pas de contrôle de l'ACTIVITÉ, mais aide à la mesure de son RÉSULTAT
– Primauté du LOTO sur la LOTERIE
– Justice OU égalité, jamais justice ET égalité
– Rien A PRIORI, tout A POSTERIORI
– Pas de reporting, chacun juge de ce que l'autre doit savoir
– Pas de règles trop RIGIDES
– Recherche permanente du CONSENSUS

L'entreprise « Y » se caractérise par sa tolérance de réseaux internes : le système comme le CHEF tolèrent l'existence de réseaux de fonctionnement qu'ils ne maîtrisent pas.

Quant au CHEF :

Il exige que chacun sache ce que lui, le Chef, doit savoir et uniquement ce qu'il doit savoir

Il limite son champ de décision uniquement à ce qui a un caractère stratégique et délègue totalement la tactique.

Il vérifie que les tactiques sont bien dans l'axe stratégique correspondant.

Il est le garant du respect ABSOLU des règles simples et du non-retour de pouvoirs générateurs de règles compliquées.

Et de temps en temps, comme il a du recul depuis son banc de touche, il regarde si toutes les assiettes chinoises au bout des tiges tournent régulièrement, et si l'une d'elle commence à faseyer, alors il attire l'attention de qui de droit, et au plus, aide les gens compétents à relancer l'assiette, et à analyser pourquoi elle a ralenti.

Pour résumer:

Troisième approche : Le POUVOIR des ANNEAUX

	Entreprise "X"	Entreprise "Y"
Système	COMPLIQUÉ	COMPLEXE
L'Homme	Englué par des règles	Autonome en autocensure compliquées
Le Chef	Veut tout contrôler	Ne pense que stratégie globale
Centre de Gravité	Les lois et règlements	L'intérêt collectif
Type De Logique	Gestion de ce qui pourrait arriver	Gestion de ce qui arrive
Type d'Actions	Préventives	Curatives

1)ENTREPRISE « X » :

Dans l'entreprise « X » Mécaniste Compliquée, le CHEF est entouré d'un premier anneau de pouvoir appelé « COMITÉ de DIRECTION », qui comprend sa secrétaire, ses différents directeurs, le service du personnel....

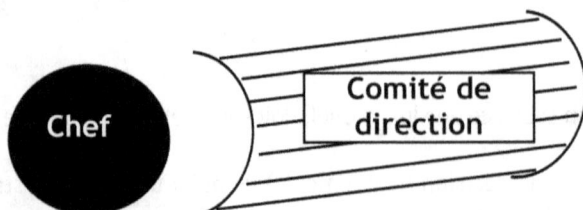

Vient ensuite un deuxième anneau qui regroupe tous les productifs de la collectivité que l'on va appeler PROCESS

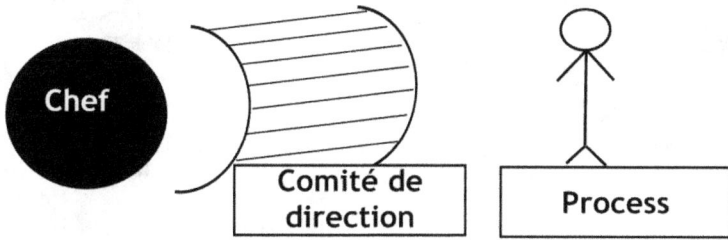

Parfois le PROCESS est coupé en deux par un autre anneau de pouvoir qui sépare deux services (par exemple la fonderie et l'usinage) et qui comprend les chefs de chaque service la qualité de terrain, les maîtrises respectives, le planning, la GPAO... Nous l'appellerons MANAGEMENT TERRAIN :

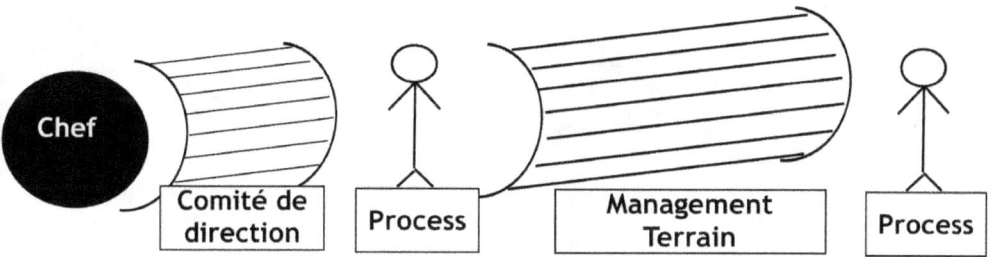

Enfin, tout à l'extérieur il y a un dernier anneau de pouvoir comprenant les commerciaux, le marketing, la qualité client, les réceptions, expéditions, services achats, le lancement, l'expédition... que nous nommerons MEMBRANE INTERFACE avec le DEHORS
Et bien entendu les fournisseurs « X », et les clients « X » ont les mêmes anneaux de pouvoirs :

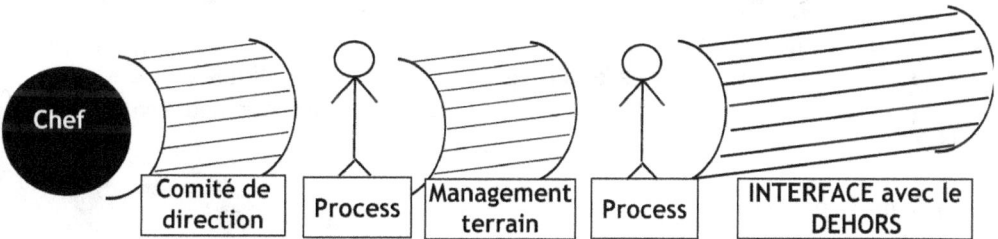

Comment tout cela fonctionne t-il ?

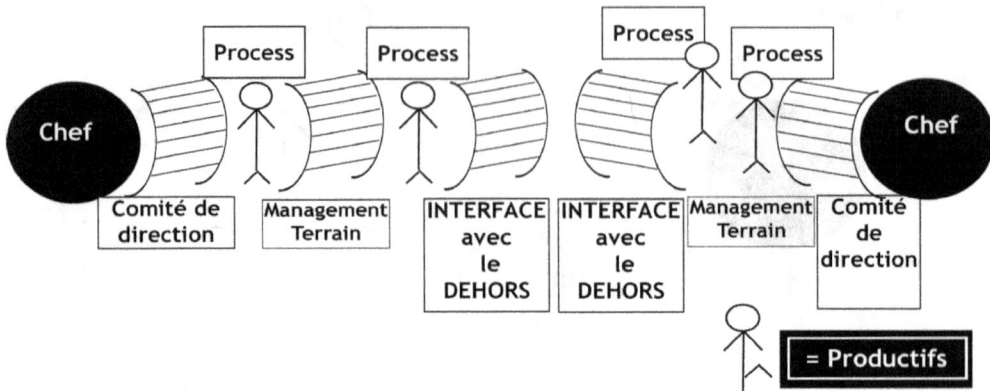

En fait, selon deux modes :
1)ce pourquoi cela a été créé
2)ce qui se passe

LE COMITÉ DE DIRECTION:

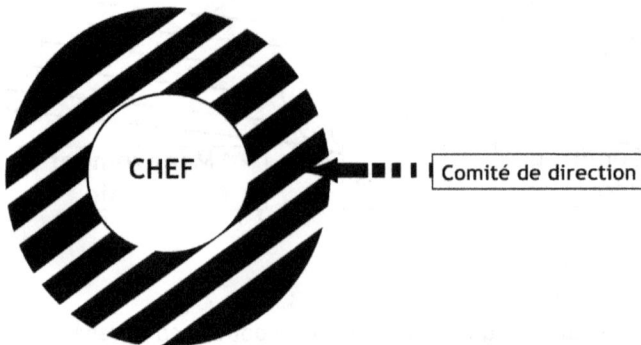

1) Ce pour quoi il a été créé :

Tout d'abord le CHEF :
Le Chef, c'est une machine à écouter des signaux faibles, à les traduire en visions, puis à transformer ces visions en images partageables et ces images en stratégies possibles.

Le rôle du comité de direction est alors d'aider le chef à préciser les stratégies, à traduire ces stratégies en plans d'actions, et surtout, son vrai rôle est d'ANIMER (animare = donner une âme) le process, en s'appuyant sur les images du Chef, pour mettre en musique les plans d'actions.

2) Ce qui se passe :

Le comité, considérant que le monde entier est composé de « X » se comporte lui-même en « X » en constituant une cour tournée vers le Chef, instaurant des rites, et bloquant l'information pour se valoriser, au nom du vieil adage : « *Qui détient l'information détient le pouvoir !* »

Un de ses rites classique est la « réunion du lundi matin », où le Chef monarque réunit sa cour, pour se sécuriser dès le début de la semaine dans son rôle de Chef.
L'usine peut brûler, les clients être en panne, on n'interrompt pas la réunion du lundi matin !

Il me souvient d'un tel matin, où nous étions en arrêt de chaîne, sans nouvelles sur les livraisons, et où la brave secrétaire du Chef fournisseur m'expliquait qu'il était en réunion avec ses commerciaux et autres agents et qu'elle ne pouvait absolument pas le déranger !

J'ai eu beau argumenter que s'il était en réunion avec sa force de vente, c'était assuré-ment pour trouver de nouveaux clients, et que justement, j'étais ce don de Dieu que l'on appelle le client, et que la logique imposait qu'elle le dérangeât, sinon à défaut d'en trouver de nouveaux, ils allaient en perdre un !
Rien n'y fit !

Concernant le vrai rôle du comité : l'animation du process, cela se résume générale-ment en : « Le Chef a dit qu'il fallait baisser les coûts de x % ! » ou bien : « T'es arrivé 5 minutes en retard, on te retire 10 minutes de salaire ! », sans vouloir connaître la cause du retard, et comme si les gens faisaient exprès d'arriver en retard !

Dernière caractéristique du comité de direction dans les grands groupes, c'est qu'il est généralement constitué de gens brillants, donc pressés de faire carrière, et qui doivent donc obtenir des résultat immédiats.
Prenons un cas d'école tout à fait impossible :
– Celui d'un brillant esprit qui soit arrivé à convaincre son Chef qu'il fallait imposer aux fournisseurs une baisse des prix de 10% par an, pendant 3 ans, pour toute nouvelle affaire.
– Supposons que, par impossible, tous les fournisseurs, indélicats, majorent systémati-quement leurs offres de 30 % pour toute nouvelle affaire !
– A court terme, le brillant esprit a raison, les prix d'appro baissent bien de 10 % par an,
– Mais à long terme, surtout s'il y a souvent de nouveaux produits, la rentabilité globale s'en ressentira
Mais ce n'est pas grave parce que l'on aura du mal à en déceler la cause, et puis entre-temps, le brillant esprit sera parti poursuivre son ascension ailleurs...

LE MANAGEMENT DE TERRAIN:

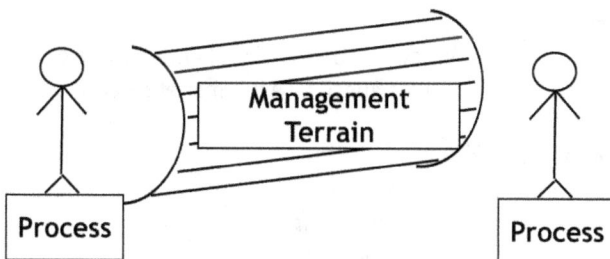

1) Ce pour quoi il a été créé :

Son rôle essentiel est d'assurer la coordination des commandes, des flux, des informations entre les deux process, et plus généralement de mettre de l'huile dans les rouages entre les deux process.

2) Ce qui se passe :

Le problème des improductifs est que généralement ils ont parfaitement conscience de leur improductivité, et ils vont donc, pour justifier leur fonction, inventer des règles compliquées de fonctionnement pour se rendre incontournables, et ce faisant, ajouter de la viscosité au système (cela d'autant plus qu'ils sont généralement mieux payés que les productifs).

Je ne prendrai qu'un seul exemple, mais il y en aurait mille :
Si un opérateur d'usinage découvre un défaut de fonderie sur une pièce brute, il est impensable qu'il aille directement voir son compagnon de la fonderie pour lui signaler le fait afin qu'il se corrige et qu'ensemble, ils isolent puis trient le lot litigieux, non !
Il faut que l'opérateur signale le fait à son chef d'équipe, qui préviendra son agent qualité, qui devra prévenir son chef de service qui... Tout cela remontera au chef de fabrication qui...
Et souvent le fondeur ne saura jamais qu'il a fait une pièce mauvaise, il verra seulement qu'une procédure a changé !

LA MEMBRANE INTERFACE AVEC LE DEHORS :

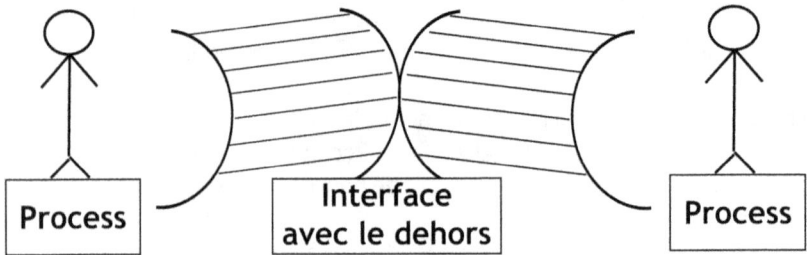

1) Ce pourquoi elle a été créée :
Son but est de porter les désirs, et l'image du client vers l'intérieur !

2) Ce qui se passe :
En face de la membrane interface avec le dehors il y a la membrane du client, et ces deux membranes improductives ont, elles aussi, à se justifier et de concerte !

Qu'est-ce que veut le client ?
En fait des choses simples :

Des pièces bonnes	*Au bon endroit*
Les bonnes pièces	*À un bon prix*
Au bon moment	*Dans de bonnes conditions*

C'est trop simple, beaucoup trop simple ! Alors les deux membranes vous inventent des ppm, des capabilités, des qualifications process, imposent des 6 sigma... bref, toutes choses incompréhensibles des opérateurs et qui n'empêchent pas de livrer en retard... Alors forcément cette entreprise « X » encourage l'homme à être « X », et gare à l'effronté qui relève la tête, il devient une menace pour le pouvoir des cercles.

3) L'ENTREPRISE « Y » :

Dans cette entreprise, il n'y a pas de COMITÉ de DIRECTION, il n'y a pas de SERVICE du PERSONNEL, pas de MANAGEMENT de TERRAIN, pas de Planning, pas de GPAO, pas de Service Achats, pas de Directeur Technique, ni Chef de fabrication ou cadre en fabrication, pas de pointeuse ni de primes, il y a :

au centre, **DES VALEURS PARTAGÉES** qui sont la traduction moderne de la notion ancestrale **de BIEN COMMUM** !

Au début, l'homme vivait seul et honorait de temps en temps une femelle qu'il abandonnait. Puis il vécut en couple, puis en groupe dont le ciment était un bien commun, (la grotte, un territoire...). Dans le système capitaliste tous les biens matériels appartiennent aux actionnaires, les salariés n'ont comme seul bien commun que des **VALEURS** !

Et autour, directement : LE PROCESS

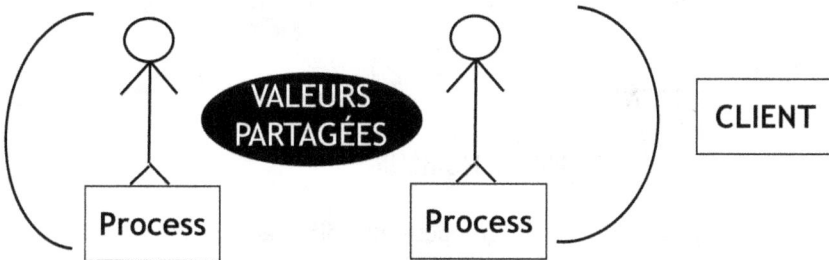

Qu'est-ce que signifie « *VALEURS PARTAGÉES* » ?
Cela signifie que quand un nouveau entre dans le système, même un intérimaire :

1) Son futur leader lui fait visiter toute l'usine, lui présente les différents services, leur fonction

2) Son futur leader lui commente ensuite un petit document intitulé :
« Règles de base FAVI »

qui présente certes les règles de base de sécurité, de respect des fabrications, de la qualité, de l'environnement, mais surtout des règles comportementales de base vis-à-vis des compagnons de travail :

BONNE FOI
BON SENS
BONNE VOLONTE
BONNE HUMEUR

Et qui dès la première phrase précise :

« Mon CLIENT qui me donne du travail et qui me paie est :... »
(Voir document joint)

3) Dans les deux semaines, les nouveaux entrants se voient remettre le blason FAVI

Et il leur est détaillé ce que signifie : **« par et pour le client »**, pourquoi la couronne de laurier est verte, que signifie le Q en bas, et surtout on revient sur une explication détaillée de ce que signifient les valeurs morales sur lesquelles ils seront jugés :

BONNE FOI
BON SENS
BONNE VOLONTE
BONNE HUMEUR

4) Dans le mois, ils seront reçus en groupes d'une dizaine par le Chef qui :

a. Les interrogera sur le but, la raison de leur présence ici-bas: « Pourquoi vivez-vous ? »
Les réponses étant généralement du genre :
« Pour faire des enfants ! »
« Pour me marier ! »
« Pour acheter, ou bâtir une maison ! »

Le Chef les amènera à la conclusion que tous nous ne vivons que pour **DURER** et ensemble ils chercheront un symbole de cette durée, et aboutiront à l'image de **L' ARBRE** ;

b. Puis le Chef leur demandera, très sérieusement d'arrêter de respirer pendant une minute (ce qu'ils font toujours, et tous, même les ingénieurs !) et les amènera à la conclusion que, si précédemment personne n'avait considéré qu'il vivait pour respirer, on venait de prouver que la respiration était indispensable à la vie.

Le Chef les amènera alors à bien différencier le BUT du MOYEN, puis collégialement ils chercheront le moyen majeur de la durée de l'entreprise : **L' ARGENT**, symbolisé par le **$** cher à l'oncle Picsou.

c. Enfin le Chef interrogera sur la façon de faire de l'argent.
Là, la démarche est plus longue :
« En vendant des pièces ? »
    « Oui mais si elles sont mauvaises ? »
« En vendant des pièces bonnes ? »
    « Oui mais si on les livre en retard ? »
« En vendant des pièces bonnes livrées au bon moment ? »
    « Oui mais si elles sont trop chères ? »

Bref ! Le but est de les amener à la seule conclusion qui résume le tout dans une **culture judéo-chrétienne :**

« EN VENDANT DES PIÈCES QUE LE CLIENT **AIME** PLUS QUE CELLES DE NOS CONCURRENTS ! »

Symbolisé par un **CŒUR**

Alors le chef présente le petit dessin affiché partout dans l'entreprise et qui résume toute notre philosophie :

Si le CLIENT nous AIME alors il nous donnera SES SOUS, et SES SOUS nous permettront de DURER
Par rapport à l'entreprise « X » qui est comme ça :

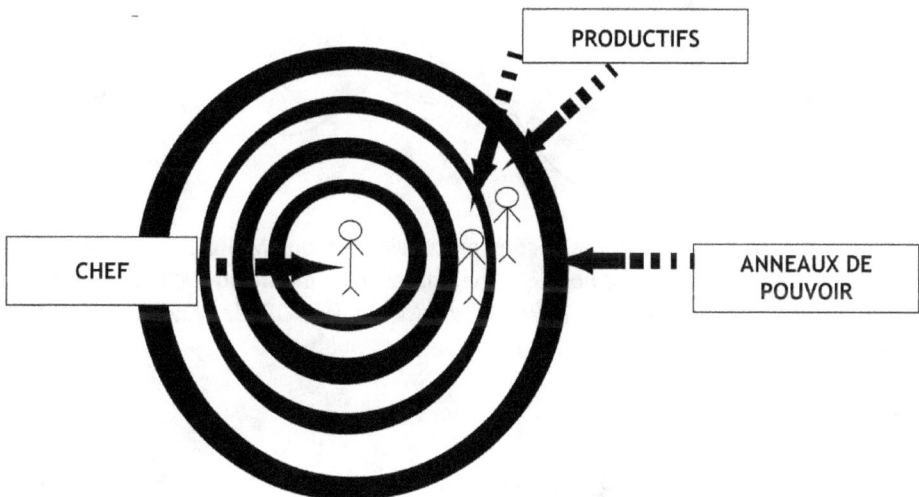

L'entreprise « Y » se présente comme ça

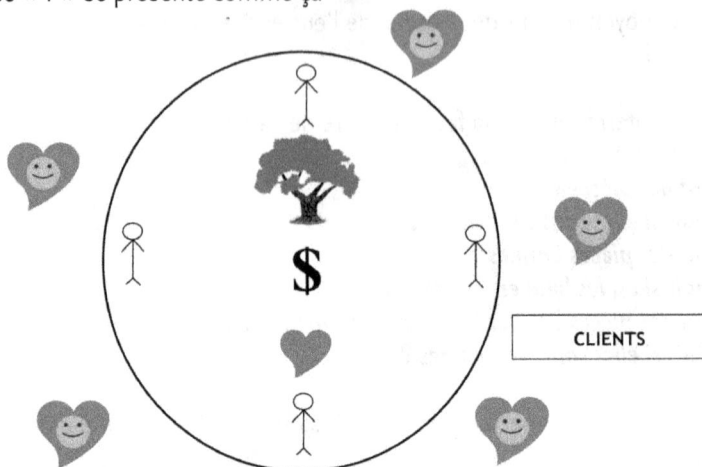

CLIENTS

Nous sommes allés plus loin, nous avons considéré qu'il n'y avait pas **LE** CLIENT, chacun avait **SON** CLIENT, et avons décomposé le PROCESS en ADAPTABLES autonomes qui puissent s'assimiler à LEUR CLIENT : LES MINI-USINES.

Puis nous sommes allés plus loin encore, en considérant que MON CLIENT n'était pas DEHORS, mais **DEDANS** avec nous qui cherchions **son amour**, aidés par des outils appris d'OHNO, de FAUVET, de SCHWARTZ, de MAC GREGOR, de philosophie comme le TPM, le KAIZEN, etc...

Et le CHEF ?

Il est un peu comme l'électron de l'atome d'hydrogène : partout et nulle part, mais comme il ne fallait pas qu'il se vexe (on ne sait jamais, c'est susceptible un Chef !), on l'a mis à l'interface entre le DEDANS et le DEHORS, à l'écoute des signaux faibles internes comme externes, pour qu'il tente de **« SENTIR »** le process, comme l'environnement, pour nous aider à flairer les écueils et les opportunités.

D'où notre organigramme appelé en interne « chamallow »

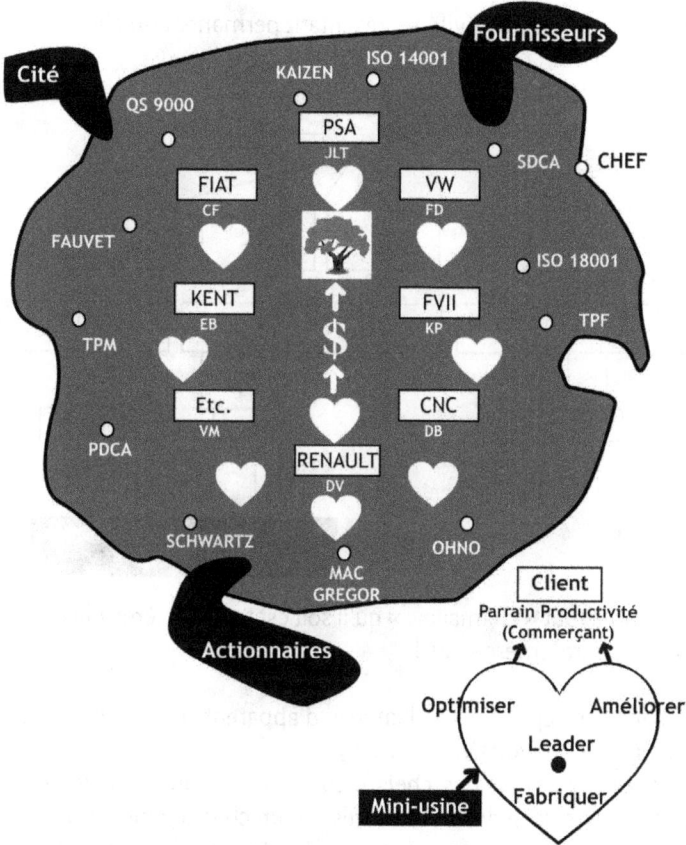

Plus tard, au cours des réunions mensuelles de SA mini-usine, son Leader, et son Parrain productivité, s'appuyant sur les FICHES OUTILS, et sur les FICHES TPF, renforcera, relancera ce partage des VALEURS COMMUNES, seul GARANT, seul GUIDE et GARDE FOU de notre démarche collective de progrès qui se résume en une phrase :

« TOUJOURS FAIRE, PLUS ET MIEUX POUR MOINS CHER,
PAR ET POUR SON CLIENT, A HALLENCOURT »

Récemment, Dominique, mon successeur a ajouté : **« DANS LE RESPECT DE LA TERRE DE NOS ENFANTS »**

Encadré par ces valeurs, chacun, avance, AGIT « EN ALLANT », à son pas, en toute liberté apparente, car de fait « borné » par ces valeurs, bien mieux et à bien moindre coût que par la structure pléthorique classique de commandement et de contrôle.

Le peu de structure qu'il y a est une structure **D'ANIMATION** (donner une âme !) ou **d'assistance quérable**, et elle n'est pas concentrée dans un anneau quelconque de pouvoir, non, elle est diluée dans CHAQUE mini-usine.

Ce sont pour chaque mini-usine :
– 1 Leader
– 1 marraine ou parrain productivité représentant permanent du client
– 1/2 marraine ou parrain qualité
– 1/2 parrain maintenance

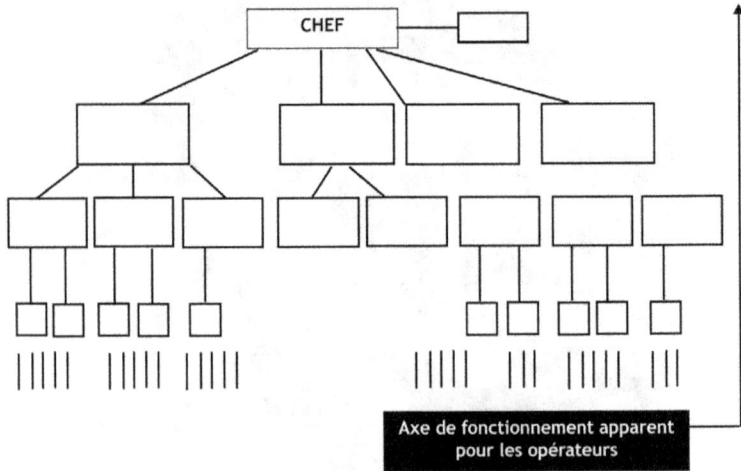

CHEF

Axe de fonctionnement apparent
pour les opérateurs

Notre organigramme tout « chamallow » qu'il soit est tout de même plus motivant que ça : Où le CLIENT n'apparaît même pas !

Qui plus est, dans l'entreprise « X », l'anneau d'apparente liberté du process est saucissonné en tranches de pouvoirs verticaux, il y a :
Les opérateurs, encadrés par des chefs d'équipes, encadrés par des chefs d'ateliers, encadrés par des chefs de services, encadrés par un chef de fabrication, encadré par un directeur technique, encadré par un directeur de site, encadré par un directeur général ; soit **8 niveaux hiérarchiques !**
Et on veut faire croire à l'opérateur qu'il travaille pour un client !

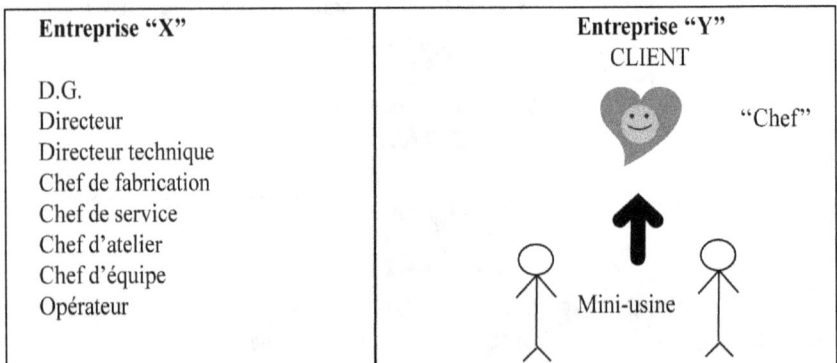

Entreprise "X"	Entreprise "Y"
	CLIENT
D.G.	
Directeur	
Directeur technique	"Chef"
Chef de fabrication	
Chef de service	
Chef d'atelier	
Chef d'équipe	Mini-usine
Opérateur	

Dans l'entreprise « Y », il y a des mini-usines en **prise directe avec LEUR client !**
Présenté d'une autre manière cela donne :

ENTREPRISE X

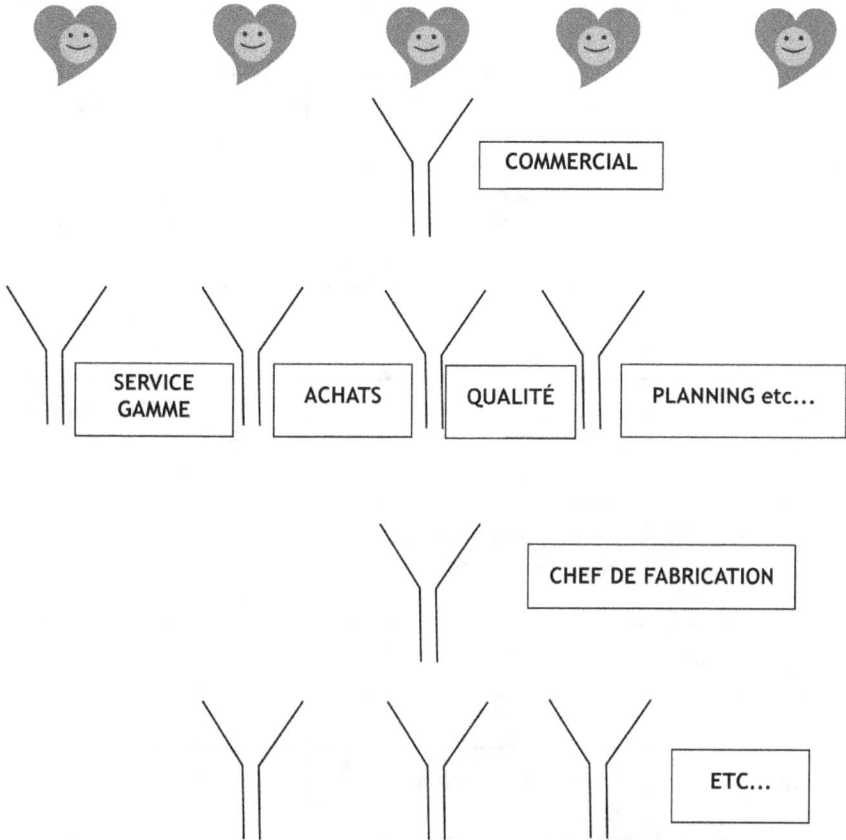

ENTREPRISE Y

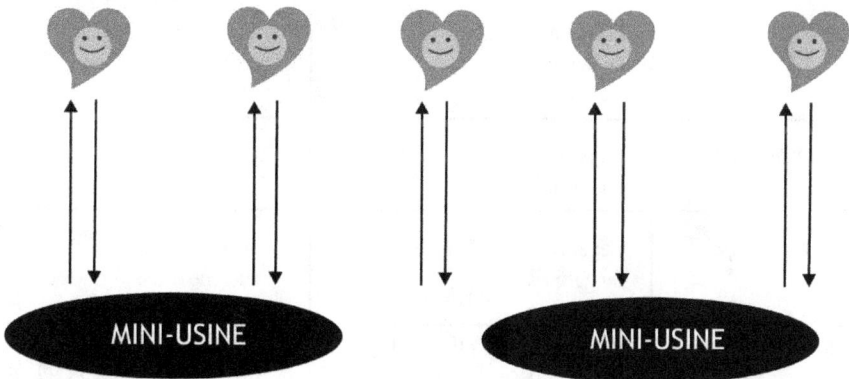

Pour l'entreprise « X » :

Pour résumer :

	Entreprise "X"	Entreprise "Y"
Système	Borné par des **pouvoirs**	Borné par des **valeurs**
L'Homme	Soit dominant soit dominé	Autonome pour être dépendant du client
Le Chef	Sécurisé, isolé du process par une cour	Sur le banc de touche à l'interface entre dedans et dehors
Centre de Gravité	Les anneaux de pouvoirs	Des valeurs partagées portées par tous
Type de Logique	De guerres de pouvoirs	De recherche de bonheur
Type d'Actions	Préservation de l'acquis	Globales
Prise de risques	Recherche du zéro risque par chaque pouvoir en place	Non conscience de la notion de risque par le process

Résumé des résumés :

	Entreprise "X"	Entreprise "Y"
Système	De pouvoirs, compliqué, mécaniste	De valeurs, complexe, holomorphe
L'Homme	Passif, englué dans les règles et des jeux de pouvoirs	Acteur autonome ne dépendant que de son client
Le Chef	Dans une case, en haut de la pyramide isolé par sa cour	Observe du banc de touche celui qui a le ballon
Centre de Gravité	Le pouvoir des chefs ou des lois	Le CLIENT et SON opérateur
Type De Logique	Légaliste, de recherche du zéro risque	Globale, d'actions, de recherche d'une forme de bonheur
Type d'Actions	ANACTION au mieux actions d'ouverture de	METACTION, actions faites "EN ALLANT"

Il est de fait que les trois niveaux supérieurs, généralement jouent entre eux, avec leurs secrétariats respectifs, et l'opérateur n'a même pas conscience qu'ils existent, d'autant plus qu'il ne les voit jamais ; les Directeurs vont de leur place de parking réservée, à leur bureau « là-haut », et en fin de journée migrent de leur bureau, cocon de pouvoir, à leur place de parking réservée !

Alors le client dans tout ça ! ! !
Dans le cas de l'entreprise « Y » :
C'est quand même plus simple, et surtout ceux qui font au quotidien la qualité, le respect du délai, le progrès permanent, savent pour qui et pourquoi ils le font.

Autre aspect, autre présentation, chaque anneau de pouvoir, chaque tranche de saucisson se comporte comme un entonnoir, un point de passage obligé dont il tire sa légitimité, ce qui freine et ajoute de la viscosité au système :

COMMENT PASSER DE L' ENTREPRISE « X » A L' ENTREPRISE « Y » ?

L'entreprise étant une forme de monarchie, la seule manière d'en sortir est de procéder à une **RÉVOLUTION** !

Une révolution est le fait de la base, du **peuple.**

Dans le cas de l'entreprise, la base encadrée par de solides pouvoirs ne bouge pas, ou alors, cela est systématiquement à contresens de son propre intérêt puisque encadrée par des syndicats composés à 98 % de fonctionnaires, donc totalement « X », fonctionnaires qui vivent aux dépens des salariés de l'entreprise !

Au fait, où étaient-ils nos beaux syndicats quand on a imposé à nos salariés de donner DEUX ANS ET DEMI DE LEUR VIE en abandonnant *l'avantage acquis* de 37,5 annuités de cotisation pour leur retraite ?
(Alors qu'ils n'en bénéficieront en moyenne que 19 ans, contre 29 dans la Fonction Publique !)

La révolution ne peut venir que d'en HAUT, de la TÊTE !
Et alors ce n'est plus une **révolution**, c'est une *RUPTURE !*

LA RUPTURE, c'est à mon sens la seule et unique façon de passer de l'entreprise « X » à l'entreprise « Y » !

QUELLES SONT LES CONDITIONS FAVORABLES À LA RUPTURE ?

AUCUNE !

QUELLES SONT LES CONDITIONS PRÉALABLES À LA RUPTURE ?

AUCUNE !

QUELS SONT LES OUTILS DE LA RUPTURE ?

IL N'Y EN A PAS !

SEULE COMPTE LA VOLONTÉ DU CHEF pour FAIRE une rupture, pour RELANCER en permanence la rupture par des suites de micro-ruptures, mais dans le cadre d'une COHÉRENCE **ABSOLUE, bordée par quelques valeurs partagées SIMPLES !**
Car la rupture sans cohérence aboutit au **CHAOS !**

Bien entendu il faut que le CHEF B:
– Soit PÉRENNE
– Fasse passer l'intérêt COLLECTIF avant le sien
– N'ait ni le sens, ni le goût du POUVOIR
– Ait une forme de CHARISME
– Ait le courage ou la faiblesse de se laisser guider par ses IMPULSIONS, ses INTUI-TIONS
– Ait une forme d'AMOUR de son prochain
– N'ait pas d'AMOUR-PROPRE
– Ait le goût du STRESS
– Ait plus de BON SENS que de LOGIQUE
– **SOIT LIBRE**

POINT EXTRÊMEMENT IMPORTANT :

Quelle que soit l'évolution, par rupture ou par négociation, *il ne faut jamais, jamais que quelqu'un soit laissé sur le bord du chemin.*

Il est hors de question de licencier, il est juste nécessaire d'avoir le courage de dire :

« *J'ai honte, je m'en excuse, mais pendant des années je vous ai laissé faire des choses ineptes qui ne permettaient pas de vous épanouir !
Je vous propose donc d'arrêter !*

*Vous avez toute liberté et tout le temps de trouver, chez nous, quelque chose à faire, de plus constructif pour vous d'abord et pour la collectivité ensuite.
Bien entendu votre salaire et votre position ne sont en aucun cas remis en cause !* »

D'expérience ça marche !

La belle histoire de Dominique le successeur
ou **La roue qui tourne**

Dominique est entré à FAVI tout jeune homme, en 1983, avec un simple Baccalauréat technique en poche.

Il a été affecté quelques années au Bureau d'Etude, et dans ses tours d'usine, le petit Patron avait cru déceler en lui ce don qu'est "la bosse du commerce" !

Il lui avait donc proposé un essai au service commercial, essai parfaitement transformé et il commença rapidement à gérer de gros dossiers ; de plus, il se révéla un excellent animateur de sa, puis de ses Mini-Usines.

Ressentant des lacunes dans sa formation, spontanément il suivit avec succès des cours du soir auprès de l'I.S.A.M. local (Institut Supérieur d'Administration et Management).

Très vite le petit Patron le repéra comme son successeur potentiel, sans le lui dire, bien entendu, mais en faisant valider son choix par quelques vieux cadres et surtout par le Grand Patron auprès duquel il l'envoyait de temps en temps sous des prétextes divers.

Dominique avait d'autant plus le bon profil que, hormis ses qualités personnelles, il présentait deux avantages complémentaires :

1) Il avait **20 ans d'écart** avec le petit Patron, et donc il pourrait assurer le pouvoir pendant une longue période, chose indispensable dans ce mode de management.

2) C'était un **homme de métier**, bien plus que le petit Patron qui était essentiellement un charismatique, un bateleur, et il est une règle qu'il connaissait de longue date :
Il faut que les patrons qui se succèdent n'aient pas le même profil pour éviter que la meute fasse des comparaisons, et l'idéal est **qu'à un patron charismatique succède un homme de métier !**

Le temps passa et la soixantaine approchant, le petit Patron fit part à sa Présidente, charmante et compétente (veuve du Patron décédé de façon grandiose, à l'image de toute sa vie, en l'an 2000) de son intention de se retirer pour s'occuper de ses merveilleuses petites-filles, ses ULM, poux du ciel et autres motos.

Elle lui fit alors comprendre que comme elle ne connaissait que lui, elle envisageait de vendre, puis laissa passer quelques jours avant de lui proposer de mettre en place son successeur, et de rester encore quelques années, pour lancer la montée en cadence des moteurs électriques comme ultime projet.

Solution simple et intelligente qu'il accepta.

Il fit donc venir Dominique courant octobre 2003, lui exposa ce projet en l'informant que, de longue date, il l'avait repéré comme son successeur, et que d'ailleurs c'était pour cela qu'il l'avait parfois envoyé à des colloques ou journées d'information sans rapport direct avec sa fonction.

Dominique tomba des nues, refusa tout net la succession en lui disant qu'il ne se sentait pas capable de succéder à un "Dinosaure" comme lui !

Il le pria de laisser passer le week-end et de réfléchir.

Le lundi suivant il confirma son refus, ce à quoi le petit Patron répondit :

> *"Mon Bon Dominique ni vous, ni moi, n'avons le choix ! Nous sommes*
> *les otages du devenir et du bonheur de six cents familles,*
> *et quand on est otage... on ferme sa gueule !"*

Ce à quoi il répondit :

> *"Ah bon, si c'est comme ça !"*

Le petit Patron fit donc un dernier discours le matin du 24 décembre 2003 en annonçant que le chef serait Dominique à partir du 1er janvier, et qu'il ne descendrait plus jamais dans l'usine !

Personne n'y crut, et pourtant il tint parole : il n'est plus jamais descendu faire son tour d'atelier !

Il rencontre encore ses chers opératrices et opérateurs sur le parking en arrivant ou partant mais sans plus, et souvent quand ceux-ci lui posent une question il répond : *"Voyez Dominique, lui sait, moi je ne sais plus !"*

Chose curieuse, lui qui toute sa vie a vouvoyé tout le monde (à part Michel et Hervé qu'il connait depuis quelques décennies), s'est mis du jour au lendemain à tutoyer tout le monde ! Sans doute a-t-il fait un transfert affectif : privé de ses contacts quotidiens, il a tenté de raccourcir la distance avec sa meute d'une autre manière.

Depuis quatre ans déjà Dominique assume tous les pouvoirs, en parfaite cohérence avec notre système, puisqu'il n'a connu que celui-là ; il le fait évoluer certes, mais toujours dans la cohérence, et le petit Patron reconnaît qu'il est bien meilleur que lui car mieux adapté à l'évolution des temps, des mœurs et des relations !

Le petit Patron est fait pour un monde où on se parle, on négocie, on marchande, on aime ! Dominique est adapté au monde où on envoie des E-mails, échange des tableaux Excel, ce qui ne l'empêche pas d'aimer sincèrement nos opératrices et opérateurs.

Il fait l'amitié de régulièrement demander l'avis du petit Patron, mais il fait bien ce qu'il veut et il a bien raison !

Le petit Patron essaye d'appliquer avec lui ce qu'a fait le grand Patron avec lui-même :

"Je ne suis pas d'accord avec ce que tu dis, mais si tu y crois, fais-le !"

Testament du petit patron

Décembre 2008

Mes LEADERS, ma CASTE,

C'est **par** vous, **avec** vous et **pour** nos opératrices et opérateurs que nous avons développé ensemble un système très particulier : « *Le système Favi* ». Ce système a fait, et fait de plus en plus ses preuves : le naufrage de nos concurrents qui s'accrochent à un système de management dépassé, ainsi que nos résultats, en attestent !
Si j'ai tenu à regrouper en deux bouquins toutes nos histoires, notre mode de fonctionnement, notre culture et nos valeurs, **c'est pour vous**, c'est pour vous laisser une trace de cette méthode « judéo-chrétienne picarde rurale » par opposition à la culture « anglo-saxonne industrielle » qui montre de plus en plus ses limites.

MAIS... j'ai conscience que c'est copieux, trop copieux !

C'est pourquoi je vais m'efforcer de résumer l'essentiel de la démarche en huit documents d'une page que je dispenserai sur le réseau certains lundis matins, et que je reprendrai, pour ceux qui souhaitent un complément d'information, au cours d'une réunion « bonne parole du chef » le vendredi matin suivant.

Ce système évoluera bien sûr ! Sous la houlette de Dominique et avec la complicité d'Eric, vous l'adapterez aux circonstances futures, mais il importe que vous en compreniez les particularités pour que ces évolutions préservent l'homogénéité de la marche.

Car c'est vous, sur le terrain, qui serez les garants de cette homogénéité !
Donc lisez ces documents avec attention et conservez-les, les deux bouquins *"La belle histoire de FAVI, l'entreprise qui considère que l'homme est bon"* étant plus un inventaire de documents de définition de nos outils et valeurs.

JFZ

SYNTHÈSE du « SYSTÈME » FAVI par rapport aux « ÔTRES »

1) Ôtres : Dirigent, ordonnent, **contrôlent** et sanctionnent par **le haut**
Favi : On fait en sorte que les choses se fassent d'elles-mêmes par **le bas seul,** sans **contrôle,** ni sanction.

2) Ôtres : Font des choix à partir de chiffres ou d'indicateurs (trafiqués, donc faux)
Favi : Deux **_valeurs_** de choix :
Est-ce que cela sert l'amour du client ?
Est-ce que cela part du principe que l'homme est bon ?

3) Ôtres: La performance vient de la structure qui impose et **contrôle** le comment
Favi : La performance vient des opérateurs
Il n'y pas de performance sans bonheur : chacun sachant
pourquoi et pour qui est libre du comment sans **contrôle**

4) Ôtres : Fixent des objectifs individuels contrôlés et sanctionnés par un système de primes individuelles
Favi : Objectif unique pour tous et chacun : « **Toujours plus et mieux pour moins cher** » et prime identique pour tous sans considération hiérarchique

5 Ôtres : Tiennent des tas d'indicateurs (faux) basés sur l'argent
Favi : Connaît ses marges par pièces partant de nombres de pièces
bonnes par heure payée

6) Ôtres: Délocalisent leur outil productif
Favi : Volonté de rester à Hallencourt

7) Ôtres : Communiquent
Favi : On crée des liens (entre nous et externes)

8)Ôtres : Cherchent le bonheur de l'actionnaire en premier
Favi : Les opérateurs heureux font des clients heureux et des clients heureux font des actionnaires heureux.

Mars 2008

BONNE PAROLE N° 1

1) Ôtres : Dirigent, ordonnent, **contrôlent** et sanctionnent par **le haut**
Favi : On fait en sorte que les choses se fassent d'elles-mêmes par **le bas seul,** sans **contrôle,** ni sanction.

Chez les Ôtres :

Une commande client passe deux jours à être enregistrée par le service commercial (qui veut connaître les commandes pour vérifier le montant de ses primes).
Puis la commande est transmise au planning qui, en fin de semaine, fait une réunion de planification des lancements (donc une semaine de perdue déjà) !
Puis le service lancement-ordonnancement dirige et coordonne les différents services concernés par la commande.

Puis chaque chef de service ordonne aux contremaîtres un ordre de fabrication.
Puis les contremaîtres imposent et ordonnent aux chefs d'équipes un horaire.

Et en plus de tout ça des contrôleurs (dits de gestion) contrôlent avec des tonnes d'indicateurs de gestion des retards, pourquoi le système ne marche pas ! ! ! !

Bref tout est contrôlé, ordonné du haut vers le bas, avec des tensions entre individus, des systèmes de primes iniques à chaque niveau, et surtout l'opérateur, qui est le seul de toute la chaine à créer des richesses, est négligé, méprisé !

À Favi :
Les opérateurs reçoivent directement les commandes dans leurs mini-usines ;
ils les gèrent avec leur leader, en disposant en temps réel des informations nécessaires en provenance du commercial posté dans la mini-usine.

Danger :
– Tomber dans la tentation de centraliser les informations.
– Négliger de transmettre toutes les informations, au jour le jour sur le client, et pas uniquement dans de grandes messes mensuelles, d'où l'intérêt de la petite réunion de prise de poste de 5 minutes avec le commercial.
– Mettre en place des indicateurs abstraits, alors que toute son énergie doit être concentrée sur un but unique : TOUJOURS respecter le délai de livraison.

Mission du leader :
Toujours chercher avec son commercial *à faire en sorte que les opérateurs fassent la bonne pièce, et la pièce bonne, au bon endroit, dans le bon délai, et au moindre coût, D'EUX-MÊMES ! !*

Avant tout projet d'action, réfléchissez pour faire en sorte que les gens fassent les choses d'eux-mêmes, spontanément, au bon moment.

BONNE PAROLE N°2

2) Ôtres : Font des choix à partir de chiffres ou d'indicateurs (trafiqués, donc faux)
Favi : Deux *valeurs* de choix :
• Est-ce que cela sert l'amour du client ?
• Est-ce que cela part du principe que l'homme est bon ?

Chez les Ôtres :
Toute décision, d'organisation interne, stratégique, d'investissement, promotionnelle...
est prise à partir d'indicateurs chiffrés abstraits.

Alors on tient des tas de comptes par atelier, par activité, par service, par... On tient même des indicateurs croisés et comme chacun est jugé sur ces indicateurs, tout le monde triche et les indicateurs finissent par être faux !
Tout le monde le sait, mais le jeu continue !

C'est le cas de l'automobile qui annonce depuis une quinzaine d'année des taux de productivité annuelle à deux chiffres, mais qui augmente chaque année le prix des voitures et qui dégage de moins en moins de profit alors qu'elle est censée avoir fait 180 % de productivité ! ! !

C'est le cas des fournisseurs qui livrent toujours en retard et qui parfois même ne livrent pas, mais qui affichent des taux de service qui croissent ! !
Cela occupe une armada de parasites (parasitos= qui vit aux dépens de) chers payés qui, au lieu de supprimer les dysfonctionnements, les gèrent donc les pérennisent.

À Favi :
Quand on doit prendre une décision, on considère systématiquement deux valeurs :
– **Est-ce que cela sert l'amour du client, interne ou externe ?**
– **Est-ce que cela part du principe que l'homme est bon ?**

1) L'amour du client :
Le client interne est toujours l'opérateur qui fait <u>les pièces payées par le client</u>, donc le B.E. doit systématiquement proposer la solution que le client aimera le mieux, l'outilleur penser à ce qu'aimera le mieux le fondeur, le fondeur à ce qu'aimera le mieux l'usineur et l'usineur à ce qu'aimera le mieux l'opérateur du client qui va recevoir et assembler sa pièce.
Tout ce qui ne sert pas cette chaine « d'amour » doit être éliminé.

Exemple : Pascaline faisait parfaitement de beaux états, mais totalement inutiles puisque les leaders, représentants des opérateurs, ne s'en servaient pas !

Pascaline a abandonné pour faire quelque chose de plus « aimable » pour les opérateurs.

2) L'homme est bon :
Exemple : est-ce que quelqu'un fait exprès d'arriver en retard ? Non ! Alors on a supprimé les pointages.
Est-ce qu'un commercial ou un cadre fera mieux son travail s'il a une prime directement liée à son activité ? Non, puisque chacun à son niveau fait le maximum, donc il n'y a qu'une prime identique pour tous, basée sur le résultat collectif.
Tout ce qui part du principe que l'homme est mauvais doit être systématiquement écarté !

Danger :
– Mettre en place un indicateur pour suivre un problème plutôt que de régler le problème.

– Se laisser polluer par de gros clients qui cherchent à nous imposer leurs indicateurs pour justifier leur propre structure.
– Considérer que ces deux valeurs sont un gadget alors qu'elles sont garantes de notre système « complexe » (voir bouquin).
– Au nom du frileux principe de précaution, multiplier les contrôles plutôt que de faire confiance à ses collaborateurs.

Mission du leader :
Systématiquement rejeter toute décision qui ne sert pas <u>l'amour du client de sa mini-usine</u> ou qui considère que <u>l'homme pourrait ne pas être bon !</u>

<u>BONNE PAROLE N° 3</u>

3) Ôtres : La performance vient de la structure >>> qui impose et **contrôle** le comment
Favi : • La performance vient des opérateurs
• Il n'y pas de performance sans bonheur : chacun sachant pourquoi et pour qui est libre du comment sans **contrôle**

Chez les Ôtres :
On ne s'adresse **qu'aux mains** de l'opérateur !
La structure tient son pouvoir de l'information venant du client, donc elle la conserve.
Elle transforme cette information en ordres abstraits dont elle contrôle et sanctionne l'exécution. L'opérateur n'est qu'une bête à produire auquel on refuse l'accès au **pourquoi** et au **pour qui** de ses actions.
Des procédures issues de la structure seule, fixent et encadrent le **comment** faire les choses.

À Favi :
On s'adresse **au cerveau et au cœur** des opérateurs !
– *Au cerveau* : Les commandes arrivent directement dans les mini-usines qui sont totalement libres du **comment** honorer les commandes
– *Au cœur* : Chacun doit chercher l'amour de son client et vérifier si son client aime notre service et nos pièces !

C'est d'ailleurs un des rôles majeur du commercial : dire au client que ses opérateurs l'aiment et font tout pour mériter cet amour, et dire aux opérateurs si leur client les aime et ce qu'on peut faire pour qu'il les aime davantage.

Autre point primordial : **IL N'Y A PAS DE PERFORMANCE SANS BONHEUR**

Et pour être heureux il faut être **responsable** de ce que l'on fait, donc **libre du COMMENT faire les choses ! ! !**

Donc laissez vos opérateurs libres de s'organiser pour faire la production quotidienne, en vous appuyant sur le TPM, le 5S et le SPC comme outils d'autonomie (et surtout pas de contrôle !).

Danger :
– Pris dans les contraintes techniques quotidiennes, le commercial et le leader risquent d'oublier cette mission, primordiale dans notre système, d'informations régulières, claires et motivantes venant du client.
– Laisser au seul bureau d'étude le soin de décider du **comment** faire les pièces, d'où l'intérêt à détacher des techniciens sur le terrain comme Mickael avec Totof.

Mission du leader :
– Veiller à ce que toutes informations sur le client et les produits (**pour qui** je fais ? **pourquoi** je fais ?) soient données quotidiennement en temps réel, convivialement, et non uniquement dans de grandes messes mensuelles à coup d'abaques et de pourcentages.
– Donner aussi des nouvelles sur la concurrence (un bon concurrent est un concurrent mort, voilà ce que nos concurrents pensent de nous).
– Enfin ne jamais oublier *qu'il n'y a pas de performance sans une forme de bonheur ! !*
Pensez à aller revisiter la page 7 du tome 1 de la belle histoire de FAVI.

BONNE PAROLE N° 4

4) Ôtres : Fixent des objectifs individuels contrôlés et sanctionnés par un système de primes individuelles
Favi : Objectif unique pour tous et chacun : « **Toujours plus et mieux pour moins cher** » et prime identique pour tous sans considération hiérarchique

Chez les Ôtres :
Le principe de base est de « diviser pour régner », donc on morcelle l'objectif commun en objectifs individuels avec tout un système de cotations, de notations et de primes individuelles. La moitié « haute » de l'entreprise finit par contrôler l'autre moitié, sachant que (et je vous assure que je n'exagère pas), l'on encourage et récompense les délations du bas vers le haut, afin de mettre aussi le haut sous contrôle !
Cela crée une ambiance détestable, ferment des syndicats et surtout, pendant ce temps là, **plus personne ne s'occupe du client !** D'autre part, cette division voulue d'objectifs fait que chacun, pour se valoriser, souhaite que son voisin se plante, quitte à donner un petit coup de pouce pour l'enfoncer.

À Favi :
Tous, quelque soit notre niveau hiérarchique et notre fonction, nous n'avons qu'un seul objectif : « *Faire toujours plus et mieux pour moins cher* pour chacun de nos client, *à Hallencourt*, dans le respect de la terre de *nos enfants* »

Et nous avons une prime unique pour tous qui est en quelque sorte la part de gâteau qui reste ! L'objectif étant commun, nous avons tous intérêt à ce que nous réussissions unis dans un même effort solidaire.

Danger :
– Sous prétexte d'émulation, mettre en place des objectifs individuels.
– Considérer que les problèmes d'une autre mini-usine ne sont pas ses problèmes, et ainsi perdre notre solidarité, force de cohésion.
– Oublier que le meilleur moyen de faire **plus et mieux pour moins cher** est de veiller à systématiquement éliminer ce qui ne sert pas **l'amour de son client** et tout ce qui ne part pas du principe que **l'homme est bon** !

Mission du Leader :
– S'occuper certes de son client, mais aussi veiller à toujours vérifier **« où est le ballon »** pour éventuellement prêter aide à une autre mini-usine en surchauffe ponctuelle.
– Ne jamais perdre de vue que l'on est tous sur le même bateau et non sur des barques individuelles.

BONNE PAROLE N° 5

5) Ôtres : Tiennent des tas d'indicateurs (faux) basés sur l'argent
Favi : Connaît ses marges par pièces partant de nombres de pièces bonnes par heure payée.

Chez les Ôtres :
Afin de contrôler tous et chacun, on multiplie les indicateurs chiffrés par lesquels on juge, sanctionne ou récompense tous et chacun.
1) Tous étant jugés sur ces indicateurs, tous trichent et mettent en avant des indicateurs difficiles à vérifier donc déconnectés de choses vérifiables : on livre en retard mais on arrive à présenter un taux de service qui augmente.
2) La multiplicité des indicateurs finit par masquer la seule véritable information utile : COMBIEN ON GAGNE PAR PIÈCE.
Car tout l'argent ne provient que de la vente des pièces, on ne vend pas des heures machines, des heures B.E. **Le client ne paie que des pièces bonnes.**
Pour avoir visité beaucoup d'entreprises, je vous assure que la majorité des entreprises font vivre des tas d'indicateurs mais ne connaissent pas leurs prix de revient, ni leurs comptes mensuels !

À Favi :
On ne tient aucun indicateur par mini-usine, par service, pas de suivi des retards ou des ruptures de flux, pas de taux de service ou autre chiffrage abstrait.
Seul compte **LE NOMBRE DE PIÈCES BONNES** réalisées chaque jour **PAR HEURE PAYÉE**, donnée vitale qui résulte de la saisie quotidienne des bons de travail par chaque Leader.
D'où l'importance de cette action ! !

Voila pourquoi on ne l'a pas informatisée, ni procédé à des saisies automatiques à partir des automates programmables de chaque machine.

Cette saisie quotidienne permet d'analyser en temps réel les dysfonctionnements et mieux, les progrès constatés, mais permet aussi, avec un système de chiffrage à partir des taux budgétés, de connaitre en temps réel nos marges par pièce, pour savoir où porter l'effort, et quelles sont nos marges de manœuvre en cas de négociation.

Danger :

– Perdre de vue que le seul but du TPM est de permettre d'augmenter le nombre de pièces bonnes par heure payée.

– Considérer que le TRS est le but car alors on finit par tricher en jouant sur le temps d'ouverture par exemple.

– Oublier que le client ne paye que des pièces bonnes, il ne paye ni TRS ni autre taux, aussi flatteur soit-il.

Mission du Leader :

Être rigoureux dans la saisie des bons de travail et choisir des indicateurs TPM directement liés aux nombres ***de pièces bonnes par heure payée***.

BONNE PAROLE N°6

6) Ôtres : Délocalisent leur outil productif

Favi : Volonté de rester à Hallencourt

Chez les Ôtres :

On raisonne toujours dans le court terme.

On connaît mal ses prix de revient et surtout leur structure.

Donc on suit le chant de sirènes, portés par les clients, en s'implantant dans des pays à bas coût de main-d'œuvre.

On oublie que la part de main-d'œuvre directe est de plus en plus faible dans le prix de vente et surtout que le prix de l'énergie et la non qualité y sont beaucoup plus élevés, la productivité par heure payée beaucoup plus faible !

Et surtout on détruit la cohésion sociale de l'entreprise.

À Favi :

On veut rester à Hallencourt

C'est pourquoi nous avons racheté SINGER, fait 200 chômeurs de l'autre coté de la manche et rapatrié le travail à Hallencourt.

Cette volonté politique et humaine de rester dans notre village nous sert d'instinct de conservation.

L'homme n'a que deux leviers viscéraux de motivation : **l'instinct de conservation et la reconnaissance**

1) _L'instinct de conservation_ : Grâce au sérieux des opérateurs (ce sont eux seuls qui créent la richesse), Favi gagne de l'argent !

Cet argent, en partie redistribué, fait que cette année les opérateurs auront en moyenne l'équivalent de17,5 mois de salaire ! Il est donc difficile de parler d'instinct de conservation, c'est pourquoi il faut insister sur cette volonté de rester à Hallencourt ! Si l'on n'était pas sérieux, si le service que l'on proposait à nos clients en étant à Hallencourt s'avérait moins bon, nos clients nous contraindraient forcément à quitter notre village.

2) _La reconnaissance_ : Ne soyez pas avares de compliments justifiés, de compliments collectifs, de compliments individuels. Rendez votre commercial complice de cette démarche en rapportant la satisfaction du client.

Danger :
– Ne pas rappeler régulièrement la liaison directe qu'il y a entre notre survie à Hallencourt et notre qualité de service.
– Négliger l'importance de l'expression de la reconnaissance.

Mission du leader, et du commercial représentant le client :
– Se poser chaque soir la question : « _Qui ai-je félicité aujourd'hui ?_ »
– Impliquer sans cesse votre commercial, pour qu'il donne quotidiennement des nouvelles : inquiétantes sur la concurrence et sur les pressions diverses du client, rassurantes sur la satisfaction du client, sur la santé et le développement de l'entreprise.

Il faut l'utiliser, en toute transparence et sans déformer l'information, pour à la fois exprimer de la reconnaissance et rappeler l'instinct de conservation.

BONNE PAROLE N°7

7) Ôtres : Communiquent
Favi : On crée des liens (entre nous et externes)

Chez les ÔTRES :
On **communique,** on gère l'information avec des techniques que l'on apprend à l'école, des techniques sèches et sans âme.
L'information est un produit comme un autre !

À Favi :
On cherche à **créer des liens.**
Avec le **client** d'abord, et le premier lien est l'image qu'il a de nous ! D'où l'importance du respect du délai promis, de la qualité certifiée, de la réactivité en cas de problème. Et puis, il y a de petites choses comme le fait de mettre des petits objets chaque mois dans les cartons de pièces, d'inviter ou d'aller visiter les opérateurs des clients (qui sont nos vrais clients, car le gars qui achète une voiture ne sait même pas qu'il y a des fourchettes dans sa voiture !)

Il faut créer des liens avec nos autres partenaires : le fournisseur dont dépend notre qualité, l'Inspecteur du Travail ou autres fonctionnaires qui tireront une opinion de leur rare visite.

Entre **nous tous** aussi, il faut en permanence renforcer nos liens d'amitié, d'entraide, de reconnaissance ; d'où l'importance de la fête quand on a réussi on bon coup, le repas collectif, le coup à boire, la félicitation collective, la mini-usine qui se retrouve aux manifestations du C.E.

Il fut un temps où tous ensemble, on cassait la croûte deux fois par an de 14 h à 2 h du matin, une époque où il y avait le bal annuel, le saut à l'élastique... bref, toutes choses qui ont fait la cohésion de Favi. Nous sommes devenus nombreux mais cela peut se refaire au niveau de votre mini-usine.

Danger :
– Considérer que les petits objets de chaque mois sont des gadgets inutiles.
– Négliger la force de cohésion d'une équipe et l'importance de l'affectif.
– S'installer dans la routine et oublier la force du festif, du ludique.
– Manager par la rigueur et non plus par "l'émotion !"

Mission du Leader :
Il faut régulièrement qu'il se pose la question :
– Qu'est-ce que je pourrais faire pour renforcer nos liens avec notre client ??
– Qu'est-ce que je pourrais faire pour renforcer les liens entre nous dans ma mini-usine ? Avec les autres mini-usines associées (maintenance, qualité..) ?
– Relire régulièrement la fiche n°36 sur l'effet de niche.

BONNE PAROLE N°8

8) Ôtres : Cherchent le bonheur de l'actionnaire en premier
Favi : Les opérateurs heureux font des clients heureux et des clients heureux font des actionnaires heureux.

Chez les Ôtres :
On ne raisonne que dans le court terme, on veut faire du fric, le plus possible et le plus vite possible. On a bien compris que cela ne pouvait se faire que par la satisfaction du client mais celle-ci n'est qu'un moyen, pas un but !

Quant au salarié ? Ce n'est qu'un poste du bilan, comme les stocks ou les immobilisations, et on présente ses machines, ses investissements et non ses hommes !

À Favi :
On est convaincu (et surtout on le prouve depuis 25 ans !) que l'avenir de l'entreprise passe par sa performance, et que la performance vient de ceux qui quotidiennement font les pièces : **les opérateurs**

Donc la performance vient des opérateurs, et comme il n'y a pas de performance sans bonheur :
– Des opérateurs heureux génèreront de la performance, c'est-à-dire de bonnes pièces et des pièces bonnes, au bon endroit, au bon moment, et au moindre coût, donc des pièces que le client aimera !
– Et un client qui a jour après jour des pièces « aimables » est un client heureux.
– Et ce client heureux nous donnera ses beaux sous qui rendront heureux toutes les parties prenantes de Favi : le client, nous tous, nos actionnaires et notre environnement (le gendarme, l'instituteur, le village qui vivent de nos impôts).

Danger :
Négliger cette évidence :

Des opérateurs heureux font des clients heureux et des clients heureux font le bonheur de toutes les parties prenantes de l'entreprise.

Mission du Leader :
Il lui faut régulièrement se poser la question : "Qu'est-ce que je peux faire pour rendre mes opérateurs plus heureux ?"

Mission difficile car on ne fait pas le bonheur des gens malgré eux, on ne fait pas le bonheur en disant toujours « OUI », on ne fait pas le bonheur en sécurisant trop !

Peut-être fait-on le bonheur en considérant l'autre comme son égal et lui faisant partager toutes les informations, en le faisant participer aux décisions, en anticipant ses demandes, en veillant à l'ambiance de sa mini-usine.

Une chose est sûre : **pour être heureux il faut être responsable ! ! ! !**

Donc rendez vos opératrices et opérateurs responsables, de leur poste de travail, de leur organisation, de la décoration de la mini-usine... responsables d'eux-mêmes en quelque sorte !

Différences essentielles entre le système Favi et les Ôtres

Les ôtres systèmes sont basés sur un cloisonnement en « services » sans doute pour des raisons historiques, voire même préhistoriques !

La première « industrie » ayant été la guerre, très vite les guerriers se sont groupés par spécialités : les lanceurs de cailloux avec les lanceurs de cailloux, les spécialistes de la lance avec les spécialistes de la lance, les tireurs à l'arc, les cavaliers, etc... étant entendu que chaque spécialité avait un chef, et qu'il devait y avoir un chef des chefs.

Quand l'activité industrielle s'est développée, il y a à peine deux siècles, tout naturellement ce principe a été adopté, et on a donc morcelé les activités en services autonomes pilotés par un chef, lui-même nommé par un grand chef.

Dans notre cas ce serait la Fonderie, puis le service Découpe, puis le service Usinage, puis le service Assemblage ; chaque service ayant un chef de service, qui bien entendu, considère que tous ses problèmes viennent des autres services !

Comme *le diable est dans les cloisons*, il y a des tensions entre les différents chefs de services et pour gérer ces tensions, on met un chef de production. Par la suite, se rajoute un service Réception et Expédition avec un chef de Fabrication qui chapeaute le tout, puis se rajoutent les Achats et les Ventes avec un Directeur d'usine responsable du tout ; donc trois chefs, donc trois autres cloisons d'un autre niveau, donc des tensions supplémentaires.

Pour tenter de gérer toutes ces tensions, on crée un Service du Personnel pour harmoniser le flux des personnes, un planning pour tout ce qui concerne les pièces, des méthodes pour les process, etc... et ainsi, l'entreprise devient un système quasiment entièrement tourné vers son **dedans**, qui passe plus de temps à gérer ses conflits internes et à tenter de trouver un système d'harmonisation de son fonctionnement, que de temps à s'occuper du don de dieu qu'est le client.

Il n'y a plus ni lien ni communication : le commercial donne un cahier des charges au service gammes, qui transmet un dossier au service chiffrage, ce dernier va imposer un prix de vente au commercial et les achats approvisionneront à partir du cahier des charges. Enfin, les pauvres ouvriers devront faire avec les produits achetés par des gens qui ne connaissent les besoins du client et de la fabrication que par des spécifications et autres procédures ! ! !

À Favi : Nous avons considéré qu'il fallait à tout prix que le client nous « **aime** » et que cette mission méritait que quelqu'un s'en occupe à plein temps.

Nous avons considéré aussi que cette recherche d'amour du client ne s'apprenait pas à l'école, et ce fut le rôle essentiel du chef que de repérer en fabrication celles et ceux qui avaient ce **don** naturel ; ainsi au cours du temps, douze personnes (six jeunes gens et six jeunes femmes) se sont détachées.

Les uns s'occupent exclusivement d'un client lorsqu'il est important en termes de C.A. (PSA, VW, Renault, Fiat, etc...), ou d'un secteur d'activité (les compteurs d'eau, les rotors), ou d'une spécialité (les petites séries).
Chacun et chacune ne suit donc **qu'un** client et s'adapte à **son** client car la culture de VW n'est pas celle de Fiat.

Considérant que celle ou celui qui vend connaît parfaitement, intimement, les besoins de son client, c'est **cette même personne** qui va être chargée :
– d'établir la gamme,
– de chiffrer et de déterminer la marge,
– des achats, spécifiques à ce client.

Donc pas de papiers, pas de tensions entre individus : tout est dans la même tête, tête totalement responsable devant son client !

Cette différence est énorme, car bien souvent, les acheteurs achètent au moins cher, sans grande considération ni pour la conformité aux aspirations du client final, ni pour la « montabilité » en production de leurs achats.

Pour éviter ce dernier point, les « commerciaux / acheteurs » ont leur bureau au milieu des machines, ainsi ils peuvent vérifier au quotidien la conformité de leurs achats, tant aux spécificités et besoins du process, qu'aux besoins client.
La deuxième très grande originalité du système Favi est que, puisque le diable est dans les cloisons, nous avons totalement supprimé les cloisons en production en créant une vingtaine d'entités autonomes, appelées mini-usines ; celles-ci sont entièrement dé- diées à un client et **totalement responsables depuis la réception des matières premières jusqu'au chargement du camion de leur client !**

Ces entités, de 20 à 30 personnes, ne sont constituées **que d'opératrices et d'opérateurs** qui génèrent un leader par cooptation, lui-même toujours ancien opérateur depuis des années.

Chaque unité productive n'a aucune tension en son sein, puisque entièrement respon- sable de tout le flux de fabrication (y compris les aspects logistiques, organisationnels, les horaires, les congés, les investissements, les passages en équipes, les RTT, etc...) et cela sans reporting ou contrôle, ni objectif autre que celui commun à tous. De plus, elle est composée d'opératrices et d'opérateurs qui ne font que des choses simples et éminemment productives, puisqu'on ne leur a jamais pollué l'esprit par des choses compliquées et inutiles.

D'où :
– un raisonnement hyper productif toujours basé sur un nombre de pièces bonnes par heure payée, et non sur des indicateurs farfelus,
– une réactivité qui stupéfait nos clients,
– un respect absolu des délais depuis 25 ans,
– une qualité qui se mesure en ppm,
– des décisions prises sur deux valeurs de base et non sur des chiffres, tous et chacun étant conscients de leur responsabilité vis-à-vis du client avec lequel ils sont pratique- ment en prise constante, grâce aux commerciaux installés au milieu d'eux.

Cette structure explique pourquoi, à Favi, nous n'avons ni Service du Personnel (donc pas de syndicats), ni planning, ni GPAO, ni méthodes, ni cadres, ni même structure en Fabrication, puisque nous n'avons ni stress ni tensions à gérer !

Chacun est responsable, et entièrement responsable vis-à-vis de son client, donc forcé- ment heureux, puisque *pour être heureux il faut être responsable !*

Conclusions

En relisant ces histoires, glanées au cours de ma carrière, je prends conscience que je ne suis pas l'auteur de ces histoires.

De fait, j'ai l'impression d'avoir été simplement un tuteur présent au bon moment et au bon endroit, sur une terre particulièrement fertile où une plante d'une autre espèce ne demandait qu'à se développer !

J'ai tout au plus été le catalyseur d'une attente latente !

Cela fait plus de quinze ans que je fais des conférences à d'autres Patrons dans d'autres entreprises, et très souvent j'ai senti qu'ailleurs, d'autres plantes d'une autre espèce étaient prêtes à éclore, mais que toute la structure en place la déformait pour en faire un bonzaï rachitique et souffreteux.

Pour résumer notre démarche collective pragmatique, je citerai un vieux proverbe Lyonnais :
"Le tout c'est pas d'y faire, c'est d'y penser !
Mais le plus difficile c'est pas d'y penser, c'est d'y faire !"

Quant à l'avenir de Favi et du système Favi ?

Il me semble assuré, d'abord parce que Dominique est un bon Directeur, bien adapté à ce monde nouveau où règne le court terme ; ensuite parce que la Présidente, sur mon conseil, a fait nommer son petit-fils Eric, Directeur Général du groupe, et c'est un bon Directeur Général qui n'a pas attendu cette nomination pour faire ses preuves dans un autre domaine.

Il a 40 ans comme Dominique et Pascal le Directeur de l'autre société du groupe, l'âge où on est suffisamment inconscient pour prendre des risques, et déjà suffisamment conscient pour ne prendre que des risques mesurés !

Quant à moi ?

Je souhaite faire de mon départ un non événement en m'effaçant tout doucement, discrètement sur la pointe des pieds, et un jour quelqu'un dira : *"Tiens ça fait quinze jours qu'on n'a pas vu le père Zobrist !"*

Alors ma page sera tournée.

www.favi.com

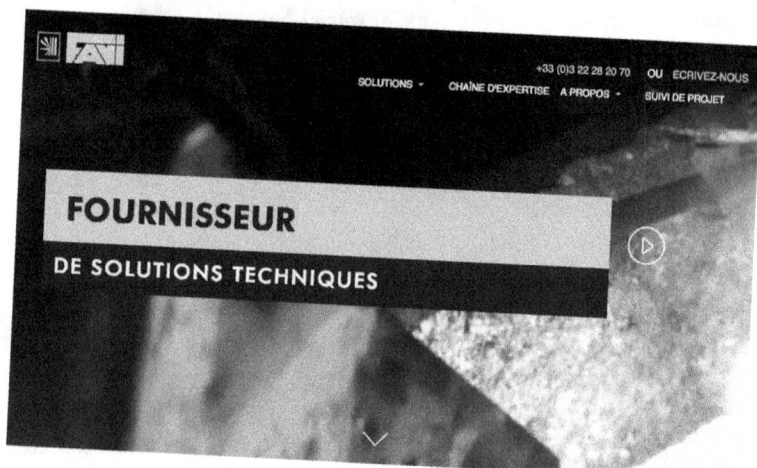

FOURNISSEUR
DE SOLUTIONS TECHNIQUES

BIBLIOGRAPHIE :

✔ La belle histoire de FAVI... L'entreprise qui croit que l'Homme est bon
– Tome 1 "Nos belles histoires", Humanisme & Organisations Éditions Paris, 2007, Collection Management
✔ La belle histoire de FAVI... L'entreprise qui croit que l'Homme est bon
– Tome 2 "Notre Management et nos outils", Humanisme & Organisations Éditions Paris, 2007, Collection Management
✔ La belle histoire de FAVI... L'entreprise qui croit que l'Homme est bon
– Tome 3 "Comment Le petit Patron naïf et paresseux Innove" Humanisme & Organisations Éditions Paris, 2018, Collection Management

www.ingramcontent.com/pod-product-compliance
Lightning Source LLC
Chambersburg PA
CBHW061127220326
41599CB00024B/4191